现代农产品与加工产业

前沿知识产权应用与保护

广州中新知识产权服务有限公司◎组织编写

知识产权出版社
全国百佳图书出版单位
——北京——

U0500525

图书在版编目（CIP）数据

现代农产品与加工产业前沿知识产权应用与保护 / 广州中新知识产权服务有限公司组织编写.
北京：知识产权出版社，2025.2. —ISBN 978 – 7 – 5130 – 9744 – 4

Ⅰ. D923.404

中国国家版本馆 CIP 数据核字第 20252K15E4 号

内容提要

本书以现代农产品与加工产业现状、专利技术、品牌建设和农业现代化为对象编写，共分为产业现状篇、专利技术篇、品牌建设篇和农业现代化篇四个部分。产业现状篇包括产业发展现状、政策动向、发展趋势。专利技术篇从专利层面分析现代农产品与加工产业的发展。品牌建设篇从地理标志、商标、非物质文化遗产三个角度介绍如何利用农业知识产权助力品牌建设。农业现代化篇则对农业先进技术进行了介绍，促进农业产业升级。

责任编辑：王瑞璞　房　曦　　　　　责任校对：谷　洋

封面设计：杨杨工作室·张　冀　　　　责任印制：孙婷婷

现代农产品与加工产业前沿知识产权应用与保护

广州中新知识产权服务有限公司 ◎ 组织编写

出版发行：	知识产权出版社 有限责任公司	网　　址：	http：//www.ipph.cn
社　　址：	北京市海淀区气象路 50 号院	邮　　编：	100081
责编电话：	010 – 82000860 转 8116	责编邮箱：	wangruipu@cnipr.com
发行电话：	010 – 82000860 转 8101/8102	发行传真：	010 – 82000893/82005070/82000270
印　　刷：	北京建宏印刷有限公司	经　　销：	新华书店、各大网上书店及相关专业书店
开　　本：	787mm×1092mm　1/16	印　　张：	14
版　　次：	2025 年 2 月第 1 版	印　　次：	2025 年 2 月第 1 次印刷
字　　数：	300 千字	定　　价：	99.00 元

ISBN 978 – 7 – 5130 – 9744 – 4

出版权专有　侵权必究

如有印装质量问题，本社负责调换。

编委会

主　编：杜　玉

副主编：郝爱昕　姜　珍

编　委：马立楠　李育勇　李书青　文　婷

　　　　刘　科　张　涛　钟熙微　李小康

　　　　陈伟航　吴　冕　张馥楠　彭梁意

编写人员具体分工

郝爱昕：主要执笔前言、第 1 章。

姜　珍：主要执笔第 2 章第 2.1 节、第 2.2 节、第 2.3.1 节。

刘　科：主要执笔第 2 章第 2.3.2 节、第 2.3.3 节，第 4 章第 4.3 节。

李育勇：主要执笔第 2 章第 2.4.1 节、第 2.4.3 节，第 4 章第 4.5 节。

李书青：主要执笔第 2 章第 2.4.2 节。

马立楠：主要执笔第 3 章引言、第 3.1 节、第 3.3 节。

张　涛：主要执笔第 3 章第 3.2 节。

吴　冕：主要执笔第 3 章第 3.4.1 节。

钟熙微：主要执笔第 3 章第 3.4.2 节、第 3.4.3 节。

文　婷：主要执笔第 4 章引言和第 4.1 节。

李小康：主要执笔第 4 章第 4.2 节。

彭梁意：主要执笔第 4 章第 4.4.1 节。

陈伟航：主要执笔第 4 章第 4.4.2 节。

张馥楠：主要执笔第 4 章第 4.4.3 节。

随着知识经济的发展和经济全球化进程的加快，知识产权已成为农业发展的重要资源和核心竞争力，成为现代农业建设的重要支撑和掌握农业发展主动权的关键。为了准确掌握我国现代农产品与加工产业的科技创新现状，反映产业的知识产权应用与保护情况，为现代农产品与加工产业发展、科技创新和政策决策提供依据，我们以现代农产品与加工产业现状、专利技术、品牌建设和农业现代化为对象编写了本书。

全书共分为产业现状篇、专利技术篇、品牌建设篇和农业现代化篇四个部分。产业现状篇包括现代农产品与加工产业发展现状、产业政策动向、产业发展趋势。专利技术篇主要是在国家以及广东省现代农产品与加工产业相关规划文件的基础上，结合产业文献调研与企业实地调研，选取细分产业领域或技术方向作为专利分析的技术分支方向，重点研究农作物种植、畜禽水产品养殖、粮油饲料加工、果蔬茶加工、肉类加工，从专利层面分析现代农产品与加工产业的发展，从技术创新、技术竞争、技术人才等维度，揭示现代农产品与加工产业面临的问题与挑战。品牌建设篇则从地理标志、商标、非物质文化遗产三个角度介绍如何利用农业知识产权助力品牌建设，实现乡村振兴，并给出鹰嘴蜜桃、英德红茶、清远鸡等品牌建设案例。农业现代化篇则通过介绍基因编辑技术、精准农业、智能农机、农产品智能加工、农产品安全与产地溯源等先进技术及其应用，以高科技赋能现代农业，促进农业产业升级，保障食品安全与品质，为农业可持续发展注入新的动力。

由于编者水平有限，书中难免有遗漏和错误，恳请广大读者、专家不吝赐教。

目　录

CONTENTS

第1章 产业现状篇

1.1 产业发展现状

1.1.1 产业规模

1.1.1.1 全球产业规模

自 2021 年以来,全球粮食价格经历了一轮快涨快跌,且在当前乌克兰危机持续、极端天气多发等因素影响下,全球粮食市场仍面临较大不确定性。影响全球农产品价格波动的关键因素不仅包括各国金融和农业政策的变动,还涵盖了贸易流、供应链以及需求端的诸多产业链调整。放眼全球,许多国家通过贸易政策来精细调控其国内关键农产品市场,确保国内供应的安全性与稳定性,这已成为国际上一种普遍采取的策略。此外,世界各国对农业加工技术的重视日益加深,将农产品储存、保鲜和机械化加工等领域的技术创新定位为农业发展的第一核心要素。不断迭代升级农产品加工技术,正逐渐成为全球各地区摆脱困境、实现可持续发展的关键途径。

全球农产品及其加工品的产量提升,推动了贸易量的显著增长。同时,农业技术的持续快速创新和迭代,不仅显著提高了农产品的产量,也为全球粮食安全和贸易市场的稳定带来了新的机遇与挑战。根据经济合作与发展组织和联合国粮食及农业组织(FAO)共同发布的《2023—2032 年农业展望》,在接下来的十年里,全球农业产量预计将实现每年 1.1% 的稳定增长,新增产量将主要来自中等收入和低收入国家;通过扩大农业生产资料的获取途径,并在技术创新、基础设施现代化以及农民技能培训方面进行大量投资,将成为推动全球各地区农业发展的核心动力。

全球农产品加工行业正处于一个持续演进和革新的阶段。技术革新、消费者偏好的演变,以及全球经济的扩张共同推动着这一领域的发展。根据 QYResearch 发布的报告,全球农产品加工市场在 2023 年展现出了明显的增长势头,预示着这个行业正迎来新一轮的发展机遇。预计未来该行业将更加重视提升产品的营养品质、健康效益和环境可持续性。同时,创新和科技的应用将被赋予更大的重要性,以适应市场不断演变的需求。

1.1.1.2 中国产业规模

我国地域广阔，人口众多，既是农产品生产大国也是农产品消费大国，粮食、蔬菜、水果、禽蛋、肉类、水产品总产量均位居世界首位。然而，与国外发达国家相比，我国农产品加工业起步较晚，存在加工水平低、加工效率低、技术水平低、地区发展不平衡等挑战。随着国内经济的稳步增长和居民生活水平的显著提升，农产品加工业迎来了新的市场机遇。农业机械化和智能化的发展趋势，有效地缓解了农业劳动力的紧张状况，同时促进了传统农业向现代化的转型，赋予了农业以科技的力量。新兴的大数据、电子商务、物联网、云计算和智能系统等技术的应用，为农产品加工业开辟了新的路径。

在政策的积极推动和科技创新的持续投入下，我国农产品加工业正迎来快速发展的新阶段。以下从农产品资源产量情况、规模以上农产品加工营收状况和全国农业机械化水平三个方面展示中国农产品与加工业的产业规模和发展现状。

（1）农产品来源丰富，产量递增创新高

1）粮油

中国主要农作物为大米、玉米、小麦、水稻等。粮油产量的逐年增加，使得中国在国际农产品出口市场上占据着举足轻重的地位。

2014～2023 年，国内粮食产量呈现逐年递增的趋势，由图 1-1-1 可看出，2018 年增产显著，促使中国粮食生产进入一个全新的发展阶段。自该年起，国内每年粮食产量均在 6.5 亿吨以上，呈现出稳步增长态势。通过现代生物育种技术，大豆、玉米等粮食作物的产量和品质能够跃上一个新的台阶，因而现代粮食育种越来越受到重视，国内研究机构、学者持续推动该领域的技术创新。现阶段，中国粮食育种创新正朝着提高作物单产、保障国家粮食安全的方向迅速发展。

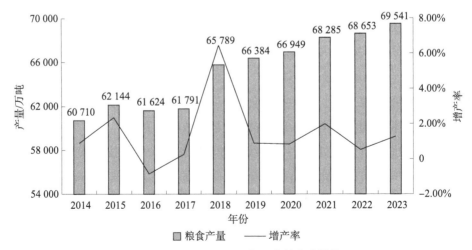

图 1-1-1　2014～2023 年国内粮食产量情况

数据来源：国家统计局。

谷物、豆类、薯类是我国主要的粮食品种。图 1-1-2 展示了 2023 年以上三个品种的产量及占比情况。由图可知，谷物的产量最大，占比高达 92.3%，其重要成员稻谷、小麦、玉米均是我国的高产粮食。豆类、薯类产量占比相对较小，但在农产品加工业中也占据着重要的位置，例如豆类可以加工成豆浆、豆腐、酱油等农副食品，大豆是制作食用油的重要原料。

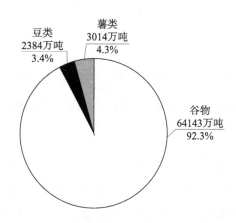

图 1-1-2　国内粮食品种产量情况（以 2023 年为例）

数据来源：国家统计局。

油料作物主要包括大豆、花生、油菜、芝麻、蓖麻、向日葵、苏子、油莎豆等。在经济增长、居民收入提高以及人口增加带动下，我国油料消费需求显著增加：2010~2022 年，我国大豆和油料总消费量从 1.05 亿吨增至 1.6 亿吨左右，增幅达 52.4%，年均增加 3.6%；油菜、花生和特色油料消费量从 3300 万吨增至 4440 万吨，增幅达 34.5%，年均增幅 2.5%，显著高于产量增幅。

我国是全球最大的油料生产国，油料总产量世界第一。由图 1-1-3 可知，2014~2023 年，我国的油料产量基本维持在较高水平，但有小幅波动；2018 年因受到农业种植结构调整优化，产量略有下降；2019 年重新回归上扬势头，直至 2023 年再创新高。未来 5~10 年，可通过扩大面积增量、优化耕地存量、促进增产增质三方面提升我国油料产能。

2）水果

中国的水果产业以其多样化和高产量而著称，稳居世界产量和种植面积的首位，成为继粮食和蔬菜之后的国内第三大农业种植产业。2019~2023 年，中国水果生产快速发展，呈现面积稳中有增、产量稳步提高、区域优势品种愈加突出、增收作用日益提升的良好局面，已成为农业农村经济发展的重要支柱产业。2023 年，中国水果市场规模已扩大至 3000 亿元，同比增长约 10%。其中，苹果、香蕉、橙子等传统水果仍然占据市场主导地位，但新兴水果如蓝莓、猕猴桃等市场份额也在逐步提高。

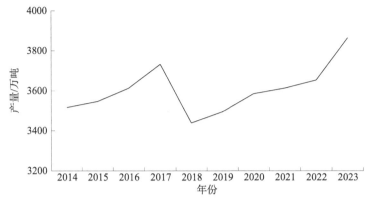

图 1 – 1 – 3　2014～2023 年国内油料产量情况

数据来源：国家统计局。

　　如图 1 – 1 – 4 所示，近 10 年，中国的水果年产量一直保持在较高水平，并且每年都在稳步增长。2022 年，水果总产量已经成功突破 3 亿吨大关。然而，在日益复杂多变的国内外经济环境影响下，全球的产业链、供应链以及国际贸易都遭受了不同程度的影响，导致中国水果产业的生产成本持续上升，市场需求也逐渐变得多样化。在这种背景下，推动水果种植技术的创新，已成为确保该产业持续健康发展的关键策略。

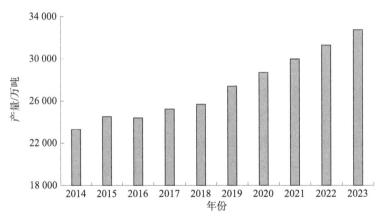

图 1 – 1 – 4　2014～2023 年国内水果产量情况

数据来源：国家统计局。

　　3）蔬菜

　　21 世纪以来，科研人员在单倍体育种和雄性不育系育种等关键技术上取得了连续突破，加速了蔬菜品种的创新和更新，缩短了育种周期，并扩大了种植的地理范围。近年来，基因组测序和生物信息学等先进技术的快速发展，已经颠覆了传统的育种方法，引领我们进入了分子标记育种和基因工程育种等现代作物分子育种的新纪元。

如今，蔬菜已经成为我国种植业中仅次于粮食的第二大农作物，我国是世界蔬菜生产和消费的第一大国。随着国民生活水平的不断提升，市场对于无污染和有机蔬菜的需求持续增长，这种趋势推动了蔬菜种植面积和产量的稳步增长，同时，单产效率也得到了提升。如图 1-1-5 所示，近 10 年国内蔬菜产量增速较快，2023 年产出量高达 82 868 万吨，蔬菜贸易出口额也实现跃升。未来，更尖端的基因编辑技术有望在蔬菜品质改良和特性优化方面得到更广泛的应用和推广。

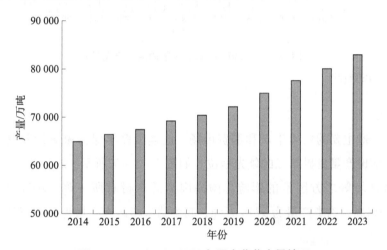

图 1-1-5　2014~2023 年国内蔬菜产量情况

数据来源：国家统计局。

4）茶叶

中国是全球最大的产茶国和茶叶消费市场，其茶叶行业长期保持平稳向好发展的趋势。如图 1-1-6 所示，2023 年我国茶叶产量为 355 万吨。我国茶叶主要以出口贸易为主，出口规模远大于进口规模，2023 年中国茶叶出口量 36.75 万吨，进口量 3.9 万吨。

在茶叶生产过程中，要利用自动化生产线将制茶工序连接起来，并通过数字化管理实现精准控制。随着单片机、传感器、可编程逻辑控制器（PLC）控制等先进技术的不断整合，现代茶叶加工正朝着连续化、清洁化、自动化和标准化的方向发展。茶叶加工高新技术中，计算机技术是未来制茶工艺智能化的核心，同时高分子材料、纳米技术、微波技术、生物技术、化学技术都在提升茶叶品质和制茶效率方面有着广泛应用。

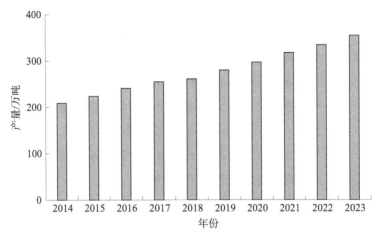

图 1 - 1 - 6　2014～2023 年国内茶叶产量情况

数据来源：国家统计局。

5）肉类

我国是全球主要的猪肉生产和消费市场，已连续多年保持家禽饲养量、禽蛋产量世界第一，禽肉产量世界第二的领先地位。如图 1 - 1 - 7 所示，2019 年、2020 年受国家宏观经济环境等多方因素的影响，国内肉类总产量有所下降，2021 年逐步回升，2023 年再创新高，肉类产量为 9748 万吨，其中猪牛羊禽肉产量为 9641 万吨。

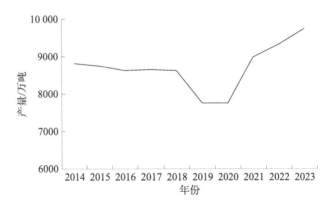

图 1 - 1 - 7　2014～2023 年国内肉类产量情况

数据来源：国家统计局。

智能化技术在现代养殖业中的应用正不断推动产业创新，成为其发展的关键驱动力。现代技术显著提升了养殖效率和产品品质，对养殖业的可持续增长起到了积极作用。通过精准管理和资源优化，智能化养殖正引领着这一行业向更高效、更环保的方向发展。

6）水产品

随着国内消费者对水产品需求的不断上升，中国水产养殖业的规模正在迅速扩大。同时，国家对环保和绿色养殖的重视程度不断提高，促使对环保型水产养殖产品的需求持续增加。在政策支持和市场需求的双重推动下，国内水产环保产品市场迎来快速增长，整个行业正处于一个高速发展的新阶段，产业规模也在不断扩大。如图 1 - 1 - 8 所示，2023 年，我国水产品行业达到 7100 万吨的高产值。

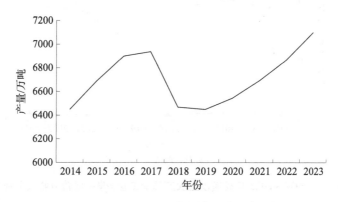

图 1 - 1 - 8   2014 ~ 2023 年国内水产品产量情况

数据来源：国家统计局。

随着科技的不断进步和应用场景的拓展，智慧水产逐步成为水产养殖业的重要研究方向。未来，智慧水产将更加注重智能化、自动化和绿色化。通过引入更多前沿技术，如区块链、5G 通信等，实现水产养殖全过程的数字化和智能化管理。

（2）营收维持较高水平，行业结构持续优化

我国农产品加工业总体稳中有进、缓中向好，中小型农产品加工企业活力增强，企业效益明显好转，盈利能力提高，同时，进出口总额降幅继续收窄，固定资产投资稳步增长。

从图 1 - 1 - 9 所示的规模以上农产品加工企业完成营业收入来看，在过去的 10 年里，我国规模以上农产品加工企业的营业收入和利润额没有显著增长，农产品加工业维持较为平缓的发展状态。

进入"十三五"之后，我国农产品加工业总体规模保持稳定增长，行业发展质量效益明显提升，行业结构和布局持续优化，转型升级不断加快。2016 年，我国农产品加工业按照供给侧结构性改革要求坚持强基础、补短板，加快发展方式转变和结构优化，总体继续保持平稳增长态势，实现了"十三五"时期的良好开局。2018 年，受到全球经济环境影响，农产品加工业整体营收下滑。2019 年，消费升级促进农产品加工业产业结构优化，龙头企业推动行业持续整合，全年规模以上企业完成营业收入 14.69

万亿元,其中食用农产品加工完成营业收入 96 929.7 亿元,占全部营业收入的 66%。直至 2020 年,我国农产品加工业总体仍保持缓中趋稳、稳中有进态势。在这一时期,全国建成 24 个农产品加工技术集成基地,逐步完善国家农产品加工技术研发体系建设,不断提升农产品加工科技创新能力,为提升农业价值链奠定基础。

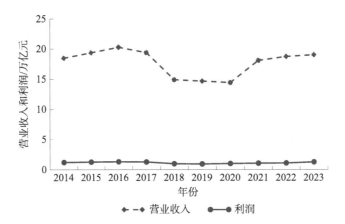

图 1 - 1 - 9 2014 ~ 2023 年规模以上农产品加工企业❶完成营业收入和利润统计

数据来源:国家统计局 2014 ~ 2023 年《中国农产品加工业年鉴》。

2021 年是"十四五"规划的开局年,也是农产品加工业快速发展的元年,国务院印发《"十四五"推进农业农村现代化规划》,提出"推进创新驱动发展 提升农业质量效益和竞争力"相关内容,推动了行业营业收入逐渐回升。

2023 年,面对国际局势动荡、国内消费需求收缩等多重考验,农产品加工业企业顶住压力,行业总体保持平稳发展态势。规模以上农产品加工企业达到 9.5 万家,同比增长 5.3%;完成营业收入比 2022 年增长 1.5%;实现利润总额比 2022 年增长 14.7%。

(3)农机保有量稳定增长,机械化水平不断提高

在国家政策的大力扶持下,我国农业机械化领域取得了显著进展和突破。农业机械化的覆盖面持续扩大,各类新型农业机械如智能化、自动化和数据驱动的设备,被更广泛地集成到现代农业生产的各个环节中。

《2022 年全国农业机械化发展统计公报》显示,截至 2022 年,全国农业机械总动力超过 11 亿千瓦,达到 11.06 亿千瓦,较上年增长 2.63%;拖拉机拥有量 2144.07 万台,配套农具 4029.14 万部,其中大、中型拖拉机拥有量同比分别增长 12.47%、4.24%,与大中型拖拉机配套农具数量同比增长 9.65%。粮食作物生产机具继续保持

---

❶ 在我国规模以上工业企业是指年主营业务收入在 2000 万元以上的工业企业。

较快增长，谷物联合收割机、玉米收获机、水稻插秧机拥有量分别达到 173.11 万台、63.80 万台、98.79 万台，同比分别增长 6.39%、4.49%、2.56%。大马力无级变速拖拉机、大喂入量联合收获机等大型高端智能农机装备相继投入农业生产，植保无人驾驶航空器拥有量达到 13.07 万架，同比增长 33.48%。截至 2022 年，全国农作物耕种收综合机械化率达到 73.11%，其中机耕率、机播率、机收率分别达到 86.42%、61.91%、66.56%。主要农作物耕种收综合机械化率如表 1 - 1 - 1 所示。

表 1 - 1 - 1　我国主要农作物耕种收综合机械化率

作物	2022 年耕种收综合机械化率（%）	较 2021 年提高（百分点）
小麦	97.55	0.26
水稻	86.86	1.27
玉米	90.60	0.60
大豆	87.95	0.91
油菜	65.62	3.70
马铃薯	53.34	2.58
花生	67.05	1.40
棉花	88.50	1.25

数据来源：《2022 年全国农业机械化发展统计公报》。

农产品初加工机械的应用范围正迅速扩展，已从传统的大宗粮油作物延伸至包括果蔬、茶叶、畜禽以及水产品在内的多种特色农产品，农产品脱出、清选、保质处理以及初加工等环节的机械化水平实现了稳步提升。同时，我国农产品精深加工技术也在不断创新，总体规模稳定增长，发展质量明显提升。统筹推动农产品初加工、精深加工与综合利用加工协调发展，持续提升机械化水平，已成为当前推动农业现代化发展的重要举措。

在"十四五"期间，中国众多省份的农业发展规划都将农产品加工作为重点内容，旨在实现中长期的持续发展。这些规划强调了整体规划与政策引导的重要性，致力于整合各地的农业资源，打造具有地域特色的农产品加工产业，以增强区域经济的竞争力。随着《全国乡村产业发展规划（2020—2025 年）》的贯彻和实施，区域农业生产发展规划和基地建设规划形成有机结合的发展局面，农产品加工与仓储、物流、电商布局等有机融合，使各个主要产业互相协调、互相支持、互相促进，形成了高品质的农产品加工业生产体系，提高了农业的现代化水平。

1.1.1.3　广东省产业规模

广东省作为改革开放前沿阵地和引进全球经济、文化、科技的窗口，既是中国第一经济大省，也是全国人口大省、消费大省、资源大省与农业大省，在全国农业生产版图中地位显著。广东省通过品牌打造、产销对接，不断地延伸农产品市场半径，扩大对接国内外市场的通道，统筹国内国外两个市场，有效促进产业升级、农业增效、农民增收。

2018 年起，广东省农业农村厅相继出台了《广东省农产品加工业发展规划（2018—2025 年)》《广东省农产品加工提升三年行动实施方案》《广东省发展现代农业与食品战略性支柱产业集群行动计划（2021—2025 年）》《广东省乡村产业发展规划（2021—2025 年)》等指导规划方案，指出要以"粮头食尾""农头工尾"为抓手，进一步延链、补链、壮链、优链，壮大现代农产品加工业，擦亮"粤"字号农产品品牌，带动生产、加工、仓储保鲜、冷链物流等全产业链发展升级。到 2025 年底，力争农产品初加工机械化率达到 50%，农产品加工业营业收入达到 2 万亿元，农产品加工业总产值与农业总产值之比达到 2.6 : 1。以下从农产品产量、企业发展规模和产业实践成果来展示广东省农产品与加工业的发展规模和现状。

（1）广东省农产品产量和产值：水产品、蔬菜、水果、肉类居前列

从广东省 2018～2022 年累计农产品产值的全国占比情况来看（如图 1 - 1 - 10 所示），广东省水产品的全国产值占比在所有品类中最大，为 13.2%，其次是水果、肉类、蔬菜、茶叶、粮食，分别为 6.1%、5.2%、4.9%、4.3%、1.9%。

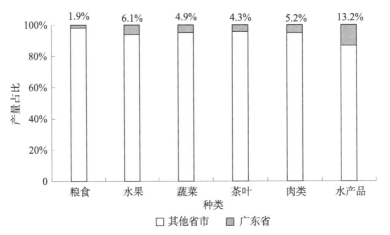

图 1 - 1 - 10　广东省各类农产品产量全国占比（按 2018～2022 年数据累计统计）

数据来源：国家统计局、广东省统计局。

从广东省 2022 年各类农产品产值情况来看（如图 1 - 1 - 11 所示），广东省的水产品产值最高，为 1898.24 亿元，其次是蔬菜，肉类和水果、坚果。广东省农产品加工业发展规模不断扩大，盈利水平稳步提升，农业龙头企业数量、质量均稳居全国前列。

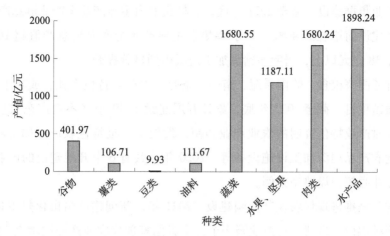

图1-1-11 广东省各类农产品产值（2022年）

数据来源：广东省统计局。

在技术创新上，省内研究机构也有较多的实践经验。广东省农业科学院创新研发出丝苗米适度加工及保质贮藏技术、荔枝加工副产物高值化利用技术、水产品超高压加工保鲜技术等农产品加工新技术。农产品加工技术研发中试服务平台致力于集成创新与熟化应用能力，推动科技成果转化应用，为华南地区首个农产品加工成套技术工程平台。新技术的应用推广有效促进了广东省农产品加工业的高质量发展。

（2）省内农产品加工企业发展规模：超100亿元企业12家

2021年，全省共有规模以上农产品加工企业数量6737家。截至2021年底，培育认定省级及以上农业龙头企业共计1292家，2021年新增认定广东省重点农业龙头企业166家，国家、省、市、县四级农业龙头企业总数超5000家，实现涉农营业总收入超7300亿元。其中，现有年营业收入超50亿元的企业19家，其中温氏、海大、海天味业、钱大妈等12家企业销售收入超100亿元。❶

（3）广东省农产品加工业实践成果：推动一二三产业深度融合

广东省通过坚持绿色引领，持续推进"三品一标"行动，加快推进由增产导向转向提质导向，引导经济作物产业集聚发展，打造优势产区、产业带，进一步完善"跨县集群、一县一园、一镇一业、一村一品"现代农业产业体系，推进大湾区珠三角内地设施农业发展，深化产销对接合作，大力发展预制菜产业，培育壮大乡村旅游、数字农业等新业态，推动乡村一二三产业融合发展。

广东省按照"全产业链开发、全价值链提升"的策略，2021年成功申报岭南荔枝、广东罗非鱼2个优势特色产业集群项目（不含广东农垦），持续推进金柚、黄羽鸡

❶ 王锋，胡乐鸣. 中国农产品加工业年鉴2022［M］. 北京：中国农业出版社，2023.

优势特色产业集群建设。截至 2021 年底，金柚集群内主导产业全产业链总产值达 92 亿元，比项目建设前增长约 40%；黄羽鸡集群主导产业全产业链总产值超 108.5 亿元，总产值增加 38 亿元以上，屠宰与精深加工短板得到显著提升。

广东省还围绕粮食、岭南果蔬、南药、茶叶、水产等特色产业，成功申报了 12 个农业产业强镇项目。截至 2021 年底，累计开展建设了 49 个（不含广东农垦）乡土经济活跃、乡村产业特色鲜明的农业产业强镇，发展了一批特色农产品加工项目，更新升级了一批农产品精深加工设施设备等。2020 年，共有 6 个开展建设的产业强镇入选全国农业产业强镇建设典型案例。

广东省积极推进现代农业产业园建设。2021 年，新创建茂名市化州市化橘红、清远市清城区种鸡国家现代农业产业园 2 个，全省国家现代农业产业园增至 16 个，成为全国创建个数最多的省份；2021 年新创建省级现代农业产业园 74 个，累计创建国家和省级现代农业产业园 251 个。广东省还积极推动省级农产品加工技术研发中试公共服务平台的建设，利用"联合研发 + 共享平台 + 助推转化"等模式，解决农产品加工业存在的技术与产业化发展不匹配等成果转化痛点难点，推动产业链上、中、下游融通创新和产业链、创新链、价值链的协同发展。

1.1.2 产业链

1.1.2.1 全产业链培育发展

我国农业全产业链的形成是改革开放以来农业产业化不断深化的结果。2009 年，中粮集团有限公司首次提出农业全产业链概念；2017 年，农业部（现改为农业农村部）办公厅、国家农业综合开发办公室联合印发《关于推进农业全产业链开发创新示范工作的通知》，将农业全产业链建设作为重要示范工程来推进；2020 年，受全球疫情冲击，世界经济严重衰退，致使产业链供应链循环受阻，在这一背景下，政府工作报告中强调了确保产业链供应链自主可控和安全稳定，为农业全产业链的发展指明了方向；2020 年中央一号文件提出，支持各地立足资源优势，打造各具特色的农业全产业链，形成有竞争力的产业集群；2021 年，农业农村部发布《关于加快农业全产业链培育发展的指导意见》，强调了延伸产业链条，构建完整完备的农业全产业链的重要性；2024 年中央一号文件提出，推动农产品加工业优化升级，推进农产品生产和初加工、精深加工协同发展，促进就近就地转化增值。为了更好地展示现代农产品与加工产业的结构与特征，我们绘制出了该产业的产业链图谱，如图 1 - 1 - 12 所示。

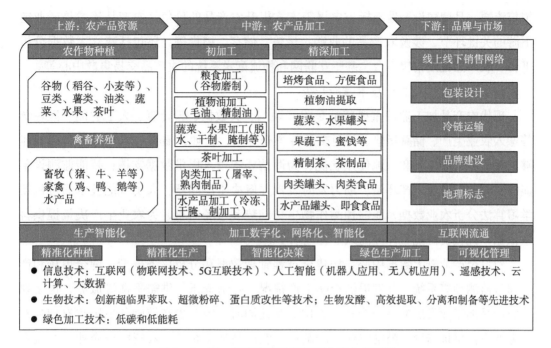

图 1 - 1 - 12 现代农产品与加工业产业链图谱

（1）产业链上游

农产品加工的上游主要依赖于粮食、蔬菜、水果等农作物，猪、牛、羊、家禽等禽畜和水产品的产量。近年来，我国主要农作物产量如小麦、玉米、大豆等保持相对稳定的状态。为了推进现代农业种子产业的发展，中国启动了种业振兴计划，并在这一领域取得了显著进展，国家级别的农作物和海洋渔业遗传资源库已经建立并投入运营。目前，种业振兴计划正处于构建基础的阶段，需要集中精力解决关键问题，特别是要攻克种源核心技术，迅速补齐豆类、蔬菜、水果和畜禽等品种的种源不足，同时建立一个长期的种质资源发现和保护机制。

（2）产业链中游

农产品加工是产业链条的核心环节，企业通过初加工、精深加工和综合利用加工等手段，提升农产品的附加值。初加工包括清洗分拣、烘干储藏、杀菌消毒、预冷保鲜等步骤，精深加工则涉及开发营养均衡、养生保健的加工食品。综合利用加工则专注于加工副产物的循环利用，实现变废为宝。现代农产品加工行业融合了多种先进技术，不仅涵盖了大数据、电子商务、物联网、云计算和智能系统等先进技术的应用，还利用了诸如冷链物流和食品安全检测等关键技术手段，以确保产品的新鲜度和安全性。

（3）产业链下游

产业链下游核心目标是将加工后的农产品转化为最终消费品，并通过多种手段如销售流通、品牌建设、地理标志申报等方式提升农产品的价值。农产品流通是产业链下游的关键环节，涉及农产品的收购、运输、储存、销售等，还包括建立大数据分析平台、农产品批发销售平台、基于互联网和物流配送系统的农产品交易集散中心等。

（4）智能化、信息化技术赋能升级

现代农产品加工业的重要特征是将互联网、大数据、云计算、人工智能、区块链等融入农业生产、储藏运输、流通交易等各个环节。比如，遥感技术让农业管理者能够宏观监控作物生长和土地使用状况，为调整要素投入提供数据支撑；智能监测设备能够实时监控农业生产环境，助力及时发现并解决生产问题；人工智能技术通过机器学习算法分析农业数据，能够预测作物生长趋势和市场需求，为农业生产决策提供科学依据，优化资源配置和提高风险管理水平。

建设全产业链大数据中心，构建全过程管理数据和分析服务模型，健全市场和产业损害监测预警系统，开发提供产品生产情况、行情资讯、供需平衡等服务，也是现代农产品加工业发展的另一个重要方向。与此同时，国家也在鼓励各地区政府加强农村电商主体培训培育，鼓励农业生产基地、农产品加工企业、农资配送企业、物流企业等应用电子商务平台；实施"互联网＋"农产品出村进城工程，充分发挥品牌农产品综合服务平台和益农信息社的优势；引导特色农产品生产集聚地区加强与大型知名电子商务平台合作，建立地方特色馆，发展直播带货、直供直销等新业态。

1.1.2.2 产业结构升级优化

着力优化农产品加工业的空间布局，对推动我国乡村振兴、推进农业现代化具有引领作用。当前，我国农产品加工业链条的发展现状及特点如下：产业布局正逐步向具有比较优势的产区靠拢；农产品的初步加工环节正在加速发展；深加工技术在农产品领域的应用正逐步提高；主食加工行业也在稳步成长；对农产品及其加工副产品的综合利用能力持续增强，不断探索农产品加工的潜力和增值机会；农产品加工企业正逐步扩展其业务范围，向前端整合原料生产基地，向后端发展物流、营销及服务体系，企业正积极打造全产业链。❶

（1）初加工

农产品的初步加工是现代农业强化产业链、优化供应链、提升价值链的关键环节。尽管初加工所需的设备相对简单，操作步骤也较为简便，但其效果却极为显著，不仅是减少损耗、提高效率、延长产品保质期和增加运输便利性的有效方法，也是农业现代化进程中的一个重要标志。

---

❶ 刘欣雨，朱瑶，刘雅洁，等. 我国农产品加工业发展现状及对策［J］. 中国农业科技导报，2022，24（10）：6－13.

截至 2022 年，我国农产品初加工机械行业标准已经达到 48 项，占到现行农业机械化农业行业标准数量的 15.6%，涉及清选分级、干燥、脱粒、碾米、磨粉及相关加工成套设备等。农业农村部制定发布了 54 项农产品初加工机械推广鉴定大纲，省级农业农村部门制定发布了 28 项相关专项鉴定大纲，涉及粮棉油、棉麻蚕、果菜茶、草药、香料、烟草、畜禽、水产品、天然橡胶等农产品初加工机械，推广鉴定支撑能力不断加强。通过农机试验鉴定的农产品初加工机械产品达 4000 个，其中干燥机械产品 1690 个，果蔬和茶叶初加工机械产品 1785 个。❶

（2）精深加工

农产品精深加工是指在农产品原材料或其粗加工的基础上，通过再次加工，提取其营养成分、功能成分、活性物质和副产物等，实现多次增值的加工过程。随着社会的进步和发展，我国农产品加工业的产品结构呈多元化发展，对农产品直接作为消费品的需求逐步下降，而对农产品经深加工后制成的消费品的需求则逐年上升。

2018 年，农业农村部联合其他 14 个部门发布的《关于促进农产品精深加工高质量发展若干政策措施的通知》中强调了农产品精深加工提升行动的重要性。通知提出要加大生物、工程、环保、信息等技术集成应用力度，加快新型非热加工、新型杀菌、高效分离、节能干燥和清洁生产等技术升级。同时，鼓励研发精深加工技术以及信息化、智能化、工程化设备，解决农产品精深加工中的一系列关键技术问题，实现科技创新成果的突破，并提升关键设备的国产化水平。

提升农产品精深加工程度可以通过多种策略实现，比如鼓励大型农业企业和农业科技型企业创新超临界萃取、超微粉碎、蛋白质改性等技术，挖掘玉米、大豆和特色农产品等多种功能价值，提取营养因子、功能成分和活性物质，开发营养均衡、养生保健、食药同源的加工食品和质优价廉、物美实用的非食用加工产品。

（3）综合利用加工

农产品的综合利用加工是农产品加工过程中的另一个重要环节，涉及将农产品及其加工副产物进行高效、环保的再利用，以实现资源的最大化利用和价值的最大化提升。

具体而言，综合利用加工的推广主要通过以下几种实践和实例来实现。❷

①粮油加工企业采用低碳和低能耗的环保加工技术，充分利用碎米、米糠、稻壳、麦麸、胚芽、玉米芯、饼粕和油脚等副产物。通过这种方式，可以开发出米粉、米线、

---

❶ 何丽虹，李玮琪，宋英，等 . 2022 年农产品初加工机械化进展情况 [J]．农机科技推广，2023（2）：17 - 19．

❷ 农业农村部 . 农业农村部关于促进农产品加工环节减损增效的指导意见 [Z]．中华人民共和国农业农村部公报，2021（1）．

米糠油、胚芽油、膳食纤维、功能物质和多糖多肽等食品或食品配料，甚至生产白炭黑、活性炭和助滤剂等产品，这些创新显著提升粮油资源的综合利用效率。

②果蔬加工企业采用生物发酵、高效提取、分离和制备等先进技术，对果皮、果渣、菜叶和菜帮等副产物进行综合利用。这不仅能够开发出饲料、肥料、基料以及果胶、精油和色素等产品，还能实现废物的资源化利用，将原本的废弃物转化为有价值的资源。

③畜禽水产加工企业采用酶解、发酵等先进适用技术，对皮毛、骨血和内脏等副产物进行综合利用。通过这种方式，可以开发出血浆蛋白、胶原蛋白肠衣、血粉、多肽、有机钙和鱼油等高附加值产品，进一步提升加工的深度和层次。

未来，国内农产品加工全产业链培育发展的主要措施是协调推进农产品的初步加工和精深加工，以及综合利用加工的平衡发展，确保这些环节与原料生产、仓储物流（包括冷链物流）、市场消费等产业链上下游环节紧密相连。同时，将农产品加工与营养健康、休闲旅游、教育文化、健康养生和电子商务等农村产业进行深度整合和有机结合。通过定期对主要农产品的精深加工和综合利用产能进行监测和分析，引导过剩产能的合理转移和短缺产能的快速补充，以实现产业链布局的优化。

1.1.2.3　现代技术应用推广

我国正在不断加大信息技术在农业领域的示范和推广力度。截至2023年底，已累计支持建立了31个国家智慧农业创新中心、分中心以及97个国家智慧农业创新应用基地。信息技术与农业的深度融合、加快迭代，不仅使畜禽养殖、田间种植、机械装备等变得更加智能，而且推动农业管理和服务更加现代化，为传统农业带来革命性变革。国家实施创新驱动发展战略推动了在农产品加工基础理论和重大共性技术装备方面实现重大突破，机械的智能化、信息化和绿色化程度不断提升，成套化加工设备也不断涌现。

互联网、物联网、人工智能等现代信息技术在农产品加工领域的应用正变得日益多样化，推广案例涵盖了多个方面，包括人工智能选种、通过人工智能反馈进行土壤管理、基于图像的养分和肥料使用管理、创新的机器视觉来识别作物问题、用人工智能技术监测杂草和害虫问题、预测正确的收获时间、智能机械收割、农业无人机以及云共享数据平台等。

现代生物技术在农产品加工中的应用推广，显著提升了农产品的附加值和加工效率，例如采用先进的提取、分离与制备技术，集中建立副产物收集、运输、处理渠道及综合利用技术体系，研制新技术、新产品、新设备。重点开展秸秆、稻壳、米糠、麦麸、饼粕、果蔬皮渣、畜禽骨血、水产品皮骨内脏等副产物的梯次加工和全值高值利用。

其次，粮食绿色减损保质收储关键技术装备、太阳能干燥关键技术及设备、禽蛋商品化处理技术装备等新装备在生产实践中得到了推广应用；光电技术、机器视觉识别等技术加快应用于农产品的分级、清选等环节；微波、低剂量辐射处理、减压、气调等保鲜保质技术装备加快应用于农产品储藏；光谱分析、图像识别、人工智能技术装备广泛应用于生产控制和在线检测。不少关键核心装备实现了从依靠引进向自主制造的转变，自主创新能力明显增强。

1.1.2.4　其他相关产业

（1）冷链物流

我国物流行业的基础设施投入持续增加，带动了冷链物流行业的迅猛发展，出现了越来越多专业和规模化的冷链物流园区，运输能力也在不断提升。至 2023 年，国内冷链物流的需求量已经达到大约 3.5 亿吨，同比增长 6.1%，显示出随着消费需求的逐步复苏，冷链物流行业的发展态势稳健向好。

2023 年中央发布的一号文件强调了完善农产品流通网络的重要性，特别是支持建设产地冷链集配中心。农村集配中心通过整合和优化农村地区的冷链物流资源，不仅显著提高了农产品的品质，还增强了农产品的市场价值和竞争力，成为乡村冷链物流建设的核心环节。

现代信息技术如物联网、大数据、云计算的发展，促进了农村冷链物流系统向智能化管理的转变。温度监控和 GPS 定位设备的安装，在运输和储存过程中的状态可以实时监控农产品，确保了供应链的质量控制。行业内正在建立统一的农产品冷链物流标准和规范，覆盖了包装、运输、储存等所有环节。

在这一趋势下，一些企业已成为农村冷链物流集配中心建设的领跑者。例如，阿里巴巴的"农村淘宝"项目通过在农村建立服务站，打造了完善的冷链物流体系，借助其电商平台，助力农产品销售至更广阔的市场。京东集团推出的"京东帮"农村电商平台，通过建立三级物流网络，采用先进的温控和信息化管理系统，确保了产品质量。拼多多的"农货上行计划"与地方政府合作，建立了直供的农产品流通体系，使用高效冷链技术，将优质农产品快速送达消费者。顺丰速运的"顺丰优选"专注于高端生鲜配送，建立了全国性的冷链网络，确保了产品新鲜度和安全性。中国邮政利用其广泛的网络推出的"邮乐购"平台，建立了支持生鲜产品配送的冷链系统，促进了农村生鲜产品向城市市场的流通。

（2）预制菜

2023 年，中央一号文件首次提出"培育发展预制菜产业"，促使预制菜产业进入了一个全新的发展阶段。2023 年，我国预制菜市场规模已达到 5165 亿元，同比增长 23.1%，到 2026 年有望超过万亿元。预制菜产业呈现市场规模稳步增长、发展潜力巨大、参与企业众多等特征，被认为是推动农村三产融合发展、促进农民增收致富的新渠道。

在此背景下，广东省、山东省、河南省、湖南省、山西省、四川省等多地区出台政策，大力支持预制菜发展，行业企业不断推出新品抢占市场。广东省三年拿下多个预制菜产业"第一"：创建全国第一个预制菜集成推广平台；成立全国第一个省级预制菜产业联盟；发布全国第一套预制菜关键核心技术；制定全国第一套预制菜标准体系；制定第一个省级预制菜产业发展支持政策。河南省把发展预制菜作为推动食品工业优势再造和换道领跑的重大机遇、重要抓手，科学制订了《河南省加快预制菜产业发展行动方案（2022—2025 年)》，着力培育更多规模以上预制菜企业，并把壮大预制菜产业写入了政府工作报告。

其他地区也不乏有成功案例：

黑龙江省克东县紧盯市场，为实现从"田间地头"到"消费者餐桌"的融合发展，建设北纬四十七预制菜生产加工项目。项目占地近 3 万平方米，设计安装国内最先进的真空玉米加工生产线 16 条，速冻玉米生产线 10 条。全部达产后，可实现年加工玉米 1.7 亿穗，年加工青刀豆、绿豆角、南瓜等速冻预制菜 6000 吨，产值近 5.5 亿元。

江西省宁都县以品牌建设为核心，大力实施名厨、名材、名品、名店、名节"五名工程"，建立 240 个生态蔬菜基地，培养 5790 多名宁都厨师，不断夯实美食传承的发展根基。同时，主动顺应时代潮流，把预制食品加工作为支柱产业进行培育。2023年以来，"宁都三杯鸡""宁都肉丸"等 12 道传统美食，转化为预制菜产品远销海外，全产业链产值达 50.6 亿元。

2024 年，国家市场监督管理总局联合 5 个部门发布《关于加强预制菜食品安全监管 促进产业高质量发展的通知》，明确预制菜定义和范围，强调预制菜应当具备预制化和菜肴的特征，突出工业化预加工特点和菜肴属性，不添加防腐剂，且是加热或熟制后方可食用的预包装菜肴。同时，提出要研究制定预制菜食品安全国家标准，覆盖生产加工、冷藏冷冻和冷链物流等环节，并推动研制预制菜术语、产品分类等质量标准。该通知为预制菜产业的快速和健康发展以及人民群众的食品安全提供了重要保障。

1.1.3 产业布局

1.1.3.1 全球产业布局

全球农产品加工产业布局受到多种因素的影响，包括市场需求、技术进步、政策支持和国际贸易环境等。各国政府和企业通过技术创新、品牌建设和市场拓展等手段，引导农产品加工业向规模化、标准化、数字化转型，不断提升农产品的附加值和国际竞争力。在全球农产品加工产业布局中，主要的加工中心通常位于农产品的主产区，以便于原材料获取和成本控制。

一些国家因其农业生产规模和加工能力而成为重要的农产品加工中心。例如，美国作为世界上最大的农产品出口国之一，其农产品加工产业非常发达，特别是在玉米、大豆和乳制品加工方面。此外，欧盟国家，尤其是法国、德国和意大利，也以其在葡萄酒、乳制品和橄榄油加工方面的能力而闻名。亚洲的中国和印度也是农产品加工的重要参与者，中国在粮食加工和茶叶生产方面具有悠久的历史和强大的产业基础，而印度则在香料和纺织品加工方面占有一席之地。另外，巴西和阿根廷作为拉丁美洲的主要农产品出口国，在全球农产品加工产业中也占据重要地位，特别是在大豆、肉类和糖加工领域。澳大利亚和新西兰则以其清洁和绿色的形象，在乳制品和优质食品加工方面享有盛誉。

1.1.3.2　中国产业布局

中国农产品加工业的地域产业布局凸显了各地的区域特色与资源优势，各地区依据自身条件，培育并发展了独具地方特色的农产品加工产业。"十四五"期间，全国各省份地区均出台一系列相关指引文件和扶持政策，有效推动了各地区农产品加工产业的发展。不断通过优化产业结构，提升农产品的附加值，并通过技术创新、品牌建设、市场拓展等手段，增强农产品的市场竞争力。同时，鼓励企业加强与农户的合作，形成利益共享机制，促进农民增收和农村经济的全面发展。国内农产品种植及加工产业的地区分布如下。

（1）谷物

从国内生产分布来看，全国 31 个省（自治区、直辖市）均涉及谷物的规模化生产，其中，黑龙江省、河南省、山东省谷物种植面积和产量稳居全国前三位，从细分产品来看，稻谷生产集中在黑龙江省、湖南省和江西省，小麦生产集中在河南省、山东省和安徽省，玉米生产集中在黑龙江省、吉林省和内蒙古自治区。

（2）大豆

从国内生产分布来看，全国 31 个省（自治区、直辖市）中，除青海省外，其余均涉及大豆的规模化生产。其中，种植面积在 500 万亩以上的有黑龙江省、内蒙古自治区、安徽省、四川省 4 个，受单产差异的影响，大豆产量在 500 万吨以上的仅黑龙江省。

（3）油菜籽

从国内生产分布来看，全国 31 个省（自治区、直辖市）中，除吉林省、海南省、青海省外，其余均涉及油菜籽的规模化生产。主要产区为四川省、湖南省、湖北省。

（4）水果

从地域分布来看，2023 年，中国各个水果生产省域中，广西省、山东省、河南省、陕西省、广东省 5 个省域的水果产量均超过 2000 万吨；河南省、江苏省、安徽省、宁夏回族自治区、黑龙江省、内蒙古自治区、吉林省 7 个省域以生产瓜果类果品为主，其余省域的园林水果产量均超过瓜果产量。

（5）茶叶

从国内生产分布来看，全国31个省（自治区、直辖市）中，除内蒙古自治区、北京市、吉林省、天津市、宁夏回族自治区、新疆维吾尔自治区、辽宁省、青海省、黑龙江省9个省份外，其余均涉及茶叶的规模化生产。各省域茶园面积在0.03万～756.92万亩之间不等，茶叶产量在0.01万～50.21万吨不等。

（6）肉类

从国内生产分布来看，全国31个省（自治区、直辖市）均涉及肉类的规模化生产，主要肉类产品为猪肉、牛肉、羊肉、禽肉。2022年，全国肉类产量以山东省、四川省、河南省位列前三位——均主要来自猪肉产量的拉动；猪肉产量以四川省、湖南省、河南省位列前三位；牛肉产量以内蒙古自治区、山东省、河北省位列前三位；羊肉产量以内蒙古自治区、新疆维吾尔自治区、河北省位列前三位；禽肉产量以山东省、广东省、安徽省位列前三位。

（7）水产品

从国内生产分布来看，中国沿海地区如山东省、广东省、福建省、浙江省等省份，因其得天独厚的海洋资源，成为海水养殖和海洋捕捞的重要基地。例如，山东省和广东省两省在海水养殖方面占据重要地位，而像江苏省这样的省份则在淡水养殖方面表现突出。

1.1.3.3　广东省产业布局

（1）广东省产业布局概况

广东省现代农业发展成效显著，水果、蔬菜、肉类、水产品等多种农产品产量产值位居全国前列。

依据《广东省现代农业与食品产业发展重点和区域布局清单》❶，广东省的产业布局详情如下：

①粮食：优质稻重点发展区域为粤西、粤北粮产区；粮食加工重点发展区域为粤西、粤北粮产区及珠江三角洲地区。

②精制食用植物油：重点发展区域为深圳、东莞、中山、茂名、潮州、韶关、梅州、河源、阳江。

③蔬菜：加强城郊型商品蔬菜基地、粤西北运蔬菜基地、粤北夏秋蔬菜基地、粤东精细及加工型蔬菜基地建设。

---

❶ 广东省自然资源厅，广东省发展和改革委员会，广东省农业农村厅，等．关于保障农村一二三产业融合发展用地促进乡村振兴的指导意见［Z］．广东省人民政府公报，2022（6）．

④岭南水果：荔枝、龙眼重点发展区域为茂名、广州、惠州、阳江、东莞、云浮等；香蕉重点发展区域为茂名、湛江、阳江等；菠萝重点发展区域为湛江；柚子重点发展区域为梅州、韶关；柑橘重点发展区域为肇庆、清远、韶关；青梅重点发展区域为揭阳、汕尾。

⑤畜禽：生猪重点发展区域为韶关、梅州、湛江、茂名、肇庆、清远、阳江、江门、云浮、河源等；家禽重点发展区域为梅州、惠州、江门、茂名、肇庆、清远、云浮等。

⑥水产：珠三角地区重点打造水产品流通中心、淡水水产集聚区；粤东、粤西地区重点建设海水水产集聚区；粤东、粤西及珠三角地区鼓励发展深海网箱养殖和大型智能化渔场；粤北地区大力推广综合种养、生态养殖。

⑦茶叶：重点发展区域为清远、潮州、梅州、江门、韶关等。

⑧现代种业：重点发展区域为广州、深圳、珠海、韶关、河源、湛江、茂名、肇庆、阳江、云浮。

（2）清远产业布局特点

清远是广东农业大市，农产品特色鲜明、品质优良，具有一定的产业基础。近年来，清远实施"百县千镇万村高质量发展工程"，以工业思维发展农业产业，着力打造清远鸡、英德红茶、连州菜心、清远丝苗米、西牛麻竹笋等五个百亿级农业产业（简称"五大产业"），带动清远百万农民持续增收，逐步探索形成农业产业高质量发展"清远方案"。

2024年2月，清远市召开2024年五大百亿农业产业工作推进会，着重提出"发展新质生产力"，2024年力争五大百亿农业产业综合产值增速达20%，清远鸡和西牛麻竹笋2个产业突破百亿产值，英德红茶、连州菜心、清远丝苗米产业奋力发展。

未来在延伸产业链方面，清远将大力推进广东省丝苗米跨县集群产业园（清远）、英德市西牛麻竹笋"补改投"农业产业园、农业产业强镇（西牛镇、永和镇）、佛冈县迳头镇楼下村麻竹笋产业合作示范项目等项目建设。加快推动首批广东省食品工业培育试点县（清新区）、清城区飞来峡预制菜产业园、西牛麻竹笋食品加工园建设等。

1.2 产业政策动向

1.2.1 全球产业政策

1.2.1.1 美国

农业法案是美国农业政策的基础，承载着美国现代化农业发展的历史印记。从

1933 年（美国第一部农业法案问世）到 21 世纪初，美国农业法案的调整先后经历了市场管制与价格支持、农业福利政策、福利政策收缩三个阶段。进入 21 世纪后，美国在 2002 年、2008 年、2014 年和 2018 年又陆续通过了四部农业法案❶，其演进历程如表 1 - 2 - 1 所示。

表 1 - 2 - 1　21 世纪以来美国农业法案的演进历程

发展阶段	相关法案	主要内容	主要特点
政府深度干预阶段	2002 年农场安全与农村投资法	共计 10 个章节，包括商品计划、农业资源保护、农产品贸易、食品和营养项目、农业信贷、农村发展、农业研究及推广、林业、能源、杂项；引入"反周期农业支付"，采取农产品价格和政府补贴挂钩的政策等	增加补贴额度，扩大补贴范围，再次回归政府深度干预农业的发展路径
	2008 年食品、自然保护和能源法	新增园艺和有机农业、农作物保险和农业灾害援助、商品期货、畜牧业四个章节；农业生产者可以在反周期农业支付和新设立的"平均农作物利润选择项目"中，自行选择补贴模式等	依旧以高补贴为主，对农业各项目的预算支出创历史新高
市场导向和福利收缩阶段	2014 年农业法	设置农业补贴上限，新设立"价格损失补偿补贴"和"农业风险补偿补贴"取代固定直接补贴政策；完善农作物保险制度，新增补充保险选择、非保险作物援助计划、累计入息保障计划等保险项目；控制食品和营养项目的预算支出等	从政策驱动为主转向市场导向和管理风险，从农业福利政策转向福利政策收缩
兼顾市场和贸易安全阶段	2018 年农业改善法	对农业补贴和保险的具体细节进行了完善，包括重新设置了补贴的资格门槛、赋予农业生产者更多自主选择权利；整合市场开发和出口促进项目以增加农业供应链的韧性；优化市场便利化项目以降低贸易争端对农业生产者的负面影响等	延续市场导向和福利收缩的政策思路，同时极大提升对粮食供应链和贸易安全的战略认知

美国《2002 年农场安全与农村投资法》（*Farm Security and Rural Investment Act of*

❶　孙天昊，郝碧榕. 21 世纪以来美国农业法案的演进历程、逻辑、走势及启示 [J]. 世界农业，2024（6）：27 - 37.

2002）发布了以"价格支持"为核心的补贴政策。《2002年农场安全与农村投资法》的颁布，意味着美国农业政策进入政府"深度干预"农业发展的第一阶段。《2008年食品、自然保护和能源法》（*Food，Conservation，and Energy Act of 2008*）依旧以高补贴为主，对农业各项目的预算支出创历史新高。美国以"价格支持"为核心的农业补贴政策持续了将近10年，2002~2012年农业总补贴额共计约1900亿美元。

《2014年农业法》（*Agricultural Act of 2014*）使美国农业政策进入市场导向和福利收缩的第二阶段。在此期间，美国农业补贴政策的调整方向从价格支持转向风险管理，重视农业保险计划等政策工具。《2014年农业法》控制了食品和营养项目的预算支出，并重新修订《2008年食品和营养法》（*Food and Nutrition Act of 2008*），增加补充营养援助项目的资格审查条款，削减近80亿美元的支出。整体来看，《2014年农业法》意味着美国农业政策开启从政策驱动为主转向市场导向为主、从农业福利政策转向福利政策收缩的新阶段。

以《2018年农业改善法》为分水岭，美国农业政策进入兼顾市场和贸易安全的第三阶段。美国《2018年农业改善法》延续了《2014年农业法》的市场导向和福利收缩的政策思路。在市场导向方面，《2018年农业改善法》几乎继承了《2014年农业法》所有的农业补贴和保险计划，只对其具体细节进行完善，包括重新设置了补贴的资格门槛、赋予农业生产者更多自主选择（不同补贴项目）的权利等。在此阶段，美国农业政策的显著特点是重视农产品贸易安全，强调农业供应链韧性。在农产品贸易部分，《2018年农业改善法》提出整合市场开发和出口促进项目以增加农业供应链的韧性，并优化市场便利化项目（Market Facilitation Program，MFP）以降低贸易争端对农业生产者的负面影响。同时，为减缓贸易不确定性对农业生产者的影响，该法律还保留了农业部长向其提供临时性援助补贴的长期合法权力。

1.2.1.2 欧盟

2003年，欧盟共同农业政策改革进一步降低农产品支持价格，进一步向农产品市场化迈进，如2004年谷物干预价下浮5%，黑麦从干预体系中移除等；同时废除将农业补贴与农产品产量挂钩的做法，实行与产量和种植面积无关的脱钩补贴，从而避免WTO黄箱政策"微量支持"的限制。与此同时，欧盟将支持农村地区发展、农业可持续发展作为共同农业政策改革的重点。一方面增加了农村地区发展支持力度，将削减的价格支持与直接补贴预算转移至农村发展项目（第二支柱项目）；另一方面引入了交叉遵守机制，将农业补贴资金的获取与农业环境保护、食品安全和动物福利等挂钩，以促进农业可持续发展。2013年底，欧盟共同农业政策改革延续了市场导向的改革路径，对农村经济、生态环境和成员国区域平衡发展等议题给予了极大的关注，提出了增强农业竞争力、实现自然资源可持续管理以及成员国区域平衡发展等三大长期目标，

并制定了针对性的政策措施。❶

2023 年欧盟共同农业政策改革的总目标依旧是维护欧盟内部农产品市场的有效运作，为欧盟农民创造公平的竞争环境，进一步推动农业、食物和农村地区的可持续发展。为了将总体目标落到实处，2023 年欧盟共同农业政策又分出了 10 个具体目标，分别是增加农民收入、增强农业竞争力、提升农业在价值链中的地位、有效应对气候变化、资源维护、保护生物多样性、维持农民代际更新、增强农村地区活力、保障食品安全和创新。

2023 年欧盟共同农业政策保留了原欧盟共同农业政策的两个支柱：第一支柱为市场支持和直接支付，第二支柱为农村发展。但是，新政策更加强调对小农户和绿色发展的支持，注重提升农业竞争力和因地制宜地发展农村产业，以促进欧盟农业农村的可持续发展。总体来看，2023 年欧盟共同农业政策呈现出了对农民更为公平、农业发展更为绿色以及政策更加灵活的特点。❷

1.2.1.3 日本

日本农业政策的主要历程可分为如下几个阶段。❸

二战后的农地改革政策（1945～1952 年）：政策主要是农地改革，包括土地的公平分配、消除地主阶级、提高农民的社会地位、改善农业生产条件。政策思路是通过改革土地所有制，使农民成为土地的所有者，激发他们的生产积极性，提高农业生产力。

经济高速增长期的"基本法农政"（1952～1973 年）：政策主要是推动农业现代化，提高农业机械化水平，实施农业集约化生产，扩大经营规模。政策思路是通过技术进步和生产方式的改变，提高农业生产效率，以满足日本快速增长的工业化进程对食品和农产品的需求。

稳定增长期的农业保护政策（1973～1990 年）：政策主要是实施农业保护政策，如设定农产品价格保障制度、实施农业补贴政策等。政策思路是通过政策干预，保持农业生产的稳定，保护农民的利益，以应对国际农产品市场的波动。

全球化时期的农业产业升级政策（1990 年至今）：政策主要是推动农业结构调整，提高农业竞争力，同时继续实施农业保护政策，如农业补贴、农产品进口配额等。政策思路是在全球化的背景下，通过调整农业结构，提高农业的竞争力，同时通过保护政策，保护国内农业，以实现农业的可持续发展。总的来看，日本农业政策的主要特点在于农民利益的保护和农业收益的提高。

---

❶ 李登旺，宋晨超. 欧美农业支持政策转型的经验与启示 ［J］. 中国发展观察，2021（12）：56－59，28.
❷ 欧盟共同农业政策 2023—2027 ［EB/OL］.［2024－04－08］. https：//mp. weixin. qq. com/s/r3cj6914R59vHTj2ETHO5A.
❸ 华创证券，雷轶，顾超. 农业专题报告：日本农业发展启示 ［EB/OL］.［2023－08－17］. https：//new. qq. com/rain/a/20230817A01N1I00.

日本政府鼓励发展"六次产业"，通过产业融合提升农业收入。日本农业经济学专家今村奈良臣 1994 年首次提出农业"六次产业"的概念，他认为要提高农民的收入必须整合农业关联的第二产业（农产品加工和食品制造）和第三产业（农产品流通、销售和观光旅游等），延长农业产业链，实现收益倍增，即"六次产业＝第一产业×第二产业×第三产业"。从 2011 年起，日本正式实施由农林水产省组织制定的《六次产业化法》，并大力推行。一方面设立了专门基金及其管理机构，充分吸引社会资本参与六次产业，2013～2015 年日本政府共成立 53 个子基金，基金总规模达到 750 亿日元，为 65 个六次产业化经营主体提供资金支持。另一方面成立专门机构提供服务保障，2020 年日本政府在中央和地方共设立了 46 个"六次产业化支援中心"。自发展六次产业以来，不仅农民的参与数量明显增长，而且总销售额和农民收入均有了显著提升，从而使农民获得了实在效益。2010～2018 年，六次产业从业经营体总数量增长了 5.4%，生产总销售金额从 16 543.72 亿日元增长到 23 384.21 亿日元，增长了 41.3%，户均销售额增长了 34.3%。

1.2.2　中国产业政策

农业是一个政策关联度极高的产业，而历年中央一号文件已经成为中央政府重视农业农村发展的专有名词。2007 年，中央发布以"积极发展现代农业"为主题的一号文件，正式将发展现代农业提升至新农村建设首要任务的高度，并在随后多年持续鼓励现代农业发展（如图 1-2-1 所示）。

农业现代化快速发展阶段（2007～2012 年）。在满足了人民群众对农产品基本需求的基础上，我国政府通过设立粮食主产区，推进农业机械化生产，加快农业生产科技创新步伐持续推动农业生产稳定增长；同时发展农产品加工业，培育新型农业经营主体和多元化市场流通主体，初步形成了现代农业生产经营体系，实现了农民持续增收。总体而言，该阶段基本实现了我国农业现代化全要素覆盖，但更侧重于农业现代经营和农业科技创新，农业产业化经营、农业科技和服务体系建设对促进农民增收起到关键作用。

农业现代化体系成熟阶段（2013～2024 年）。这一时期，我国的农业现代化政策将顶层设计和精准实施相结合，实现了农业生产体系、农业经营体系、农业产业体系和农业科技创新四大目标领域的全覆盖和无空档，中国农业现代化政策进入了全方位深化发展的成熟时期。我国农业产业化发展是这一时期的重点，突出表现为农业产业发展趋向于规模化与专业化并重，农业经济增长与生态协调发展并举，以及农业产业链与现代信息技术的融合发展。该阶段我国农业现代化程度进一步提升，农业迎来高质量发展时期。❶

---

❶ 付城，刘媛. 乡村振兴视域下农业现代化政策工具选择研究：基于中央 1 号文件的考察［J］. 世界农业，2020（9）：29-37，140.

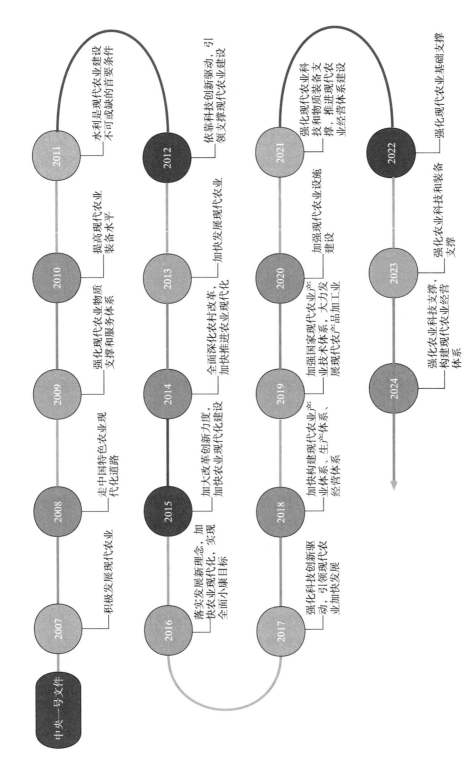

图 1 - 2 - 1 2007~2024 年中央一号文件高度重视现代农业发展

　　2007～2024 年，中国的中央一号文件持续聚焦现代农业发展和农产品质量提升，贯穿了一系列重点内容和战略部署。2007 年文件强调了积极发展现代农业，确保新农村建设取得新进展，并注重无公害农产品、绿色食品、有机食品的认证，以及农产品品牌的国际注册。2008 年着重于农业基础设施建设，优化农产品区域布局，支持特色农业发展。2009 年继续促进农业稳定发展和农民增收，推动农业专业合作社等实行标准化生产。2010 年聚焦夯实农业农村发展基础，培育农村经纪人，运用地理标志促进特色农业发展。2011 年特别关注水利改革发展，以支撑农业跨越式发展。2012 年直接聚焦农产品，提出"强科技保发展"的战略。2013 年加快发展现代农业，深入实施商标富农工程，强化农产品地理标志和商标保护。2014 年全面深化农村改革，加快推进农业现代化，构建新型农业经营体系。2015 年加大改革创新力度，首次提出从追求产量转向数量、质量、效益并重，推进农村一二三产业融合发展。2016 年首次写入农业供给侧结构性改革，强调农业转型升级从供给侧入手，发展新理念和绿色发展。2017 年深入推进农业供给侧结构性改革，确保国家粮食安全，提高农业供给质量。2018 年实施乡村振兴战略，制定国家质量兴农战略规划，推动农业由增产导向转向提质导向。2019 年发展壮大乡村产业，拓宽农民增收渠道，加快发展乡村特色产业。2020 年抓好"三农"领域重点工作，确保如期实现全面小康，实施农产品质量安全保障工程。2021 年全面推进乡村振兴，加快农业农村现代化，解决种子和耕地问题，构建现代乡村产业体系。2022 年强化现代农业基础支撑，推进种源农业关键核心技术攻关，提升农机装备研发应用水平。2023 年做好全面推进乡村振兴重点工作，守底线、促振兴、强保障，强调抓紧抓好粮食和重要农产品稳产保供。2024 年学习运用"千村示范、万村整治"工程经验，推进乡村全面振兴，确保国家粮食安全，提升乡村产业发展水平。

　　整体来看，这些文件反映了中国在推动农业现代化、增强农产品质量和竞争力、促进农民增收以及实施乡村振兴战略方面的持续努力和战略部署。通过这些政策的实施，中国农业现代化体系逐步成熟，农业产业化、科技化、绿色化和品牌化水平不断提升，为农业高质量发展奠定了坚实基础。

　　根据《全国农业现代化规划（2016—2020 年）》《乡村振兴战略规划（2018—2022 年）》对我国现代农业发展的规划目标，如图 1 - 2 - 2 所示，到 2020 年，全国农业现代化取得明显进展，到 2022 年，现代农业体系初步构建，到 2035 年，农业农村现代化基本实现。因此，2020～2035 年将是中国现代农业加速发展机遇期，国家政策将继续给予一定倾斜，政策环境利好现代农产品与加工产业发展。

　　国家各部门对现代农产品与加工产业发布了一系列政策，表 1 - 2 - 2 列举了部分政策重点内容。可以看出，当前国家层面的现代农产品与加工产业政策主要以鼓励类为主，国家大力发展农业农村现代化事业、优化现代农业产业技术体系、支持民间投资参与，均是为发展现代农产品与加工产业提供有力的保障。

图 1 - 2 - 2 2020~2035 年现代农业发展阶段性目标

表 1 - 2 - 2 国家层面现代农产品与加工产业政策重点内容解读

发布时间	发布部门	政策名称	重点内容
2023 年 2 月	农业农村部	关于落实党中央国务院 2023 年全面推进乡村振兴重点工作部署的实施意见	加快推进农业关键核心技术攻关。优化现代农业产业技术体系，推进国家现代农业产业科技创新中心、农业科技创新联盟建设，分区域建设国家现代农业科技示范展示基地
2022 年 10 月	国家发展和改革委员会	关于进一步完善政策环境加大力度支持民间投资发展的意见	引导民间投资积极参与乡村振兴。支持优势特色产业集群、现代农业产业园、农业产业强镇等项目
2022 年 3 月	农业农村部	"十四五"全国农业农村信息化发展规划	到 2025 年，农业农村信息化发展水平明显提升，现代信息技术与农业农村各领域各环节深度融合，支撑农业农村现代化的能力显著增强。智慧农业技术、产品初步实现产业化应用，农业生产信息化率达到 27%，农产品年网络零售额超过 8000 亿元。建设 100 个国家数字农业创新应用基地，认定 200 个农业农村信息化示范基地。农业农村大数据体系基本建立；数字乡村建设取得重要进展；信息化创新能力显著增强

发布时间	发布部门	政策名称	重点内容
2021 年 11 月	国务院	"十四五"推进农业农村现代化规划	提出加快数字乡村建设。聚焦生物育种、耕地质量、智慧农业、农业机械设备、农业绿色投入品等关键领域，加快研发与创新一批关键核心技术及产品。发展智慧农业。建立和推广应用农业农村大数据体系，推动物联网、大数据、人工智能、区块链等新一代信息技术与农业生产经营深度融合。建设数字田园、数字灌区和智慧农（牧、渔）场
2021 年 12 月	农业农村部	"十四五"全国农业机械化发展规划	着力提升粮食作物生产全程机械化水平；大力发展经济作物生产机械化；加快发展畜禽水产养殖机械化；积极推进农产品初加工机械化；加快补齐丘陵山区农业机械化短板；加快推动农业机械化智能化、绿色化；做大做强农业机械化产业群产业链；切实加强农机安全管理；强化支持发展政策举措；强化规划实施保障
2021 年 12 月	中央网络安全和信息化委员会办公室	"十四五"国家信息化规划	到 2025 年，数字乡村建设取得重要进展，乡村 4G 深化普及、5G 创新应用，城乡信息化发展水平差距显著缩小，初步建成一批兼具创业孵化、技术创新、技能培训等功能于一体的农村创业园区（基地），培育形成一批叫得响、质量优、特色显的农村电商产品品牌，完善乡村物流配送网点设施
2021 年 6 月	中国人民银行、银保监会（已撤销）、证监会等	关于金融支持巩固拓展脱贫攻坚成果　全面推进乡村振兴的意见	丰富服务乡村振兴的金融产品体系，促进小农户和现代农业发展有机衔接
2021 年 4 月	科学技术部、中国农业银行	关于加强现代农业科技金融服务创新支撑乡村振兴战略实施的意见	加大现代农业科技信贷支持力度。中国农业银行将向现代农业科技和基层创新领域提供总金额不低于人民币 1000 亿元的意向信用额度，专项用于支持现代农业科技创新、农科园区建设、县域创新驱动发展、新型研发机构培育和科技企业成长
2021 年 4 月	农业农村部	关于开展现代农业全产业链标准化试点工作的通知	构建以产品为主线、全程质量控制为核心的现代农业全产业链标准体系，遴选命名现代农业全产业链标准化基地 300 个，并实施动态管理

续表

发布时间	发布部门	政策名称	重点内容
2020 年 12 月	农业农村部	关于促进农产品加工环节减损增效的指导意见	支持农产品加工企业参与农业产业强镇，现代农业产业园，优势特色产业集群等相关项目建设
2020 年 11 月	农业农村部、科学技术部、财政部等	关于推进返乡入乡创业园建设提升农村创业创新水平的意见	明确返乡入乡创业园建设重点以及农业科技园、优势特色产业集群、现代农业产业园、农业产业强镇等农业项目，依托经济开发区、高新技术园、现代农业产业园、农产品加工园、工业园、电商园、物流园、休闲旅游园等
2020 年 11 月	国家发展和改革委员会、中央农村工作领导小组、财政部等	关于在农业农村基础设施建设领域积极推广以工代赈方式的意见	准确把握以工代赈政策实施范围，完善农田、优势特色产业集群、农业产业强镇、现代农业产业园或生产基地配套机耕道、生产便道、沟渠管网等附属设施建设
2020 年 7 月	中央农村工作领导小组、农业农村部等	关于扩大农业农村有效投资 加快补上"三农"领域突出短板的意见	加快农业农村大数据工程建设，开展农业物联网、大数据、区块链、人工智能、5G 等新型基础设施建设和现代信息技术应用，全面提升农业农村数字化、智能化水平
2020 年 7 月	科学技术部、农业农村部、教育部等	关于加强农业科技社会化服务体系建设的若干意见	加强农业科技服务政策保障和组织实施力度，将存量和新增资金向引领现代农业发展方向的科技服务领域倾斜
2019 年 1 月	中共中央、国务院	中共中央 国务院关于坚持农业农村优先发展做好"三农"工作的若干意见	推动生物种业、重型农机、智慧农业、绿色投入品等领域自主创新，加快关键核心技术攻关与装备创制应用
2019 年 12 月	农业农村部、中央网络安全和信息化委员会办公室	数字农业农村发展规划（2019—2025 年）	以产业数字化、数字产业化为发展主线，以数字技术与农业农村经济深度融合为主攻方向，以数据为关键生产要素，着力建设基础数据资源体系，加强数字生产能力建设，加快农业农村生产经营、管理服务数字化改造，强化关键技术装备创新和重大工程设施建设，全面提升农业农村生产智能化、经营网络化、管理高效化、服务便捷化水平，用数字化引领驱动农业农村现代化，为实现乡村全面振兴提供有力支撑

2020 年前后，全国各地相继出台现代农产品与加工产业及相关产业相关政策（如表1-2-3 所示），政策围绕建立现代农业产业园区、培育现代农业高新技术企业等领域展开。总体来看，全国主要省份均制定了明确的现代农业领域发展规划，其中现代农业产业园建设、现代农业企业培育和现代农业人才培养成为全国主要省份聚焦的发展战略。

表1-2-3 省份层面现代农产品与加工产业政策重点内容解读

省份	发布时间	政策名称	重点内容
北京市	2022 年 4 月	北京率先基本实现农业农村现代化行动方案	北京率先基本实现农业农村现代化，既要坚持高站位谋划、高标准定位，描绘 2035 年发展新蓝图，也要坚持遵循城乡发展规律，科学把握节奏，数量服从质量、进度服从实效，通过接续部署阶段性任务，锚定目标、压茬推进、接力实施，蹄疾步稳迈向首善标准、首都特色的农业农村现代化
	2021 年 7 月	北京市"十四五"时期乡村振兴战略实施规划	积极承接国家级农业科研重大任务，建设省部级重点实验室、农业科技综合试验站、国家现代农业技术示范展示基地。认定 100 个市级现代农业科技示范展示基地，示范带动全市农业科技水平提升
上海市	2021 年 6 月	上海市乡村振兴"十四五"规划	培育 50 家现代农业高新技术企业，支持 30 家农业产业化联合体做优做大做强。除此之外，打造崇明种养循环现代农业产业园。通过生态循环、智慧农场、农旅交融的模式，实现产业融合发展
	2021 年 1 月	上海市推进农业高质量发展行动方案（2021—2025 年）	到 2025 年，基本建立农业高质量发展制度框架体系。提升现代种业创新能力。建立农业种质资源保护体系，加大地方特色种质资源保护与开发力度。支持基础好的种业企业开展商业化育种，鼓励种业企业开展国际战略合作
广东省	2022 年 6 月	广东省高标准农田建设规划（2021—2030 年）	高标准农田建设项目，重点围绕粮食生产功能区、永久基本农田、省级现代农业产业园（粮食类）、种子基地等区域开展建设
	2021 年 8 月	广东省推进农业农村现代化"十四五"规划	创建 15 个国家农业现代化示范区。构建"跨县集群、一县一园、一镇一业、一村一品"的现代农业产业体系，打造一批跨县集群产业园，拓展一批特色产业园，创建一批功能性产业园，建设 5~10 个国家级优势特色农业产业集群、30 个国家级农业产业强镇、一批"一村一品、一镇一业"农业产业强镇、特色专业镇和农业特色专业村

续表

省市	发布时间	政策名称	重点内容
江苏省	2022 年 5 月	江苏省"十四五"开放型农业发展规划	支持江苏省农业企业围绕农业与农村现代化,在农产品加工、生物育种、农业循环利用、现代农业装备等领域从欧盟、美加、日韩等发达地区开展技术交流和引进。鼓励企业在有条件的非洲、东南亚等发展中国家建设农业技术示范中心、联合实验室、联合研究中心等技术平台。建立政企研合作模式,支持南京国家农业高新技术产业示范区、南京国家现代农业产业科技创新示范中心建设,着力引进境外农业高科技企业、高水平团队、高品质项目。强化人才交流
	2021 年 9 月	江苏省"十四五"全面推进乡村振兴加快农业农村现代化规划	围绕产业强园、科技兴园、生态立园、机制活园,以国家现代农业产业园和省级现代农业产业示范园创建带动建设一批市、县现代农业产业园,形成以国家级农业园区为龙头、省级农业园区为骨干、市县级农业园区为基础的梯次推进发展格局,加快构建优势更突出、形态更高级、分工更优化、结构更合理的现代农业产业体系、生产体系和经营体系
安徽省	2021 年 2 月	中共安徽省委安徽省人民政府关于全面推进乡村振兴加快农业农村现代化的实施意见	提升农产品加工业"五个一批"工程,立足县域布局特色农产品产地初加工、精深加工和综合利用加工,持续推进"一村一品"示范村镇、农业产业强镇、现代农业产业园建设,做大做强徽茶、酥梨、中药材等优势特色产业集群
浙江省	2021 年 8 月	高质量创建乡村振兴示范省推进共同富裕示范区建设行动方案(2021—2025 年)	着力在发展现代农业、培育新产业新业态、推进绿色低碳转型、建设美丽宜居乡村、深化农村改革、创新乡村治理等方面先行示范。形成国家、省、市、县现代农业产业园联动发展格局,率先推进现代农业产业园区和优势特色产业集群循环化改造,聚焦现代农业生物技术、绿色智慧高效生态农业生产技术、农产品质量安全与生命健康三大主攻方向
湖南省	2021 年 10 月	湖南省"十四五"农业农村现代化规划	到 2025 年,农业农村现代化取得重要进展,在中部地区率先基本构建现代农业产业体系、生产体系和经营体系。全链条打造粮食、畜禽、蔬菜、茶叶、油菜、油茶、水产、水果、中药材、竹木等 10 个优势特色千亿产业和一批百亿现代农业产业园、十亿农业产业强镇,构建链条完整、功能多样、业态丰富、利益联结紧密的乡村产业体系

省市	发布时间	政策名称	重点内容
湖北省	2021年9月	湖北省推进农业农村现代化"十四五"规划	"十四五"期间重点任务就是打造现代农业全产业链，到2025年，打造50个省级农村产业融合发展示范园、10个国家级现代农业产业园和100个省级现代农业产业园，培育300个休闲农业重点园区和10个重点县
山西省	2022年8月	山西省"十四五"推进农业农村现代化规划	加快推进标准化生产，支持绿色食品、有机农产品和地理标志农产品认证和管理，推进现代农业全产业链标准化，强化标准集成应用，开展现代农业全产业链标准化试点建设，培育一批标准化综合体
辽宁省	2022年4月	辽宁省"十四五"农业农村现代化规划	把加快建设农业强省作为主攻方向，坚持农业农村优先发展，坚持农业现代化与农村现代化统筹谋划、同步推进，持续深化农业供给侧结构性改革，着力构建现代农业生产体系、产业体系和经营体系，加强乡村产业、人才、文化、生态、组织建设，促进产业融合、城乡融合和区域协同发展，实现巩固拓展脱贫攻坚成果同乡村振兴有效衔接
山东省	2021年10月	共同推进现代农业强省建设方案（2021—2025年）	布局建设现代农业山东省实验室，加强现代农业产业技术体系建设，建设农业农村遥感应用中心、现代农业产业园信息管理系统、粮食生产功能区和重要农产品生产保护区动态监管平台，创建国家和省级现代农业产业园100个以上、农业产业强镇1000个以上，依托现代农业产业园、农产品加工园等建设农村创业园，建设一批现代农业全产业链标准集成应用基地
福建省	2021年7月	福建省"十四五"特色现代农业发展专项规划	到2035年，现代农业发展制度框架和政策体系日臻完善，农业结构得到根本性改善；现代科技对特色农业提质增效的贡献更加突出。新型农业经营主体成为特色现代农业主体力量，农业生产专业化、组织化、社会化水平较高，小农户与各类新型经营主体协同发展
黑龙江省	2021年12月	黑龙江"十四五"农业科技发展规划	围绕良种良法配套、农机农艺结合、农牧渔互补、粮经饲统筹、种养加循环等产业领域强化攻关，推动传统育种和现代生物育种叠加。集中攻关农机装备、现代植保、智慧农业等战略领域的"卡脖子"环节，力争在设施农业、高端智能农机装备等方面实现突破。推动农业清洁生产、秸秆综合利用、黑土耕地保护等绿色技术集成研发。全面加强农产品储运及精深加工技术研究

省市	发布时间	政策名称	重点内容
河南省	2021 年 12 月	河南省"十四五"乡村振兴和农业农村现代化规划	培育"五十百"重点产业集群产业链。按照"一群多链、聚链成群"原则，围绕面、肉、油、乳、果蔬五大行业，培育五大重点食品产业集群；围绕小麦、玉米、花生、猪、牛、羊、禽、果蔬茶、食用菌、中药材十大主导产业，打造十大优势农业全产业链；围绕国家级农业产业化重点龙头企业，培育 100 家全产业链"链主"企业，推动品种培优、品质提升、品牌打造和标准化生产，做强做优高效种养业和绿色食品业
吉林省	2021 年 12 月	吉林省"十四五"推进农业农村现代化规划	聚力打造玉米水稻、杂粮杂豆、生猪、肉牛肉羊、禽蛋、乳品、人参（中药材）、梅花鹿、果蔬、林下及林特（食用菌、林蛙、矿泉水等）十大产业集群。构建种养有机结合，生产、加工、收储、物流、销售于一体的农业全产业链，推动农业产业链、供应链、价值链重构和演化升级

1.2.3 广东省产业政策

为了促进和支持现代农产品与加工产业稳定发展，广东省发布了《2021—2023 年全省现代农业产业园建设工作方案》❶ 等一系列政策，具体如表 1－2－4 所示。

表 1－2－4 广东省现代农产品与加工产业政策重点内容解读

发布时间	发布单位	政策名称	重点内容
2017 年	广东省人民政府	广东省推进农业供给侧结构性改革实施方案	推进实施《广东省农业现代化"十三五"规划》和《雷州半岛现代农业发展规划（2016—2020 年）》，编制出台全省农业现代化功能区划，引导各地立足资源禀赋，实行适区适种（养），合理布局优势特色产业，实现生产布局与环境资源相协调，形成珠三角都市农业区、潮汕平原精细农业区、粤西热带农业区、北部山地生态农业区以及南亚热带农业带、沿海蓝色农业带的"四区两带"区域农业发展格局，进一步优化农业产业结构

❶ 该方案已于 2024 年 7 月 1 日失效。

发布时间	发布单位	政策名称	重点内容
2019 年	广东省发展和改革委员会	广东省 2018 年国民经济和社会发展计划执行情况与 2019 年计划草案的报告	支持建设特色生态产业园区，积极发展现代农林业、生物医药、健康养生、绿色食品等产业。完善生态保护补偿转移支付办法，加大对生态地区的财力补偿，推进区域间生态保护补偿试点示范
2020 年	广东省人民政府	关于培育发展战略性支柱产业集群和战略性新兴产业集群的意见	重点发展粮食、岭南水果、蔬菜、畜禽、水产、南药、饲料、特色食品及饮料、花卉、茶叶、现代种业、调味品等产业。聚焦菠萝、荔枝、茶叶、柚子、生猪、深海网箱养殖等优势产业区（带），推动集群一二三产业融合创新发展。聚力发展烘焙、凉果、糖果、腊味、特殊膳食用等特色食品，加快发展中央厨房、即食食品、速冻快消食品等潜力新兴食品。科学布局"一县一园、一镇一业、一村一品"现代农业产业平台，重点推进数字农业试验区等"三个创建"，推动数字农业产业园区等"八个一批培育"，打造综合效益和竞争力全国领先的产业集群
2020 年	广东省农业农村厅等 5 部门	广东省发展现代农业与食品战略性支柱产业集群行动计划（2021—2025 年）	深化农业供给侧结构性改革，现代农业与食品产业向精细化管理、高质量发展转型。培育销售收入超百亿元的农业龙头企业 7 ~ 8 家，50 亿 ~ 100 亿元的 10 家，做优做强 100 家上市农业企业；培育发展营业收入超百亿元的食品企业 7 ~ 8 家，50 亿 ~ 100 亿元的 10 家，广州、深圳食品总部经济建设取得明显成效。出现一批创新能力突出、规模效益显著、辐射带动能力较强的行业领军企业
2021 年	广东省人民政府	广东省制造业数字化转型实施方案（2021—2025 年）》和《广东省制造业数字化转型若干政策措施	鼓励区块链、大数据、物联网、遥感等技术在农业领域的应用与创新。加快自动化、智能化、单机多功能的食品生产及检测设备研发及应用推广，支持企业通过数字化管理带动生产流程化、标准化，提升生产效率。强化生产过程数据采集与分析，提升品质检测能力，通过工业互联网标识解析、二维码、数字标签等技术实现供应链优化和全流程溯源，提升产品品质和安全性。推动建立数字化仓储及物流配送体系。强化数字化营销与制造，提升柔性制造能力，缩短新产品研发上市周期

发布时间	发布单位	政策名称	重点内容
2021 年	广东省人民政府办公厅	2021—2023 年全省现代农业产业园建设工作方案	在第一轮产业园基本实现"一县一园一平台"基础上，打造产业园 2.0 版，以调结构、扩规模、抓龙头、创品牌、全链条、增效益为主攻方向，推动种养循环及规模化、加工集群化、科技集成化、营销品牌化、产业数字化，全面提升现代农业产业质量效益。2021—2023 年建设省级产业园 100 个左右
2021 年	广东省人民政府	广东省推进农业农村现代化"十四五"规划	支持建设一批稳产保供现代农业产业园区，跨县域建设荔枝、菠萝、龙眼、香蕉等热带亚热带水果产业集群，建设全省深水网箱养殖优势区、渔港经济区，培育一批全国知名的"粤字号"特色农产品优势区，创建国家农业现代化示范区
2021 年	广东省人民政府办公厅	农业农村部 广东省人民政府共同推进广东乡村振兴战略实施 2021 年度工作要点	发展农业优势特色产业，推动建设现代农业和食品等一批优势特色产业集群。建设沿海渔港和渔港经济区，提升渔业基础设施和装备水平。完善现代农业全产业链标准体系，推进农村一二三产业融合发展

广东省各市也制定了相关政策，促进现代农产品与加工产业发展。如《广州市农业农村现代化"十四五"规划》提出，广州将打造 11 个重点产业，打造"穗"字种业、绿色蔬菜、优新水果、精品花卉苗木、生态畜禽、现代渔业、都市休闲农业等 7 个百亿级产业集群，新增优质粮油、农产品加工业、数字农业装备、新型农业服务业。构建"1+6"的都市现代农业产业链，打造优品丝苗米、绿色蔬菜、北回归线荔枝、精品花卉、生态畜禽、现代渔业等 6 条广州优势特色产业分链；建立"链长+链主+链长工作专班"的工作架构，完善稳链、补链、强链、建链联动协调机制，培育壮大若干控制力和根植性强的农业"链主"企业和生态主导型企业，带动现代农业产业链上下游企业配套协同发展。

清远市制定了《清远市农业农村现代化"十四五"规划》，与现代农产品与加工产业最为相关的内容有两点，具体如下。

（1）构建农业农村现代化发展新格局。"十四五"期间，结合农业"3 个三工程"，构建"3+3+X"（蔬菜、水果、茶叶三个种植产业，清远鸡、生猪、鳜鱼（桂花鱼）三个养殖产业，X 个地方特色产业）产业体系，发展"跨县集群、一县一园、一镇一业、一村一品"现代农业产业体系。强化丝苗米、生猪、茶叶、清远鸡等主导产业，优化提升水果、蔬菜、特色家禽、水产、南药等特色优势产业，打造农业全产业链。优化优质丝苗米、清远鸡、清远茶、生猪、优质水果、蔬菜、蚕桑、水产等产业区域布局。统筹构建农村发展新格局，统筹城乡空间用途管制，完善城乡空间结构，推进城乡统一规划，优化乡村生产、生活、生态空间，有序推进乡村发展。

（2）聚焦发展现代精细农业。以农业供给侧结构性改革为主线，以"五大一深化"（以深加工和信息化为抓手，构建大生产基地，建立大流通平台，打造大农业品牌，面向大市场，服务好大湾区）为统领，推进农村一二三产业融合发展，培育农业农村发展新动能，推进乡村产业兴旺。一是建设精深化现代农业产业体系。稳固粮食生产供给，建设农业生产大基地，推进农产品深加工，培育新产业新业态，构建开放合作产业链。二是建设精准化现代农业生产体系。坚持农业绿色发展，全面实施数字农业行动，推进大市场体系建设，促进科技产业一体化发展，改善提升农业设施装备条件，全面实施质量强农战略。三是建设精益化现代农业经营体系。加快培育家庭农场，规范提升农民合作社，推动农业产业化龙头企业做强做优，推进供销新型助农服务体系建设，推动农业社会化服务组织多元融合发展。

1.3　产业发展趋势

1.3.1　技术革新对产业的影响

农业新技术满足了对农业自动化、数字化和可持续性日益增长的需求。新兴农业趋势标志着向智能农业的转变，通过有效利用时间和资源，减少作物损失。智能农业将基因编辑等技术应用于育种，缩短了动植物育种时间；精准农业和农产品智能加工将物联网、计算机视觉和人工智能等技术应用于农业生产，以机器人和无人机取代了采摘水果、杀灭杂草或喷水等人工农场作业，加速实现农场自动化及数字化；食品溯源体系的应用，有效保障食品的绿色安全。

以下是 10 个值得关注的趋势。❶

（1）可持续农业

随着环保意识的提高，可持续农业正在变得越来越流行，这种模式旨在减少化肥和农药的使用，并尽量减少对环境的破坏。例如，有机农业和生物农业的兴起就是可

---

❶　世界农业揭秘：从现状到未来，看懂农业的底层逻辑［EB/OL］.［2023 - 12 - 03］. https：//mp. weixin. qq. com/s/XwEsQcHMsaG2CzZ7QXyTnA；StartUs Insight——2024 年十大农业趋势、技术和创新［EB/OL］.［2024 - 03 - 01］. https：//mp. weixin. qq. com/s/7iKLayM_lcvvoeVf9absbQ.

持续农业的代表。根据公开资料显示，全球有机食品市场规模预计在未来几年内将保持 5% 以上的年复合增长率。

（2）精准农业

精准农业是指利用现代信息技术，对农田进行精细化管理，以提高农业生产效率。随着物联网、大数据、人工智能等技术的发展，精准农业已经成为农业生产的重要趋势。精准农业需要针对具体地点进行作物和牲畜管理，也使农民能够精确地使用水、杀虫剂和化肥，优化产量质量和生产率。

（3）农业机器人

在大规模作业中，农业劳动力的稀缺给农民带来了巨大挑战。为解决这一问题，农业初创企业正在开发能够协助从业者完成任务的机器人，将采摘、种植、移植、收割、播种、喷洒和除草等重复性的田间杂务自动化。此外，机器人还可以在自动化牲畜管理系统中发挥作用，负责管理称重、孵化、挤奶和喂养等任务，提高整体生产率，减少人为错误，最终提高农业效率。

（4）垂直农业

垂直农业是指利用现代建筑技术，在建筑物内进行农作物种植的一种方式。这种模式可以减少土地的使用，提高农作物的产量和品质。例如，某公司已经成功在城市建筑物内种植蔬菜，并实现了年产蔬菜 1000 吨以上的目标。

（5）农业生物技术

生物技术为提高作物和牲畜质量提供了一条途径。通过植物育种、杂交、基因工程和组织培养等方法，可以确定植物的理想性状。如 CRISPR – Cas9 基因组编辑技术可以进行精确、快速的性状修饰。利用新型生物技术解决方案，转基因植物可表现出抗病性、抗旱性、抗虫害性和高产潜力。此外，依托农业生物技术的生物农药、生物除草剂、生物肥料等既能解决土壤毒性问题，又能最大限度地减少对环境的影响。

（6）农业机械化和自动化

随着科技的不断进步，农业机械化和自动化已经成为农业生产的重要趋势。这些设备可以提高农业生产效率，降低成本，提高农产品的品质和安全性。例如，德国是全球最大的农业机械生产和出口国之一，其农业机械化和自动化水平非常高。

（7）农产品智能加工

农产品加工业正逐渐向系统化、智能化、高值化、个性化、无人化等方向发展。在生鲜农产品保鲜方面，从"静态保鲜技术"向"动态保鲜技术"迭代升级，保障农产品从"农田到餐桌"全程处于适宜环境条件中。在农产品精深加工方面，正向全组分梯次利用和绿色低碳加工方向发展。在加工生产线和核心装备创制方面，随着工业4.0 和 5G 时代的来临，农产品加工装备的智能化程度不断提高，逐步向智能化、无人化方向发展，无人工厂的数量和规模不断扩大，智慧工厂逐步取代传统的农产品加工工厂。

（8）食品溯源

食品溯源是指在食物的生产、加工、分送及销售等各个环节中，食品及其相关信息能够被追踪和回溯，使食品的整个生产经营活动处于有效控制中。食品溯源包括产品、过程、基因构成、原料投入、疾病和虫害、相关检测等多个内容。食品溯源本身并不能提高食品的安全性，但其有助于发现问题、查明原因、采取措施以及追究责任，因而对生产者有很强的督促作用。食品溯源技术发展很快，条码、射频识别、同位素溯源等高科技已经得到广泛使用。❶

（9）农业电子商务

随着互联网技术的发展，农业电子商务正在变得越来越流行。农户和消费者可以通过网络平台进行农产品的交易。这不仅可以减少中间环节，提高农产品的价格，还可以为消费者提供更加优质的农产品。例如，美国的一家农业电子商务平台已经成功地为数千家农场和数百万名消费者提供了服务。

（10）农业保险

随着全球气候变化的愈发明显和自然灾害的日益频发，农业保险已经成为保障农户利益的重要手段。农业保险不仅可以帮助农户应对自然灾害和市场风险，还可以促进农业生产的稳定增长。例如，美国已经有超过一半的农场购买了农业保险。

1.3.2　环境可持续性与产业发展

在现代社会，环境的可持续性已成为全球共同关注的热点问题。面对日益增长的人口和不断演变的消费习惯，对食品的多元化需求不断上升，这要求我们在确保食品安全性和品质的同时，必须关注食品生产对环境造成的潜在影响。构建以低碳、低消耗、循环利用和高效率为特点的农产品加工系统，不仅是农业向绿色发展转型的内在需求，也是推动农产品加工行业向更高层次发展的关键策略。

（1）农业全产业链绿色发展的逻辑框架

1）绿色生产

提升质量和效益是两个互补且紧密相连的目标。农业生产作为农业全产业链的起点，对环境排放有着直接的影响。因此，推动农业生产实现绿色减排，并保障高品质农产品的稳定供应，对于增强农业生产的质量和效益极为关键。创新和推广绿色高效

---

❶　工大食品．食品安全技术体系：食品溯源［EB/OL］．［2022-01-18］．https://mp.weixin.qq.com/s/kgs1hbL5d1idlGTYURrmuQ.

的生产技术，可以提高农业生产的可持续性，同时保证产品的质量，满足市场和环境的双重需求。

2）流通融合

加工、储存和运输作为农产品从生产到市场销售的关键流通环节，扮演着连接生产与消费的重要角色，确保了农产品的品质和安全性。在这些环节中，创新绿色技术并将其广泛应用，以及通过整合加工和流通环节来降低成本和提升效率，对于推动流通过程的现代化至关重要。同时，深入挖掘和发展农业在生态、文化、健康养生等方面的多元化价值，优化流通链各环节的协同，以降低损耗和提升整体效益，也是当前工作的重点。这些措施有助于提高农产品流通链的可持续性，并确保消费者能够获得高标准和安全的农产品。这些努力，可以为消费者提供更加可靠和优质的农产品，同时促进农业产业的整体进步和环境的可持续发展。

3）政策完善

合理构建的政策体系、强有力的技术支撑、完善的金融服务和严格的监管措施，对推动农业全产业链，实现绿色发展至关重要。农产品绿色生产带来的积极外部效应和其价值在市场上未能充分展现的问题，迫切需要迅速出台并实施一系列全面的支持政策，以确保绿色生产的农产品和高品质产品得到市场公正的评价和回报。这些政策将提高生产与流通环节的品质和效率，保障绿色优质农产品在供应和需求上的平衡，并与生态环境保护相得益彰。

4）品牌建设

通过精确的市场定位和推广策略，引导消费者选择绿色优质的农产品，以此培养顶级品牌，提高农产品的市场价值，并建立一个以高品质和合理价格为特点的营销体系。让市场需求成为推动绿色生产的驱动力，从而增强农产品在国内外市场的竞争力，并促进整个农业产业链的绿色可持续发展。重点举措包括对市场供求关系进行持续的动态评估、预测绿色优质产品的市场潜力、进行品牌认证和培育、确保生产与消费之间的有效对接和有机整合。这些措施，可以更好地满足市场需求，同时推动农业产业的高质量发展。❶

（2）农产品与新型食品高值化绿色加工新技术

农产品与新型食品的高值化绿色加工新技术是当前农业科技领域的重要发展方向。这些技术旨在通过创新加工方法，提升农产品的附加值，同时确保加工过程的环保和可持续性。以下通过总结多个研发团队在该方向的研究成果，来证实新技术在促进农

---

❶ 朱齐超，李亚娟，申建波，等. 我国农业全产业链绿色发展路径与对策研究［J］. 中国工程科学，2022，24（1）：73－82.

产品加工领域可持续性发展的重要作用。

①郑先哲团队采用模拟与试验相结合的研究方法，利用多物理场耦合软件实现了浆果连续式微波干燥过程的动态模拟，通过表征电场强度和微波能吸收的分布，探明微波干燥腔内的微波传递和电场分布规律；结合料层内的温度和水分变化特性，解析微波干燥过程的能量利用效率和均匀性变化规律；优化得到微波干燥机高功率多磁控管条件下的能量输入模式，可为果蔬类农产品微波干燥的工业化应用提供参考。

②杨德勇团队结合玉米籽粒的多组分结构特征及热物理特性和介电特性的异质性，建立了玉米籽粒的三维二组分物理几何模型和射频加热数学模型。该模型不仅准确地模拟了射频加热过程中玉米籽粒的温度变化，还揭示了玉米籽粒的射频选择性加热机理，获得了不同放置姿态和含水率对玉米籽粒射频选择性加热的影响规律，可为射频加热过程玉米籽粒温度变化的精准预测、玉米籽粒杀菌和干燥等绿色加工技术提供理论参考。

③刘书成团队采用熔融沉积成型 3D 打印技术制备精准营养与个性化膳食营养补充剂胶囊支架，通过建立神经网络模型优化胶囊支架 3D 打印参数，提高优化的结果打印精度高和保真度，可为膳食营养补充剂或保健食品个性化制造提供参考。该技术具有很好的实用价值及应用前景。

④孙文秀团队制备了天然型敏感材料花青素纳米纤维智能标签，并应用于羊肉新鲜度检测，并建立可靠的预测模型，可根据花青素纳米纤维智能标签颜色变化初步实现羊肉新鲜度的无损、实时和可视化检测，为解决肉类智能化检测提供了新思路，具有一定的实际应用价值和参考意义。

⑤白艳红团队利用介质阻挡放电等离子体改性营养价值高、功能性质较差鹰嘴豆分离蛋白。等离子体处理作为一种新型改性技术，在提高蛋白功能性质方面发挥重要作用，处理后鹰嘴豆分离蛋白溶解性、乳化活性和乳化稳定性得到显著改善。研究结果对于开发良好性能的新型产品及指导实际生产实践具有重要意义。

⑥万鹏团队以典型大宗淡水鱼为研究对象，基于水平往复振动原理开展淡水鱼头尾定向输送方法分析，探究了输送带类型、鱼鳞状态、振动频率、振幅等对鱼体头尾定向输送效果的影响规律，通过试验得出适宜的振动输送条件，研究结果为淡水鱼自动化、高效加工设备研发有一定的借鉴价值。❶

1.3.3　政策支持与市场机遇

在全球化和信息化浪潮的推动下，农业作为国民经济的基础产业，正面临着前所

---

❶ 本刊编辑部 . "农产品与新型食品高值化绿色加工新技术" 专题导读 ［J］. 农业工程学报，2021，37（4）：8.

未有的转型升级机遇。为了引导农业走向现代化，实现可持续发展，我国政府出台了一系列农业政策，以期通过政策引导和市场机制，促进农业结构调整，提高农业综合竞争力。❶

对于我国政府提出的农业政策，核心目标是实现农业的可持续发展。这包括保障国家粮食安全、提高农产品质量和效益、促进农民增收，以及保护生态环境。为此，政府制定了一系列具体措施，如加大农业科技投入、推广节水灌溉和绿色防控技术、实施耕地轮作休耕制度，以及加强农产品质量安全监管等。

农业供给侧结构性改革是当前我国农业政策的重要方向，通过优化农业生产结构，提高农产品质量和效益，满足消费者多样化的需求。政府鼓励农民发展特色农产品和绿色有机食品，提高产品附加值。同时，加强农产品市场体系建设，完善农产品流通体系，提高农产品市场竞争力。

农业科技创新是推动农业现代化的关键。政府加大对农业科技研发的投入，支持企业、高校和科研机构开展联合攻关，突破关键技术瓶颈。同时，加强农业科技成果转化和应用推广，提高农业生产效率和质量。此外，政府还鼓励农业企业加大自主创新力度，培育具有国际竞争力的农业品牌。

农村土地制度改革是实现农业现代化的重要基础。政府深化农村土地承包经营权确权登记颁证工作，完善土地流转市场，促进土地适度规模经营。同时，探索宅基地制度改革，保障农民合法权益，激发农村发展活力。土地制度改革，可以优化资源配置，提高土地利用效率，为农业发展提供有力支撑。

农业绿色发展是实现可持续发展的必然要求。政府坚持绿色发展理念，加强农业生态环境保护和治理。推广生态农业和循环农业模式，减少化肥和农药使用量，提高农业废弃物资源化利用率。同时，加强农田水利建设和水土保持工作，改善农业生产条件。农业绿色发展，可以保护生态环境，提高农产品质量和安全水平。

展望未来，随着科技的进步和乡村振兴战略的深入实施，智慧农业将成为农业发展的重要方向。政府将继续加大对智慧农业的投入和支持力度，推动物联网、大数据、人工智能等技术在农业领域的应用。智慧农业的发展，可以实现农业生产的精细化管理和智能化决策，提高农业生产效率和质量。

同时，乡村振兴战略的实施将为农业发展提供广阔的空间和机遇。政府将加强农村基础设施建设和公共服务配套完善工作，提高农村居民生活水平和幸福感。乡村振兴战略的实施和智慧农业的发展相互促进，共同推动我国农业走向现代化和国际化的

---

❶ 怡安园农业. 国家策略下的农业未来：政策解读与展望［EB/OL］.［2024-03-27］. https：//mp.weix-in. qq.com/s/fahquIhW3l0kT8Ow7NWvpg.

新阶段。

　　总之，国家农业政策的制定和实施旨在引导农业走向现代化，实现可持续发展。农业供给侧结构性改革、农业科技创新、农村土地制度改革以及农业绿色发展等政策措施的落实和执行可以推动我国农业实现高质量发展，满足人民日益增长的美好生活需要。同时，展望未来，智慧农业与乡村振兴战略的融合将为我国农业发展注入新的活力和动力，共同书写农业现代化的辉煌篇章。

第2章　专利技术篇

本章主要是在专利层面分析现代农产品与加工产业的发展，从技术创新、技术竞争、技术人才等维度，揭示现代农产品与加工产业面临的问题与挑战。

2.1　专利技术概述

2.1.1　专利技术分解

在国家以及广东省现代农产品与加工产业相关规划文件的基础上，结合产业文献调研与企业实地调研情况，从现代农产品与加工产业中选取细分产业领域或技术方向作为专利分析的技术分支方向、重点研究方向。具体研究内容如表2-1-1所示。

表2-1-1　技术分解表

一级分支	二级分支	技术范围
农产品生产	种植	谷物、豆类、油料、薯类、蔬菜、食用菌、水果、茶叶等种植
	养殖	家禽、家畜、水产等养殖
农产品加工	粮油饲料加工	谷物磨制、食用植物油、豆制品、饲料等加工
	果蔬茶加工	水果、蔬菜、食用菌、茶叶等加工
	肉类加工	畜牧、家禽、蛋、水产等加工

2.1.2　专利技术检索

本章采用的专利文献数据主要来自商业数据库，检索过程中采用分类号、关键词、语义和相关度相结合的方式进行检索式的编辑，形成针对各技术分支的检索式，并根据数据库的特点及检索结果迭代调整检索式中关键词及相关度的设置，最终获得可靠的检索结果集。

截止到2024年7月19日，共检索到全球现代农产品与加工产业的专利申请总量为

2 012 393 件，中国专利申请总量为 951 614 件，各末级分支的全球检索结果如表 2 - 1 - 2 所示。

表 2 - 1 - 2　专利检索结果

一级分支	二级分支	全球（件）
农产品生产	种植	502 005
	养殖	333 460
农产品加工	粮油饲料加工	557 526
	果蔬茶加工	416 315
	肉类加工	327 942

2.1.3　相关事项约定

2.1.3.1　近期部分数据不完整说明

本章所采集的数据中，下列多种原因导致了 2022 年及之后专利申请的统计数量可能是不完全的：如，PCT 专利申请可能自申请日起 30 个月甚至更长时间之后才进入国家阶段，从而导致与之相对应的国家公布时间更晚；发明专利申请通常自申请日（有优先权的，自优先权日）起 18 个月（要求提前公布的申请除外）才能被公布；以及实用新型专利申请在授权后才能公布，其公布日的滞后程度取决于审查周期的长短等。

2.1.3.2　专利"项"数和"件"数

项：在进行专利申请数量统计时，对于数据库中以一族（这里的"族"指的是同族专利中的"族"）数据的形式出现的一系列专利文献，计算为"1 项"。以"项"为单位进行的统计主要出现在外文数据的统计中。

件：在进行专利申请数量统计时，例如为了分析申请人在不同国家、地区或组织所提出专利申请的分布情况，将同族专利申请分开进行统计，所得到的结果对应于申请的件数。1 项专利申请可能对应于 1 件或多件专利申请。需要说明的是，在中文文献中，对于不同公开级的同一篇文件，计为 1 件。例如，对于存在公开号和授权公布号的同一篇中文文献，认为是 1 件。对于中文文献中属于同样的发明创造的发明和实用新型专利申请，系统认为是 2 件。

2.1.3.3　本土专利、外来专利等定义

本土专利：指本国申请人在本国专利局提交的相关专利申请。

外来专利：指国外申请人在本国专利局提交的相关专利申请。

全球专利：指全球所有国家/地区相关专利申请，包含范围最广。

国内专利：指中国国内受理的全部相关专利申请，包含国外申请人以及本国申请人提交的专利申请。

国外专利：指全球专利范围内除国内专利以外的其他专利申请。

2.1.3.4 专利申请人名称的约定

本章在分析全球专利申请人时会有大量大型跨国公司的情况出现。为全面分析跨国公司的专利信息，特以商业数据库申请人分组公司树中的公司关系为申请人合并标准，在申请人原始数据基础上作统一的归一化处理，提高检索结果的查全率。归一化处理将公司之间的层级关联统一到一起，同时也会通过标点符号、大小写、缩写、全称、翻译方式、公司后缀等多个维度，最终将确定为同一公司及关联公司的名称统一整理为标准名称。

2.2 专利技术创新与布局

本小节主要是围绕全球主要国家、国内主要省份在现代农产品与加工产业整体及各分支方向的专利分布情况进行分析，为现代农产品与加工产业的未来发展方向及专利布局提供参考。

2.2.1 国内外创新活动概况

图 2-2-1 示出了 2004 年以来全球、国内及国外现代农产品与加工产业的专利申请趋势。由于科技进步、政策扶持和市场需求等多方面因素的推动，农业已经成为全球经济的重要支柱之一。现代农产品与加工产业的全球专利、国内专利及国外专利整体呈良好发展态势，可以细分为三个阶段。

21 世纪以来，全球现代农业与农产品加工产业进入现代化阶段，更注重科技创新和可持续发展。该产业全球专利在 2004 年已进入快速发展阶段，专利年申请量超 2 万件。随着全球人口的增长和消费者对食品需求的多样化发展，农产品的附加值和市场竞争力不断提高，农业产业链逐步延伸，农业产业结构也在优化升级，该产业市场潜力逐步显现，专利年申请量从 2 万多件逐步上升至 2011 年的 4 万多件。该阶段全球专利年申请量的增长主要得益于中国以外其他国家的贡献。该阶段国内农业的产业结构相对单一，以粮食生产为主，这种产业结构在一定程度上限制了农业的发展空间和潜力，而美国、日本等其他国家的农业已经实现了高度现代化，生产效率与机械化水平的提高、农业产业化与专业化生产的推进、农业科技与生物技术的快速发展以及农业国际合作与交流的加强等因素共同推动了全球农业的快速发展和进步。

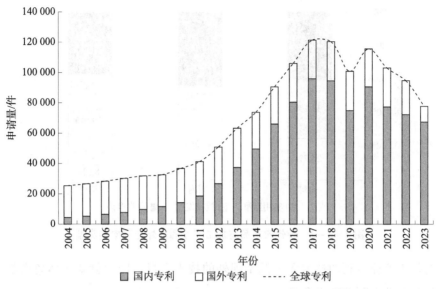

图 2 - 2 - 1 现代农产品与加工产业国内外专利申请趋势❶

2012～2017 年，国内农产品加工业总体规模保持稳定上升，行业发展质量效益明显提升，行业结构和布局持续优化，转型升级不断加快。该阶段中国逐步成为全球专利申请的主要贡献者，全球及中国在该产业专利年申请量均呈现飞速增长趋势，专利年申请量分别从 2012 年的 5 万多件与 2 万多件飞升至 2017 年的 12 万多件与 9 万多件。

2018～2023 年，可能是受到新冠疫情的影响，全球及中国在该产业中专利年申请量均呈现波动下降态势。未来，随着农产品加工技术研发体系建设的日益完善、农产品加工科技创新能力的不断提升，全球及中国现代农产品与加工产业市场有望继续保持增长态势，该产业专利技术仍有较大发展空间。

图 2 - 2 - 2 示出了现代农产品与加工产业国内外专利的申请类型。其中，实用新型代表经过初步审查授权的实用新型专利，审查过程相对简单，授权速度较快，通常认为其技术含量相对较低；授权发明代表经过初步审查、实质审查授权的发明专利，审查过程非常严格，通常认为其技术含量相对较高；发明申请包括经过实质审查驳回的发明专利申请以及仍在实质审查中的发明专利申请，前者技术含量相对较低，后者技术含量因申请内容而异。

分析可知，全球、国内及国外均是发明专利（含授权发明与发明申请）居多，但是国内的发明专利相对偏少，占比为 57.8%，远低于全球的 75.3%、国外的 91.1%。此外，国内授权发明占比仅 13.7%，而国外高达 54.4%，一定程度上反映出国内现代

---

❶ 由于 2022 年与 2023 年申请的部分专利仍处于初步审查阶段，还未公开，因此这两个年份的专利统计数据可能不够准确。

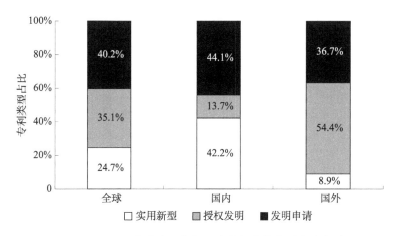

图2-2-2 现代农产品与加工产业国内外专利申请类型

农产品与加工产业专利的技术含量低于国外的技术含量，国内创新主体急需加大研发力度，提高产业专利的技术含量。

图2-2-3示出了现代农产品与加工产业国内外专利的法律状态。"审中"表示正处于审查程序中，"有效"表示授权后仍然缴纳费用维持专利权有效，"失效"包含审查后驳回、授权后未缴年费、公开后撤回、期限届满等其他法律状态。

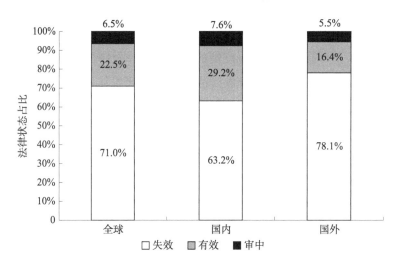

图2-2-3 现代农产品与加工产业国内外专利法律状态

分析可知，全球、国内及国外处于审中的专利均偏少，占比分别为6.5%、7.6%与5.5%，反映出新的专利产出严重不足，现代农产品与加工产业国内外创新主体应加强技术研发与产出。

全球、国内及国外多数专利均处于失效状态，失效专利占比分别达71.0%、63.2%与78.1%。结合图2-2-4分析可知，导致全球、国内、国外专利失效的主要原因是未缴年费、撤回、期限届满与驳回，但是，国内的未缴年费、撤回与驳回专利占比远高于全球及国外水平，反映出国内专利的技术含量与创新主体的知识产权保护意识均急需提高。

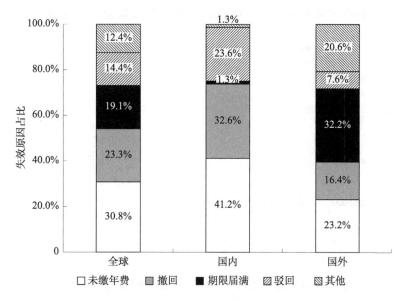

图 2 - 2 - 4　现代农产品与加工产业国内外专利失效原因

2.2.2　市场分布与产品进出口

专利市场分布与产品进出口可以相互促进：一方面，专利市场的繁荣可以推动技术创新和产业升级，进而促进产品的进出口；另一方面，产品进出口的扩大也可以为专利市场提供更多的市场需求和商业机会，从而进一步推动专利市场的发展。

然而，专利市场与产品进出口之间也存在一定的制约关系。例如，国际贸易中的专利纠纷和诉讼可能会阻碍产品的进出口；同时，一些国家为了保护本国产业而采取的专利壁垒措施也可能对进口产品构成限制。

本小节主要分析的是现代农产品与加工产业的相关专利在全球不同国家、国内不同省份与城市的分布情况，以期通过相关分析揭示现代农产品与加工产业的专利市场分布和农产品进出口之间的关联。

2.2.2.1　全球市场分布

图 2 - 2 - 5 和图 2 - 2 - 6 分别示出了全球主要国家的专利申请量、专利占比以及申请趋势。分析可知，中国是全球现代农产品与加工产业创新主体布局专利的最大市场国，专利申请总量占全球 47.3%，遥遥领先其他国家。从全球贸易来看，中国既是全球农产品进口大国，又是全球农产品出口大国。据世界贸易组织数据库数据显示，2000

年以来，中国农产品进口金额、出口金额均常年位列全球前十位；近年来，中国农产品进口金额常年稳居全球第一位，出口金额常年稳居全球第五位。可以看出，中国在农产品方面具有巨大的市场需求。中国十分重视粮食安全，持续推进农产品生产和特色农业发展，推进农产品精深加工，强化科技和改革双轮驱动，加快农业农村现代化

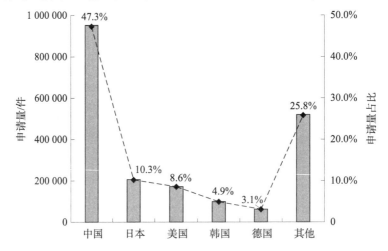

图 2 - 2 - 5　现代农产品与加工产业全球专利的主要市场国

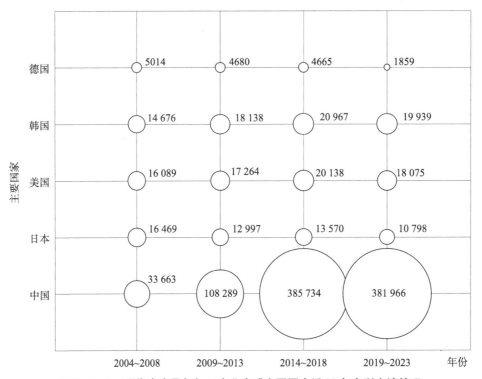

图 2 - 2 - 6　现代农产品与加工产业全球主要国家近 20 年专利申请情况

注：图中数字表示申请量，单位为件。

以更好推进中国式现代化建设。在市场和政策的驱动下，中国的现代农产品与加工产业技术取得了极大发展。《"十三五"中国农业农村科技发展报告》显示，"十三五"期间，中国农业科技进步贡献率突破 60%，农作物良种覆盖率稳定在 96% 以上，耕种收综合机械化率达到 71%。"十三五"期间全国农业科研机构课题经费共投入 610.19 亿元，比"十二五"时期增加 51.23%。强大的投入带来丰硕成果。在论文发表方面，中国农业科学家在国际期刊的发文量于 2017 年超越美国成为全球第一，目前中国是全球最大农业科技论文产出贡献国；在专利方面，中国农业科学家的申请量同样位居全球第一。

日本在全球现代农产品与加工产业技术领域的专利申请量排名第二，占全球 10.3%，说明日本对农产品及加工市场以及专利技术的重视。日本受地理、人口等因素的限制，小型农业机械在小规模、精耕细作生产模式中被广泛应用，在其主要作物水稻的田间作业中，耕地、插秧、植保、收获等环节基本实现机械化。日本的水稻育秧、插秧、半喂入联合收获机械居世界领先水平。日本在育种端持续投入，研发品种，在大米、水果和蔬菜等领域持续的育种投入带来了产品优势。机械化与生物科学技术的发展依赖于研发的投入，据日本文部科学省下属科学技术与学术政策研究所（NISTEP）发布的《科学技术指标 2022》显示，在世界主要国家中，日本的研发费用、研究人员数量均居第三位。

美国在全球现代农产品与加工产业技术领域的专利申请量排名第三，占全球 8.6%。美国是世界最大的农业国之一，也是当今世界农业现代化程度最高的国家之一。美国农业人口在 300 万左右，但仅仅依靠不到全国 1% 的人口，美国成为世界粮食生产大国，同时也是第一大粮食出口国，美国粮食出口量占世界粮食贸易量的 1/10 以上；全球的玉米和大豆贸易，美国占了一半，全球小麦贸易美国占了将近 1/5。先进的农业技术使得美国农业拥有极高的生产效率，凭借技术优势和生产能力，美国在全球粮食市场拥有较大的话语权。

韩国在全球现代农产品与加工产业技术领域的专利申请量排名第四，占全球 4.9%。韩国农业资源禀赋非常稀缺，是世界人均耕地面积最少的国家之一，很多农产品都依靠国外进口，除了大米和薯类能基本自给，其他粮食 85% 需要进口。另外，韩国 60% 以上的牛肉、鱼贝类，20% 水果、禽肉和奶都需要从国外进口，只有砂糖和蛋可以完全自给。1980 年后，韩国工业化和信息化步伐进一步加快。在 1996 年基本实现农业机械化的基础上，韩国率先实现精细化种植，其农业集约化经营程度达到亚洲领先，农业发展水平已经跻身农业发达国家。韩国农业的发展也带动了化肥、农业机械、种子等农业相关产业的发展，在改善农业基础设施，推动农村电气化、信息化以及发展农村工业等方面取得不少成绩。

德国在全球现代农产品与加工产业技术领域的专利申请量排名第五，占全球3.1%，可见德国的现代农产品与加工产业也占据重要地位。目前，德国农业属于欧盟四大生产国之一。在畜牧业方面，德国是欧洲最大的猪肉生产国，在全球是仅次于中国和美国的第三大猪肉生产国；德国是仅次于法国的欧盟第二大牛肉和小牛肉生产国。农业除了生产动物产品，主要生产谷物、土豆、甜菜、水果和蔬菜。在欧洲，德国是仅次于法国的第二大谷物生产国。此外，德国为世界最大的农机出口国，也是西欧最大的农机生产国和第二大消费国。农机制造业产值约占全世界总产值的10%，在西欧国家中约占1/4，产品出口率达74%。优势农机主要是收割机、青饲机、打捆机、植保机、播种机等。农业机械化程度非常高，从播种到收获基本实现了全程机械化。同时，德国是欧洲最大的有机食品消费市场，德国有机食品消费值占欧洲生产或进口的有机食品价值一半以上，而且以每年10%以上的速度增长。

图2-2-7显示了全球主要国家现代农产品与加工产业的本土专利和外来专利情况。可以看出，中国和韩国现代农产品与加工产业的专利申请主要是本土专利申请，日本现代农产品与加工产业的专利申请大部分是本土专利申请，而美国和德国现代农产品与加工产业的专利申请大部分是外来专利申请。从外来专利的专利申请数量来看，各国最为重视的市场是美国，其次是日本，再次是德国，接着是中国，最后是韩国。从农业现代化程度看，美国、日本、德国、韩国农业现代化程度高，现代农产品与加工产业技术最为发达。从农产品生产和消费市场看，中国、美国、德国、日本是主要的国家。因此，综合技术需求和市场需求两个层面，美国、日本、德国是各国最为重视的市场；中国正处于农业现代化的进程中，且市场广阔，潜力巨大，中国本土的专

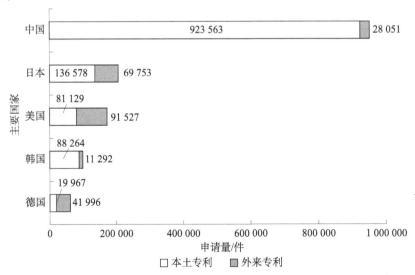

图2-2-7 现代农产品与加工产业全球主要国家本土和外来专利申请情况

利申请量巨大，对高端技术和产品的需求也会加大，将吸引更多国外企业进行专利布局；韩国虽然农业现代化程度高，但其农业资源非常稀缺，农产品依赖进口，农产品生产与加工技术需求相对较低，因此其国外专利申请人专利布局量低于美国、日本、德国、中国。

2.2.2.2 国内市场分布

从国内主要省份专利申请量（见图 2－2－8）可以看出，安徽省、山东省和江苏省的专利申请量超过了 8 万件，居于国内现代农产品与加工产业的省份头部。广东省专利申请量为 65 335 件，排名第四，也是我国农业重省。全国各省份均有自己得天独厚的农业特色。

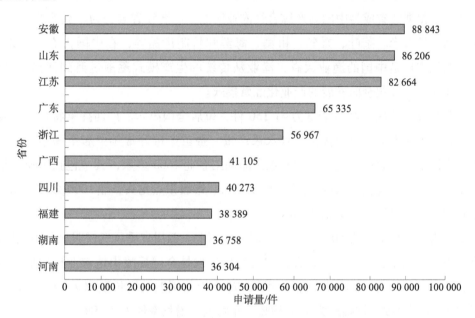

图 2－2－8 现代农产品与加工产业国内主要省份的专利申请总量

安徽省专利申请量为 88 843 件，位居全国第一。主要原因在于安徽省结合江淮地区特点，通过优化种植结构，积极发展现代农业服务体系，提高农业机械化率和推广节水灌溉技术，实现了农业的高效与可持续发展。同时，安徽省有一大批国家认定的农业产业化重点龙头企业，数量在全国排名第六。这使得安徽省农业科技创新与应用能力大幅提升，进一步地推动了专利申请量的增长。

山东省既是全国第一产业增加值、农林牧渔业增加值最大的省域，也是全国农林牧渔业总产值最高的省域。粮食、棉花、油料、蔬菜、水果、猪牛羊禽肉、禽蛋、牛奶、水产品等农产品产量常年稳居全国前十位；同时，山东省有一大批国家和省级农业产业化重点龙头企业推动其现代农产品与加工产业发展，促进技术创新，这也使山东省专利申请量达到了 86 206 件，位居全国第二。

江苏省是著名的"鱼米之乡"，农业生产条件得天独厚，农作物、林木、畜禽种类繁多。其水稻单产全国第一，农业整体机械化、智能化、规模化水平较高，这也使江苏省专利申请量保持一个较高的水平，达到了 82 664 件，全国排名第三。

广东省专利申请量为 65 335 件，位居全国第四。广东省的水果、蔬菜、茶叶、肉类、水产品等多种农产品产量产值位居全国前列；饲料产量和产值均位于全国第二；农产品加工也形成了一定规模产业集群，在全国农产品加工业 100 强企业中，广东省占了 10%。由此可见，广东省的现代农产品与加工产业拥有一定的市场和技术创新优势。

浙江省专利申请量为 56 967 件，位居全国第五。浙江省气候条件优越，有利于农业生产，使得浙江省成为中国高产综合性农业区之一。浙江省被誉为"鱼米之乡"，主要农产品包括大米、茶叶、蚕丝、柑橘、海鲜和竹制产品等，在中国占有重要地位。此外，浙江省还是中国的渔业大省，渔业从传统的生产模式逐渐过渡到捕捞、养殖、加工一体化，内外贸全面发展的产业化经营模式。

广西壮族自治区专利申请量为 41 150 件，位居全国第六。广西探索特色产业发展经验模式，加快农业农村现代化，其水果产量、蚕茧产量等常年位居全国第一；广西共有规模以上从事农业产业化经营的农产品加工企业 1600 多家，其中包括国家级重点龙头企业 31 家、自治区级重点龙头企业 216 家、市级重点龙头企业 1000 多家，初步构建起较完善的各级重点龙头企业梯队。

四川省专利申请量为 40 273 件，位居全国第七。四川省季风气候明显，雨热同季，有利于农作物的生长，是农业大省；同时四川省也是全国丘陵山地农业机械推广应用大省，2011～2021 年，四川省机耕面积从 275.5 万公顷波动增长至 669.99 万公顷，增长了 394.49 万公顷，增幅约为 143.19%，年均复合增长率约为 9.29%。

福建省专利申请量为 38 389 件，位居全国第八。福建省位于中国东南沿海，具有丰富的山海资源，属于亚热带季风气候区，适合多种农作物生长。福建省的山地丘陵地区主要发展茶叶、水果等多年生作物；而沿海地区则利用广阔的海涂、浅海和海洋渔场资源发展海水养殖和近内海捕捞业；福建省还是全国的重要食用菌生产基地；同时省内现有 88 家农业产业化重点龙头企业和 1297 家农业产业化省级重点龙头企业。特色的农产品及一定数量规模的加工企业，使得福建省拥有一定的农产品市场基础和创新实力。

湖南省专利申请量为 36 758 件，位居全国第九。湖南省作为全国粮食生产大省，不断加大农业科技创新力度，推动农业现代化建设，努力提高农业生产效益和抗风险能力；同时，湖南省通过推进农产品加工业高地建设，构建全产业链，促进了农业加工企业的发展，使得农业加工企业数量不断增加。目前湖南省规模以上加工企业发展到 5900 家，国家级、省级龙头企业分别为 79 家、999 家。

河南省专利申请量为 36 304 件，位居全国第十。河南省是全国农业大省和粮食转化加工大省，拥有丰富的农业资源和较高的农业发展水平。在种植业方面，以小麦、玉米、棉花、油料作物等农作物为主；在畜牧业方面，生猪、奶牛、蛋鸡等主要畜种的规模养殖比例达到了一定的水平，正在向现代化转型，通过引进现代管理理念和技术，提高畜牧业的竞争力和效率。

从国内主要省份近 20 年专利申请趋势（见图 2-2-9）来看，现代农产品与加工产业的发展十分迅速，这归功于以下四点：①2004 年全国范围内取消了农业税；②2004 年启动了农业直接补贴；③2004 年开始启动大宗农产品的托市政策；④政府加大了对农业农村的财政投入，特别是农业基础设施建设和农业的科技投入。之后我国又根据实际情况开始了新一轮改革，促使现代农产品与加工产业得到了巨大的发展。

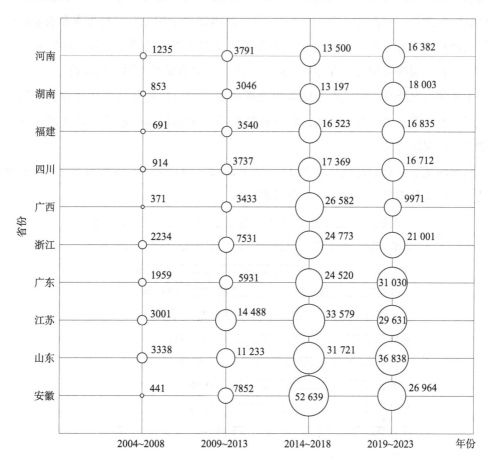

图 2-2-9 现代农产品与加工产业国内主要省份近 20 年的专利申请情况

注：图中数字表示申请量，单位为件。

有部分省份专利申请量 2019～2023 年相较于 2014～2018 年有所下降，例如安徽省、江苏省、浙江省、广西壮族自治区和四川省等省份，主要原因在于一方面新冠疫情暴发对农业产生了一定影响；另一方面我国知识产权工作正在从追求数量向提高质量转变，部分省份知识产权相关政策发生调整，引导创新主体提升专利质量。

部分省份如山东省、广东省、福建省、湖南省和河南省等在 2019～2023 年，专利申请量上升，相继发布了农业现代化相关政策，推动了企业、高校/科研院所技术发展和应用。例如山东省于 2017 年印发了《山东省农业现代化规划（2016—2020 年）》，2021 年印发了《山东省"十四五"推进农业农村现代化规划》等文件；广东省于 2017 年印发了《广东省农业现代化"十三五"规划》，2021 年印发了《广东省推进农业农村现代化"十四五"规划》等文件；福建省于 2021 年印发了《关于全面推进乡村振兴加快农业农村现代化的实施意见》，2022 年印发了《福建省"十四五"推进农业农村现代化实施方案》等文件；湖南省于 2021 年印发了《湖南省"十四五"农业农村现代化规划》等文件；河南省于 2021 年印发了《河南省"十四五"乡村振兴和农业农村现代化规划》等文件。有了政策引导、产业基础及创新主体的技术支持，山东省、广东省、福建省、湖南省和河南省等省份近五年的专利申请量有了明显的增长。

未来现代农产品与加工产业随着农业新质生产力科技创新体系的建立，优质新品种、新技术和新机具的不断研发，农业科技供给水平的提高，新质生产力的形成，将有望进一步保持增长态势。

从国内城市专利申请量（TOP10）（见图 2－2－10）来看，青岛市、北京市和重庆市的专利申请量超过 2 万件，排名全国前三。

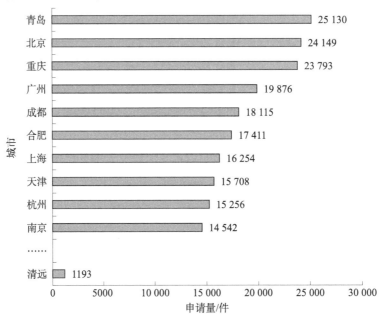

图 2－2－10　现代农产品与加工产业国内主要城市的专利申请总量

青岛市专利申请量为 25 130 件，位居全国第一。青岛市特色农业发展初具规模，逐步形成以胶州大白菜、平度大泽山葡萄等为代表的多层次、多领域特色农产品体系；同时青岛市大力发展数字农业，推进农产品加工业转型升级，打造预制菜产业高地。

北京市专利申请量为 24 149 件，位居全国第二。北京市在农业方面科技和人才资源丰富，全市拥有涉农科研院所 24 家、涉农领域重点实验室和工程技术研究中心等 200 余家，聚集了约 50% 的农业领域两院院士以及专业育种人员 1000 多人，农业科技人员近 2 万人；同时北京市还以北京京瓦农业科技创新中心为核心，聚集一批涉农头部企业，打造"农业中关村"，创建农业科创高地。

重庆市专利申请量为 23 793 件，位居全国第三。重庆市农业发展呈现出产业集群化、机械化、品牌化、科技化、数字化的特点，发展了柑橘、榨菜、生态畜牧、生态渔业等十大山地特色高效产业集群；建成了一批全程机械化生产示范基地，通过区块链、无人果园管理平台等技术的应用，推动农村电商提速发展，实现农产品全过程追溯，确保食品安全；创建了 6 个国家现代农业产业园。重庆市在农业现代化的路上走在了全国的前沿。

广州市专利申请量为 19 876 件，位居全国第四。广州市利用市内现代农业产业园，例如增城区通过发展丝苗米现代农业产业园和增城区迟菜心省级现代农业产业园，实现了传统优势产业的现代化发展。同时，通过地理标志产品的认证和市场推广，提升了农产品的知名度和市场竞争力；通过引进和培育新品种、新技术，提高农业生产效率和质量；通过培育和壮大农业龙头企业，提升了农业产业链的整体水平和竞争力。

成都市专利申请量为 18 115 件，位居全国第五。成都市一直在推动农业机械化和数字化的发展，从春耕备耕、灌溉播种到田间管理，覆盖粮食生产全过程，正在形成富有成都特色的农业新质生产力；截至 2023 年 7 月，成都市共有农业产业化重点龙头企业 453 家，这些企业为成都市的科技创新提供了强大的科研力量。

合肥市专利申请量为 17 411 件，位居全国第六。合肥市一方面推动特色农业产业形态由"小特产"升级为"大产业"，形成了如徽茶、长丰草莓、砀山酥梨等在全国叫得响的特色农业品牌和产业；另一方面利用育种、栽培技术，通过智慧农业加持，全面助力农业现代化发展。

上海市专利申请量为 16 254 件，位居全国第七。上海市利用数字化技术对农业生产过程进行重塑，使生产全流程变得可感、可视、可控；以地理标志农产品、名特优新农产品为主要依托，聚焦粮食、蔬果、畜禽、水产等优势特色产业，坚持种质保护与品种培优相结合，挖掘传统品种优良基因，助力上海市向高端农业、精品农业和品牌农业发展。

天津市专利申请量为 15 708 件，位居全国第八。天津市培育和认定了大量的"津农精品"，包括区域公用品牌、企业品牌和产品品牌，包括宝坻天鹰椒、徐堡大枣、小站稻等在内的 9 个产品获得国家农产品地理标志认证；同时利用育种、种植机械化、标准化等方法，提高了农业生产效率，推动了天津市农业现代化发展。

杭州市专利申请量为 15 256 件，位居全国第九。杭州市利用了大棚温湿度智能控制、无人驾驶拖拉机、无人机植保、水肥一体化等数字化技术，推动了农业生产智能化、高效化、便捷化；同时立足主导产业和优势产业，着力推进壮链、补链、优链、延链，重点培育打造全产业链示范样板。经认定的农业全产业链有 10 条，包括西湖区茶产业、萧山区特色蔬菜等。

南京市专利申请量为 14 542 件，位居全国第十。南京市一方面以绿色智慧农业为主题，构建以生物农业为主导，以农产品特色加工、农业智能装备制造、农业科技服务业发展为特色，以未来食品为主攻方向的"1 + 3 + 1"现代产业体系，打造具有区域特色的农业科技产业集群，形成集聚带动效应；另一方面围绕突出关键领域和重点环节进行新技术、新品种、新装备、新模式的推广和应用，使"种地""养鱼"向机械化、智能化、数字化转型升级，全市农业科技进步贡献率超过 74%，农作物耕种收综合机械化率超 87%，获评全国率先基本实现主要农作物生产全程机械化示范市。

清远市专利申请量为 1193 件，专利体量较小。清远市农业发展主要通过引进先进的农机装备和技术，提高了农业生产效率；通过成立农业机械化协会和发布服务主体名录，促进了先进适用的品种、技术、装备和组织形式等现代生产要素有效导入农户生产，推动了农业生产过程的专业化、标准化、集约化；另外，清远市重点发展五大百亿农业产业，包括清远鸡、英德红茶、西牛麻竹笋、清远丝苗米、连州菜心。这些产业的发展不仅带动了农业增效和农民增收，还通过品牌宣传推广活动提升了清远市农产品的知名度和影响力。

整体而言，清远市与全国 TOP10 城市相比有较大的差距，但其现代农产品与加工产业一直在发展。其中 2023 年第一产业增加值为 343.05 亿元，同比增长 5.9%；用工业思维打造五大百亿农业产业，清远鸡、英德红茶、连州菜心、清远丝苗米、西牛麻竹笋综合产值分别增长 30.3%、25%、38.9%、32.7%、55.7%。"盐焗清远鸡"预制菜入选"广东省预制菜全产业链标准化试点"。京东、先正达、省盐业集团、联丰等行业头部企业成功落地。清远市预制菜产业园动工建设。新认证粤港澳大湾区"菜篮子"生产基地 7 个、产品加工企业 1 个。在全国创新探索实施"乡村小微企业创新发展项目"，着力扶持 25 个乡村特色产业、200 家乡村小微企业提升发展、做大做强。由此可见，清远市在不断地加快农业现代化的脚步，布局特色产业和预制菜领域，引进头部企业助力农业发展。

从国内城市近 20 年专利申请趋势（见图 2 - 2 - 11）来看，我国近 20 年现代农产品与加工产业的发展十分迅速，尤其是近 10 年专利申请量尤为突出。2014～2018 年专利申请量增长十分明显，但自 2019 年新冠疫情暴发后，部分城市专利申请量下降，例如青岛市、重庆市、成都市、合肥市、天津市等城市；部分城市在 2019～2023 年专利申请量增长，例如北京市、广州市、上海市、杭州市、南京市等。

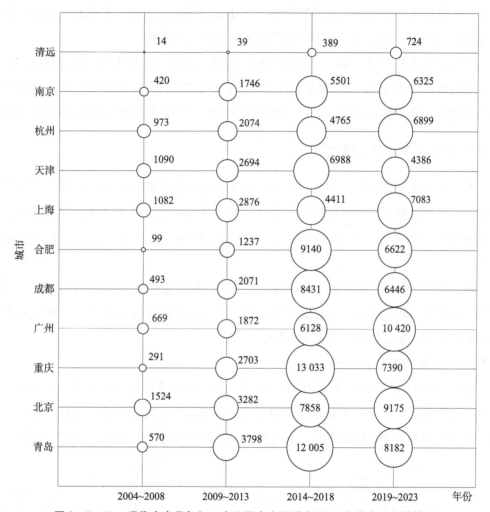

图 2-2-11　现代农产品与加工产业国内主要城市近 20 年的专利申请情况

注：图中数字表示申请量，单位为件。

北京市在新冠疫情期间，为了保障供给，提出了提升水果、蔬菜的自我供给率的目标，提升蔬菜生产的自动化程度，一系列的措施进一步地提高了北京市农业机械化、数字化水平，使得北京市专利申请量近 5 年得到了增长。

广州市于 2019 年启动现代农业产业园建设，分四批创建了 2 个国家级、23 个省级农业产业园，已实现主要涉农区省级产业园全覆盖、全市主要特色农业产业全覆盖，产业园总数位居珠三角地区第一；同时支持骨干农业龙头企业建立技术研发机构和研发基地，协调推进现代农业产业技术体系建设，助力培育农业品牌精品。这些做法进一步提升了广州市农业现代化的步伐，使 2019～2023 年的专利申请量增长至 10 420 件，是十大城市中近 5 年专利申请量最多的城市。

上海市于 2019 年开始农业数字化建设，杭州市于 2019 年以来多次提出推动农业发展现代化的目标，南京市也于 2020 年提出《南京市探索率先基本实现农业农村现代化行动方案（2020—2022 年)》，从而加快了农业现代化的进程。

清远市受益于 2012 年和广州市签订的"广清一体化"发展战略，充分利用广州市的农业技术和科技人才，在 2018 年与广东省农科院等高校/科研院所合作，激发了产业技术创新，故专利申请量从 2014～2018 年的 389 件增长至 2019～2023 年的 724 件。

2.2.3　技术分布与产业链优化

本小节的技术分布中，粮食、蔬菜、水果等农作物的种植以及禽畜和水产品的养殖属于产业链上游；粮油饲料加工、果蔬茶加工及肉类加工属于产业链中游，也是产业链条的核心环节，企业通过初加工、精深加工和综合利用加工，提升农产品的附加值。

本小节不涉及产业链下游。产业链下游是农产品流通，包括农产品的收购、运输、储存、销售等，还包括建立大数据分析平台、建立农产品批发销售平台、建立基于互联网和物流配送系统的农产品交易集散中心等。

2.2.3.1　主要国家技术分布

图 2-2-12 示出了全球与中国在现代农产品与加工产业的专利技术分布情况。现代农产品与加工产业的技术分布受市场需求、科技进步、政策环境、资源禀赋（不同地区的自然资源条件、气候条件、土地资源等）、产业链整合、人才支撑以及国际贸易

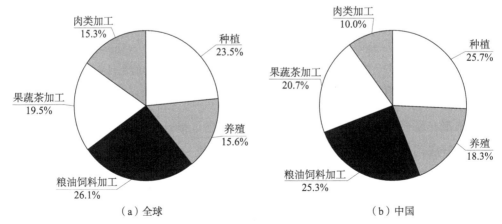

（a）全球　　　　　　　　　　　　　（b）中国

图 2-2-12　现代农产品与加工产业全球与中国的专利技术分布情况

等多种因素的影响。整体来看，在综合不同国家/地区的特色情况下，全球现代农产品与加工产业的技术分布相对较均衡，产业链上游的种植、中游的粮油饲料加工及果蔬茶加工的专利占比相近，分别为 23.5%、26.1% 与 19.5%，产业链上游的养殖与中游的肉类加工的专利占比相近，分别为 15.6% 与 15.3%。

相比较而言，作为农业大国，中国的技术分布具有自身的地域特色，大多省份开展农作物的规模化种植及相关技术研究，因此，产业链上游种植相关专利技术分布最广，达 25.7%。排名第二的是粮油饲料加工，占比为 25.3%，主要涉及将粮食原料（如小麦、大米、玉米等）经过一系列工艺流程加工转化为食品、饲料或工业原料的设备制造相关专利。粮油饲料加工在粮食产业链中扮演着重要角色，对于确保粮食安全、提高粮食加工效率、改善食品质量等都具有重要意义。

果蔬茶加工的专利占比排在第三位，主要得益于我国果蔬茶产品的出口量持续增长以及国内餐饮和焙烤行业的快速发展；畜牧业是中国的支柱产业之一，猪肉、鸡肉等畜产品产量居全球前列，但我国养殖专利占比低于果蔬茶加工专利占比，肉类加工专利占比最低，与我国畜禽产业发展存在一定差距。

图 2-2-13 示出了全球与中国现代农产品与加工产业各技术方向 2004 年以来的专利申请趋势。分析可知：2011 年以前全球与中国现代农产品与加工产业各技术分支的发展差异性较明显；2012 年起全球与中国现代农产品与加工产业各技术方向的发展趋于一致，中国成为全球各技术方向专利的主要贡献者。

具体来看，2004~2017 年，全球现代农产品与加工产业各技术方向均呈现增长趋势，其中种植方向的专利增长趋势较为明显，2004 年的专利年申请量在 6000 件左右，此前国外已进入"种质资源 + 种子 + 专用农药"模式，正逐步向种子品种的多样性发展，该阶段专利年申请量也呈现快速增长趋势，并于 2017 年达到 36000 多件；粮油饲料方向的发展与种植方向类似，随着粮食产量的增长、全球人口的增长和经济的发展，对粮油的需求持续增加保持稳定增长，粮油饲料方向的专利年申请量也从 2004 年的 8000 件左右迅速上升至 2017 年的 33000 件左右；果蔬茶加工与养殖方向的专利增长也呈类似趋势，但专利年申请量逊于种植与粮油饲料方向；肉类加工方向的专利增长与其他方向差异较大，呈波动发展态势，增势不太明显。2018 年后可能是受新冠疫情影响，各技术方向的专利年申请量均呈波动下降态势。

相较于国外发达国家，中国现代农产品与加工产业的起步相对较晚，前期产业结构相对单一，因此，2011 年以前中国该产业各技术方向的专利年申请量相对较低，2004 年不足 2000 件。但随着科技的进步和政策的支持，各技术方向的专利年申请量均迎来了一定增长，种植与粮油饲料加工 2011 年的专利年申请量在 5000 多件，果蔬茶加工与养殖 2011 年的专利年申请量在 3000 件左右，肉类加工 2011 年的专利年申请量在

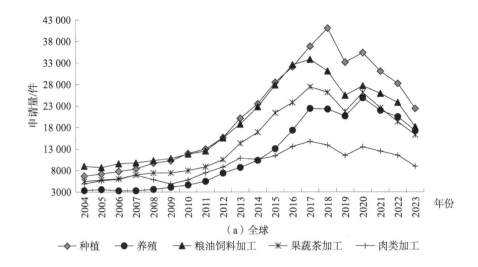

（a）全球

◆ 种植　● 养殖　▲ 粮油饲料加工　✳ 果蔬茶加工　＋ 肉类加工

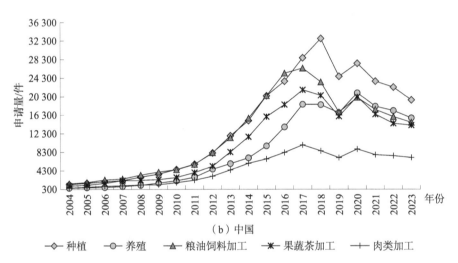

（b）中国

◆ 种植　○ 养殖　▲ 粮油饲料加工　✳ 果蔬茶加工　＋ 肉类加工

图 2-2-13　现代农产品与加工产业全球与中国各技术方向专利技术发展趋势

2000 件左右。为促进我国农业发展，国务院办公厅印发了《国务院办公厅关于开展 2011 年全国粮食稳定增产行动的意见》（已被废止）。该意见要求深入贯彻落实科学发展观，全面推进科技进村入户，大力推广增产增效和防灾减灾技术，做好重要季节、重点环节科技服务工作。2012 年起，中国农产品加工产业的技术水平有了显著提高，专利年申请量也进入快速增长阶段，特别是种植与粮油饲料加工，专利年申请量迅速从 2011 年的 5000 多件增长至 2017 年的 28 000 件左右和 26 000 件左右；果蔬茶加工与养殖方向的专利增长略逊于种植与粮油饲料方向；肉类加工方向的专利增长相对较缓慢。2018 年后，可能是受新冠疫情影响，各技术方向的专利年申请量均呈波动下降态势，与此同时国家出台了系列刺激政策，如 2021 年农业农村部发布的《农业农村部关于加快农业全产业链培育发展的指导意见》提出延伸产业链条，构建完整完备的农业全产业链。2024 年中央一号文件提出推动农产品加工业优化升级，推进农产品生产和初加工、精深加工协同发展，促进就近就地转化增值。在这些政策的推动下，中国现代农产品与加工产业各技术方向专利年申请量有望迎来新的增长。

表 2 - 2 - 1 示出了中国、日本、美国、韩国与德国在现代农产品与加工产业的专利技术分布情况。整体而言，受气候条件、地形地貌以及市场需求等多种因素的影响，不同国家的现代农产品与加工产业的技术分布和侧重点各不相同。中国作为农业大国，更侧重于产业链上游的种植与产业链中游的粮油饲料加工。

表 2 - 2 - 1　现代农产品与加工产业主要国家的专利技术分布情况

一级分支	二级分支	中国	日本	美国	韩国	德国
农产品生产	种植	25.7%	23.7%	37.5%	10.6%	20.1%
	养殖	18.3%	11.2%	15.1%	12.2%	18.1%
农产品加工	粮油饲料加工	25.3%	30.0%	17.3%	32.9%	20.4%
	果蔬茶加工	20.7%	17.6%	14.3%	25.8%	16.6%
	肉类加工	10.0%	17.5%	15.9%	18.5%	24.8%

日本是小规模精细化农业的代表，在农业科技和品质控制方面有着长期积累的经验，在粮油饲料加工领域具有明显的竞争优势，其粮油饲料加工方向专利占比最高，高达 30%；此外，日本主要通过机械化、精细作业等方式提升单位要素生产率，育种技术与机械水平处于世界领先地位，因此种植方向也具有一定优势，专利占比达 23.7%，且种植多为粮食作物，果蔬茶偏少，果蔬茶加工方向的专利占比排在第三位，仅 17.6%。此外，日本的畜牧业发展相对薄弱，肉类加工与养殖的专利占比相对较低。

美国的农业结构以现代化、机械化和集约化为主，是全球最大的粮食生产国之一，主要生产小麦、玉米、大豆等，因此其种植专利占比最高，达 37.5%，其次是粮油饲料加工，占比为 17.3%；肉类加工、养殖与果蔬茶加工的专利差别不大。

韩国政府高度重视农产品加工的发展，政策上修订《大米加工业促进及大米利用促进法》，科技上不断推出新的加工技术和产品，采取措施来推动其发展。因此，韩国的农产品加工更为突出，粮油饲料加工、果蔬茶加工、肉类加工的专利占比分别达 32.9%、25.8% 与 18.5%；农产品生产相对薄弱，种植与养殖的专利占比分别为 10.6% 与 12.2%。

德国是欧洲的主要农业国之一，产业结构较丰富，产业链布局较完善，在农产品加工方面拥有先进的技术和设备，能够生产出高品质的农产品加工品，在农产品生产中广泛应用了现代农业技术，包括精准农业、智能化管理等。因此，各技术方向的专利占比较均衡，不过肉类加工在其现代农产品与加工产业占有最重要的地位，占比排在第一位，达24.8%。

图2-2-14示出了2004年以来美国、日本、韩国与德国现代农产品与加工产业各技术方向的专利申请趋势。分析可知：美国、韩国各技术方向的专利年申请量呈波动上升态势，日本、德国各技术方向的专利年申请量呈波动下降态势。

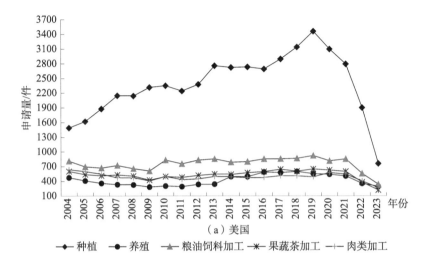

（a）美国

→◆ 种植　→● 养殖　→▲ 粮油饲料加工　→※ 果蔬茶加工　—— 肉类加工

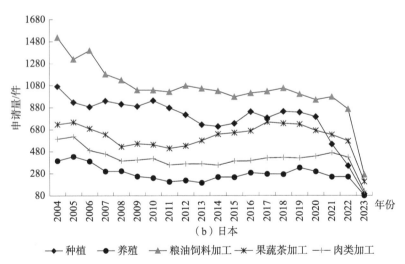

（b）日本

→◆ 种植　→● 养殖　→▲ 粮油饲料加工　→※ 果蔬茶加工　—— 肉类加工

图2-2-14　现代农产品与加工产业主要国家各技术方向专利技术发展趋势

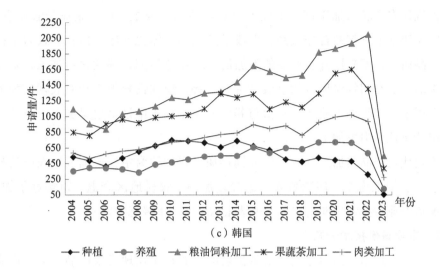

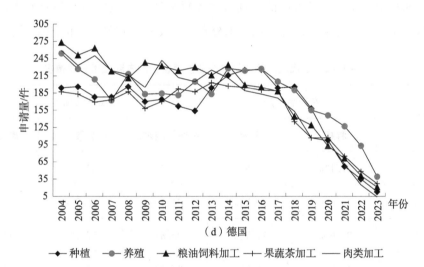

图 2 - 2 - 14　现代农产品与加工产业主要国家各技术方向专利技术发展趋势（续）

　　具体来看，美国农业现代化在其农业发展史上起到了至关重要的作用，通过引入新技术改变生产方式和提高效率，大大提高了农业生产能力和产出质量，也对世界农业发展起到示范和引领作用。其中，种植技术是美国现代农产品与加工产业的关键技术，包括先进的播种技术、植物育种、精准农业和基因编辑，种植方向一直是该产业各技术方向中表现最优的方向，其专利申请量从 2004 年到 2019 年呈波动增长态势，2004 年的专利申请量为 1400 多件，2019 年达 3400 多件，2020 年起可能是受全球新冠疫情影响呈波动下降态势；养殖、粮油饲料加工、果蔬茶加工及肉类加工四个方向的专利申请趋势一致，且波动幅度偏小，专利年申请量保持在 200 件到 1000 件之间。

韩国现代农产品与加工产业的发展以农产品加工为主，加工企业与农业生产者、农协等组织建立了紧密的合作关系，形成了产加销一体化的经营模式，致力于技术创新和新产品研发，不断提升农产品的附加值。2004 年以来，粮油饲料加工、果蔬茶加工、肉类加工的专利年申请量均呈波动上升态势，粮油饲料加工相对表现较强势，果蔬茶加工居中，肉类加工略弱；种植与养殖方向专利年申请量也呈波动上升趋势，但专利年申请量低于肉类加工。

日本现代农产品与加工产业以粮油饲料加工与种植为主，德国现代农产品与加工产业以农产品加工为主，但随着人口老龄化加剧、农村地区衰退、市场竞争加剧等，两个国家该产业各技术方向的专利年申请量均呈波动下降态势。

2.2.3.2 主要省份技术分布

表 2-2-2 示出了国内专利申请量排名前十的省份在现代农产品与加工产业的专利技术分布情况，每个技术方向的专利占比为每个省份该技术方向的专利申请量与该产业专利申请总量的比值，因此，该技术分布用于反映各省份自身的产业侧重。

表 2-2-2 现代农产品与加工产业主要省份的专利技术分布情况

省份	农产品生产		农产品加工		
	种植	养殖	粮油饲料加工	果蔬茶加工	肉类加工
安徽	21.1%	12.5%	33.8%	22.3%	10.4%
山东	26.6%	20.8%	24.1%	16.2%	12.3%
江苏	26.6%	17.7%	26.8%	17.9%	11.0%
广东	14.8%	25.9%	26.2%	21.3%	11.8%
浙江	22.6%	21.1%	18.6%	25.7%	12.0%
广西	29.4%	14.3%	27.6%	20.8%	7.8%
四川	25.7%	20.0%	23.5%	22.4%	8.4%
福建	18.0%	20.2%	15.5%	30.2%	16.1%
湖南	24.1%	13.9%	28.5%	24.8%	8.7%
河南	29.1%	18.6%	28.2%	15.5%	8.6%

整体而言，国内各省份现代农产品与加工产业的发展与其气候条件、土地资源、

经济发展、交通物流、政策环境及相关技术水平息息相关，在种植、养殖、粮油饲料加工与果蔬茶加工上各有侧重，但肉类加工占比均不理想。

产业专利总量排名第一的安徽省是我国农业大省，农业气候条件适宜，农业品种丰富，地形地貌复杂多样（平原、丘陵、山地各占 1/3）。其成品粮油加工企业年处理粮油能力达 6997 万吨，产量 2227 万吨，2023 年全省饲料总产量 1300 余万吨，连续三年稳定在千万吨以上，产值 500 亿元，具有丰富的粮油饲料资源，且粮油饲料加工水平位居全国前列，该方向专利占比最高，达 33.8%；果蔬茶加工仅次于粮油饲料加工，专利占比 22.3%；种植方面，安徽省粮食产业链条涵盖小麦粉、大米、食用油等全部产业分类，粮食产量连续多年位居前列；技术储备上，安徽省明确将重点支持粮食产业升级、粮食精深加工、粮机高端装备等关键性技术研发，也积极推动现代生物技术、信息技术、智能制造技术等与粮食产业的深度融合，这些举措有效激发了创新主体的研发活力与专利布局力度，专利占比达 21.1%；而其养殖与肉类加工的专利相对薄弱。

山东省现代农产品与加工产业的专利申请总量仅次于安徽，农业总产值也位列全国第二位。在种植方面，具备扎实的产业基础，粮食种植面积与产量常年稳居全国第三位，产量连续两年保持在 5500 万吨以上，棉花、油料、蔬菜、水果等作物的种植面积与产量常年稳居全国前列，而且山东省农业机械化水平高，种业创新力和竞争力不断增强，因此其种植专利占比最高，达 26.6%；其次是粮油饲料加工，专利占比为 24.1%；养殖与果蔬茶加工方面专利表现稍弱，肉类加工的专利占比最低。

江苏省多年来一直致力于探索农业现代化，正在涌现机械化、智能化、生态化、产业化、专业化和规模化"六化"并进、融合发展的蓬勃态势，全省基本实现粮食生产全程机械化，农作物耕种收综合机械化率达 85%，农业科技进步贡献率达 71.8%，而且拥有被誉为"农业硅谷"的两大"国字号"农业科技研发高地——与十余所科研院所和高校建立广泛合作关系、集聚近十个院士团队的南京国家农创中心，以及中国首批、长三角唯一的国家农高区南京国家农业高新技术产业示范区。强大的科技实力成为推进农业现代化的重要引擎、突破农业现代化瓶颈的坚强后盾，在粮油饲料加工与种植方向表现较优，专利占比分别为 26.8%、26.6%；其次是果蔬茶加工与养殖的专利占比，肉类加工的专利占比最低。

广东省现代农产品与加工产业专利占比较高的分别是粮油饲料加工、养殖和果蔬茶加工，种植和肉类加工的专利表现偏差。粮油饲料加工占据优势主要有几方面原因：第一，在粮油饲料方面具备深厚的产业基础，广东省是粮油饲料生产的重要省份，2023 年饲料产量、产值均位于全国第二，精制食用植物油、酱油、冷冻饮品、饮料产量全国领先；第二，具备多家粮油饲料领域的龙头企业，如中粮集团、海天味业、百果园等;第三,市场需求与政策支持,广东省是全国粮食的主销区之一,粮食需求量大,为粮油加工提供了广阔的市场空间,而且广东省政府高度重视粮油质量安全工作,致力于加大粮油质量安全监管,引导企业提高产品质量和安全水平,增强了消费者对广东省粮油产品的信任度。

其他省份中,广西壮族自治区、河南省的种植与粮油饲料加工的专利占比较优,均高于27%,养殖与果蔬茶加工的专利占比居中,肉类加工最差。其中,广西壮族自治区种植方面的优势在于糖料、水稻、水果的种植,粮油饲料加工方面积极推动与东盟国家的农业合作,通过建设境外农业合作示范区、农业对外开放合作试验区等方式促进相关技术发展;河南省种植方面的优势在于小麦、花生的种植,粮油饲料加工方面拥有多家大型粮油加工企业和饲料生产企业,且不断在通过政策扶持、科技创新等方式,提升粮油饲料加工产业的竞争力和附加值。

浙江省与福建省在果蔬茶加工方向的专利占比较优,种植与养殖居中,粮油饲料加工与肉类加工稍差。其中,浙江的果蔬茶加工在全产业链发展、品牌与电商建设以及科技创新与品质提升方面有较强的优势;福建在果蔬茶产业基础与规模、特色产品与创新以及市场拓展与品牌建设方面具有显著特色。

四川省在现代农产品与加工产业中以种植为主,专利占比25.7%,原因之一在于丰富的土地资源,农作物总播种面积增长,特别是粮食作物播种面积和油料作物播种面积的增长;四川省的粮油饲料加工与果蔬茶加工的专利占比略差,养殖专利占比排第四,肉类加工最弱,专利占比仅8.4%。

湖南省在现代农产品与加工产业中以粮油饲料加工为主,专利占比28.5%。近年来,湖南通过实施“品牌引领、订单引导”的产业发展新模式,不断提升粮油产业发展的质量和效益。例如,湖南省成功打造了多个国家级和省级龙头企业,推动了粮油加工业的快速发展。湖南省的果蔬茶加工与种植的专利占比略显逊色,但仍有较大的发展潜力,近年来湖南茶叶产业取得了显著发展,综合产值不断增长;养殖专利占比排第四,肉类加工最弱,专利占比仅8.7%。

图2-2-15示出了国内专利申请量排名前十的省份2004年以来在现代农产品与加工产业各技术方向的专利申请趋势。分析可知:各主要省份的发展大多可以分为两个阶段,早期波动上升,后期波动下降,但上升与下降的临界点各有不同。下面将针对各主要省份进行具体分析。

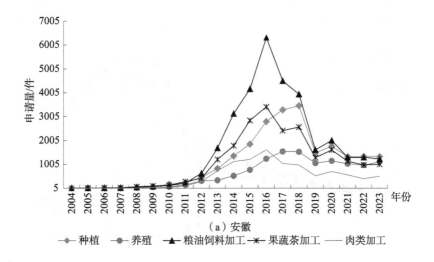

（a）安徽

◆ 种植　● 养殖　▲ 粮油饲料加工　✳ 果蔬茶加工 ── 肉类加工

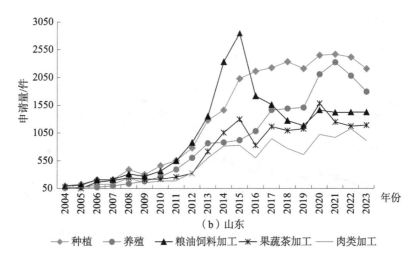

（b）山东

◆ 种植　● 养殖　▲ 粮油饲料加工　✳ 果蔬茶加工 ── 肉类加工

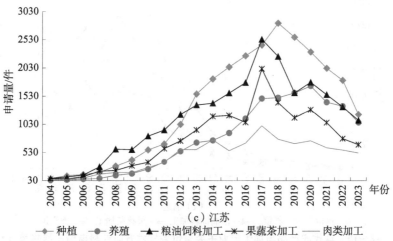

（c）江苏

◆ 种植　● 养殖　▲ 粮油饲料加工　✳ 果蔬茶加工 ── 肉类加工

图 2 - 2 - 15　现代农产品与加工产业主要省份各技术方向专利申请发展趋势

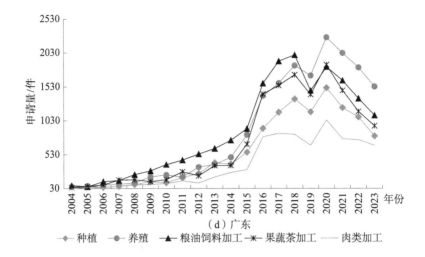

（d）广东

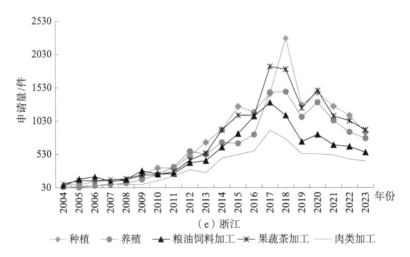

（e）浙江

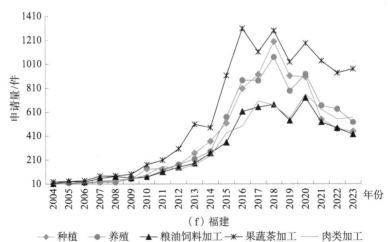

（f）福建

图 2 - 2 - 15　现代农产品与加工产业主要省份各技术方向专利申请发展趋势（续）

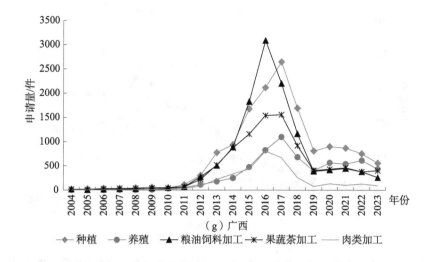

（g）广西

—◆— 种植　—●— 养殖　—▲— 粮油饲料加工　—✳— 果蔬茶加工　—— 肉类加工

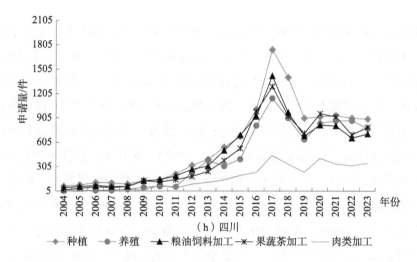

（h）四川

—◆— 种植　—●— 养殖　—▲— 粮油饲料加工　—✳— 果蔬茶加工　—— 肉类加工

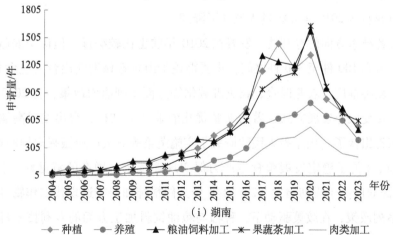

（i）湖南

—◆— 种植　—●— 养殖　—▲— 粮油饲料加工　—✳— 果蔬茶加工　—— 肉类加工

图 2 − 2 − 15　现代农产品与加工产业主要省份各技术方向专利申请发展趋势（续）

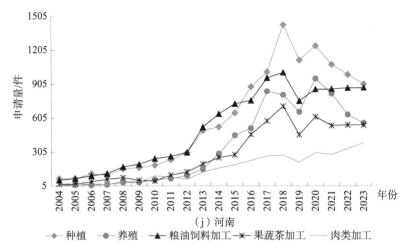

图 2 - 2 - 15　现代农产品与加工产业主要省份各技术方向专利申请发展趋势（续）

安徽省虽然是我国农业大省，但 2010 年前其各技术方向的专利技术发展都比较缓慢，专利年申请量大多不足 100 件。为贯彻落实《国务院办公厅关于开展 2011 年全国粮食稳定增产行动的意见》，安徽省人民政府办公厅 2011 年 7 月印发《安徽省人民政府办公厅关于加快实施农业"走出去"战略的意见》，提出积极研究打破国外技术性贸易壁垒，增强安徽省食品、农产品竞争力；同年发布《安徽省人民政府办公厅关于开展 2011 年粮食稳定增产行动的实施意见》（已失效），集成推广粮食生产关键技术。在系列政策刺激下，2011 年起各技术方向的专利技术进入快速发展阶段，特别是粮油饲料加工技术，专利年申请量从 2010 年的 100 件左右迅速增长至 2016 年的 6000 多件，其次是果蔬茶加工与种植，养殖与肉类加工表现偏差；可能是受新冠疫情及农产品产量下降等因素影响，粮油饲料加工、果蔬茶加工与肉类加工从 2017 开始进入波动下降期，种植与养殖从 2018 年开始进入波动下降期。

山东省各技术方向的专利技术发展在 2010 年前也比较缓慢，但优于安徽省，专利年申请量大多在 100 件至 300 件之间，主要得益于山东省该期间出台的包含直接补贴、农资支持、良种推广、农业保险、农业机械化等方面系列惠农政策；自 2010 年起，为进一步加快转变农业发展方式，着力调整优化农业产业结构，突出发展高端高质高效农业，山东省出台了《山东省人民政府关于实施蔬菜等五大产业振兴规划的指导意见》（已被废止）、《关于稳定发展粮食生产力保实现连续十年增产的意见》（已被废止）、《山东省人民政府关于贯彻国发〔2011〕8 号文件精神加快推进现代农作物种业发展的意见》等系列政策，在政策驱动下，种植与粮油饲料加工方面的专利技术进入快速发展阶段，专利年申请量从 2010 年的 300 多件迅速增长至 2015 年的 2000 多件，其次是果蔬茶加工与养殖，肉类加工表现偏差；2016 年起粮油饲料加工方面的专利年申请量呈波动下降态势，种植、养殖、果蔬茶加工及肉类加工仍保持着波动增长态势。整体来看，新冠疫情对山东省现代农产品与加工产业各技术方向影响偏小，可能主要得益于山东省在保障农业生产物资、救助困难企业、加强农业信息化发展、推进农业联合体建设、提升"应急农业"科技支撑水平等方面推出的有效举措。

江苏省多年来一直致力于探索农业现代化，且拥有被誉为"农业硅谷"的两大"国字号"农业科技研发高地，深度推广落实《农业科技成果转化和农业技术推广专项奖励制度》，有效促进了产业技术发展。因此，该省现代农产品与加工产业各技术方向的专利技术发展起步较早，2007 年已进入快速发展期，特别是粮油饲料加工方面，2008 年的专利年申请量已达 500 多件，远高于其他省份同期的专利申请量。此后，还制定《江苏省农业技术推广奖奖励办法》，修订《江苏省实施〈中华人民共和国农业技术推广法〉办法》，大力奖励在农业技术推广中作出突出贡献的农业科技人员、企业家和农民等，推动现代农产品与加工产业各技术方向的专利技术持续增长，种植与粮油饲料加工的增长最快；其次是果蔬茶加工与养殖，肉类加工表现偏差；可能受新冠疫情及农产品产量下降等因素影响，各技术方向专利年申请量在 2018 年左右进入波动下降期。

广东省各技术方向的专利技术在 2008 年前发展比较缓慢，专利年申请量大多不足 100 件。但广东省拥有中粮集团、海天味业、百果园等多家粮油饲料领域的龙头企业，且具备广阔的市场空间，在政府发布等系列政策后，2008 年起各技术方向的专利技术进入快速发展阶段，特别是粮油饲料加工、养殖与果蔬茶加工技术，专利年申请量从 2008 年的 100 件左右迅速增长至 2018 年的 1000 多件，其次是种植，肉类加工表现偏差；2018 年后，可能是受新冠疫情影响，各技术方向的专利年申请量有短暂下降，但广东省政府迅速实施了外贸、贷款贴息和补助等新冠疫情应对措施，各技术方向目前正在逐步复苏。随着《广东省推进农业农村现代化"十四五"规划》的发布，现代农产品与加工产业各技术方向专利年申请量有望迎来新的增长。

其他省份中，浙江省与四川省在现代农产品与加工产业各技术方向的专利技术发展趋势类似，2009 年前发展较缓慢，2009 年开始进入快速发展期，种植、养殖、粮油饲料加工与果蔬茶加工的专利年申请量差别不大，肉类加工略弱；可能受新冠疫情及农产品产量下降等因素影响，各技术方向专利申请量从 2018 年开始进入波动下降期。

福建省与河南省在现代农产品与加工产业各技术方向的专利技术发展趋势类似，前期波动上升，后期波动下降，且受新冠疫情影响偏小。其中，福建省各技术方向从 2010 年开始进入快速发展期，河南各技术方向从 2008 开始进入快速发展期；2018 年后可能受新冠疫情影响，各技术方向的专利年申请量有短暂下降，在省政府的调控下，各技术方向目前正在逐步复苏。

广西壮族自治区在现代农产品与加工产业各技术方向的专利技术发展与安徽省类

似，2011～2016 年各技术方向的专利技术发展异常迅速，特别是粮油饲料加工与种植；此后，粮油饲料加工与肉类加工从 2017 开始进入波动下降期，果蔬茶加工、种植与养殖从 2018 年开始进入波动下降期。

湖南省在现代农产品与加工产业各技术方向的专利技术发展趋势与广东省类似，2009 年起各技术方向的专利技术进入快速发展阶段，特别是粮油饲料加工、种植与果蔬茶加工技术，专利年申请量从 2009 年的 100 件左右迅速增长至 2018 年的 1000 多件，其次是养殖，肉类加工表现偏差；2018 年后，可能是受新冠疫情影响，各技术方向的专利年申请量有短暂下降，在省政府的调控下，各技术方向目前正在逐步复苏。

2.2.3.3　主要城市技术分布

从全国重点城市产业结构占比分布（见表 2 - 2 - 3）来看，各城市在农产品生产和农产品加工端各有侧重。农产品生产端主要体现在育种、耕种、养殖技术和农机应用的研发和创新；农产品加工端主要体现在加工的方法和设备等技术。

表 2 - 2 - 3　现代农产品与加工产业主要城市的技术分布

城市	农产品生产		农产品加工		
	种植	养殖	粮油饲料加工	果蔬茶加工	肉类加工
青岛	17.7%	24.7%	30.3%	15.2%	12.1%
北京	29.9%	19.3%	25.5%	16.4%	8.8%
重庆	27.1%	20.0%	21.6%	21.6%	9.8%
广州	19.6%	26.1%	25.2%	20.4%	8.8%
成都	25.8%	22.5%	24.0%	19.3%	8.4%
合肥	24.4%	14.1%	30.0%	20.3%	11.3%
上海	18.1%	29.8%	26.6%	15.4%	10.1%
天津	17.8%	22.6%	30.7%	18.1%	10.8%
杭州	29.9%	16.4%	17.8%	27.7%	8.3%
南京	35.4%	16.9%	20.4%	16.4%	11.0%
……	……	……	……	……	……
清远	12.8%	25.9%	24.7%	29.0%	7.6%

从现代农产品与加工产业的特点来看，主要体现在两点：

（1）各重点城市普遍性地对粮油饲料加工领域的技术更为重视，主要原因在于我国是全球粮食产量世界第一的国家，对粮食加工技术的升级需求尤为旺盛。

（2）各城市肉类加工领域的占比明显偏低，主要原因在于我国屠宰及肉类加工整体水平仍然不高，相比于美国等世界肉类强国，我国肉类加工企业数量过多，技术装备落后，大型企业产品市场占有率不高；同时在物流配送、保鲜包装等技术方面，传统落后的方式仍占主导地位。此外，我国肉类深加工转化率低。

从其他细分领域专利占比来看，主要分为几类：

（1）以养殖技术为主，代表城市有青岛市、上海市、天津市，这几个城市无一例外均是沿海城市。以青岛市为例，青岛市是我国藻、虾、贝、鱼、参五次海水养殖浪潮的发源地，海洋生产总值达 5014.4 亿元，总量稳居全国沿海同类城市第一位。因此，从现代农产品与加工产业细分领域来看，青岛市专利申请明显侧重于养殖领域。

（2）以种植技术为主，代表城市有北京市、南京市。其中北京市打造"种业之都"，形成了种业创新资源雄厚、创新成果丰硕、头部企业集聚、创新环境优化的优势；南京市则在机械化、智能化种植方面形成了一定优势，其农作物耕种收综合机械化率达 87%，特色农业机械化率达 70%，以芦蒿为代表的地方特色农产品实现全机械化种植和全周年生产。

（3）以种植和果蔬茶加工技术为主，代表城市有杭州市、合肥市。一方面杭州市大力推进规模化、机械化耕种模式，另一方面杭州市是中国茶文化的重要发源地之一，2022 年杭州茶叶产值 43.68 亿元，茶叶加工产业成为杭州优势产业。合肥市种植方面欲打造种业创新高地，2023 年全市种业销售收入超 110 亿元，同比增长 10% 以上；持证种子企业增至 253 家，其中 6 家入选国家种业阵型企业；同时新建及改扩建蔬菜（瓜果）生产基地项目 35 个，全市共有 13 万亩茶园，2023 年，茶叶全产业链产值 40.1 亿元。

（4）其他细分领域专利占比较为均衡，代表城市有重庆市、广州市、成都市。重庆市重点发展了柑橘、榨菜、生态畜牧、生态渔业等十大山地特色高效产业集群，建成了一批全程机械化生产示范基地。2023 年重庆培育规模以上食品及农产品加工企业886 家，食品及农产品加工产业总产值达 2581 亿元，同比增长 4.2%。广州市利用市内现代农业产业园，实现了传统优势产业的现代化发展，同时养殖规模也较大，涵盖了生猪、肉牛、水产等多个领域。农产品加工方面，截至 2022 年底，广州市已成立净菜、预制菜企业 220 家，农产品初加工服务增长 16.6%。成都市 2023 年第一产业增加值 594.9 亿元，增长 3.0%，并已形成集茶叶种植、加工、销售、社会化配套服务为一体的全产业链发展经营体系，在水果和蔬菜方面，成都市大力发展农产品精深加工业态，促进成都现代农产品与加工产业的发展。

除粮油饲料加工外，清远市在养殖和果蔬茶加工领域占比较高，分别为 25.9%、29.0%。主要原因在于清远市大力发展特色农业，例如针对清远鸡特色禽类，创建了清远鸡省级现代农业产业园，实现了对清远鸡的"育种 + 养殖 + 加工 + 经营 + 服务"全流程生产，构建了全产业链推进格局；同样如英德红茶，清远市不断延伸产业链条，大力发展茶叶精深加工，积极开展产品细分，开发多元化红茶产品，积极开发速溶茶、袋泡茶、奶茶、调味茶等新式茶饮，加强茶叶产品研发，打造英德红茶百亿产业。

图 2 - 2 - 16 示出了国内专利申请量排名前十的城市及清远市自 2004 年以来在现代

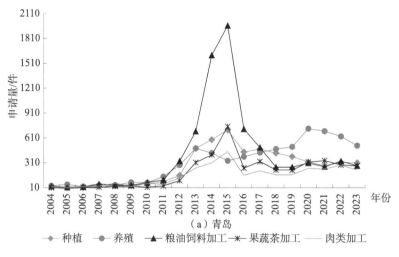

（a）青岛

◆ 种植　● 养殖　▲ 粮油饲料加工　✳ 果蔬茶加工　── 肉类加工

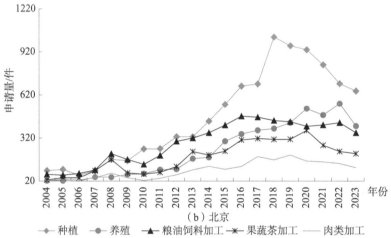

（b）北京

◆ 种植　● 养殖　▲ 粮油饲料加工　✳ 果蔬茶加工　── 肉类加工

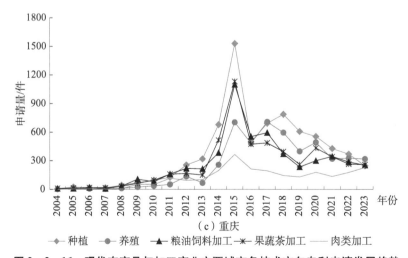

（c）重庆

◆ 种植　● 养殖　▲ 粮油饲料加工　✳ 果蔬茶加工　── 肉类加工

图 2-2-16　现代农产品与加工产业主要城市各技术方向专利申请发展趋势

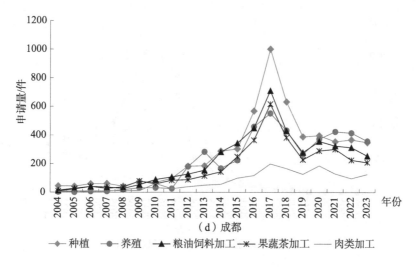

（d）成都

种植　养殖　粮油饲料加工　果蔬茶加工　肉类加工

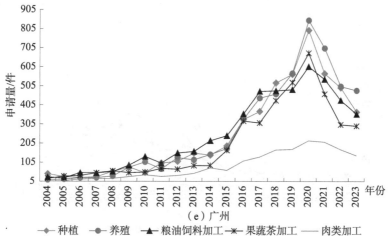

（e）广州

种植　养殖　粮油饲料加工　果蔬茶加工　肉类加工

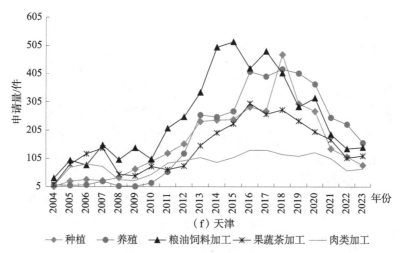

（f）天津

种植　养殖　粮油饲料加工　果蔬茶加工　肉类加工

图 2 - 2 - 16　现代农产品与加工产业主要城市各技术方向专利申请发展趋势（续）

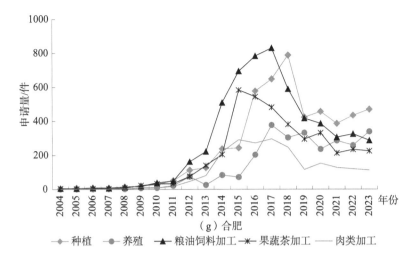

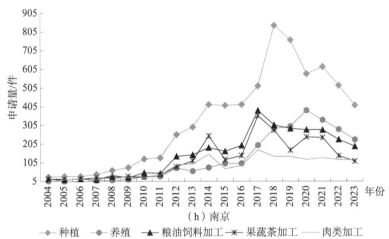

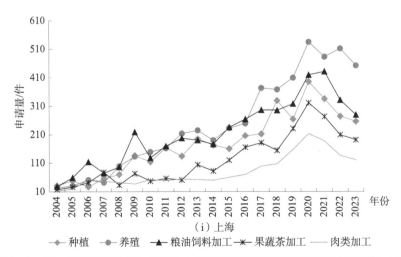

图 2 - 2 - 16　现代农产品与加工产业主要城市各技术方向专利申请发展趋势（续）

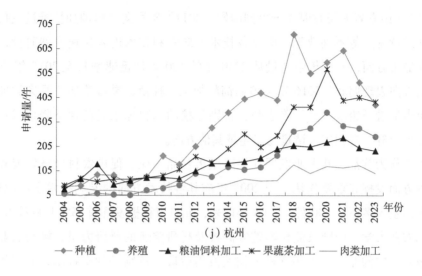

（j）杭州

　　　◆ 种植　　● 养殖　　▲ 粮油饲料加工　　✳ 果蔬茶加工　　—— 肉类加工

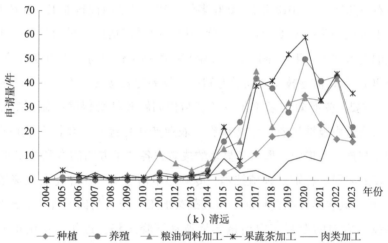

（k）清远

　　　◆ 种植　　● 养殖　　▲ 粮油饲料加工　　✳ 果蔬茶加工　　—— 肉类加工

图 2-2-16　现代农产品与加工产业主要城市各技术方向专利申请发展趋势（续）

农产品与加工产业各技术方向的专利申请趋势。分析可知，青岛市、重庆市、成都市、合肥市、南京市、杭州市各技术方向的专利申请趋势类似，可以分为两个阶段，早期波动上升，后期波动下降，但上升与下降的临界点及幅度各有不同；北京市、广州市、上海市与清远市各技术方向的专利申请趋势类似，整体呈波动上升态势，2022 年与2023 年的专利年申请量虽略有下降，但是由于专利滞后公布，并不能准确反映真实的专利技术走势。下面将针对各地市进行具体分析。

　　青岛市各技术方向的专利技术在 2010 年前发展都比较缓慢，专利年申请量大多不足 100 件，2010 年起，为进一步加快转变农业发展方式，着力调整优化农业产业结构，突出发展高端高质高效农业，青岛市认真贯彻省政府发布的《山东省人民政府关于实施蔬菜等五大产业振兴规划的指导意见》《关于稳定发展粮食生产力保实现连续十年增产的意见》《山东省人民政府关于贯彻国发〔2011〕8号文件精神加快推进现代农作物种业发展的意见》等系列政策，驱动各技术方向专利技术进入快速发展阶段，特别是粮油饲料加工方面，专利年申请量从2010年的100多件迅速增长至2015年的近2000件；其余方向表现偏弱；2016年起粮油饲料加工、种植、果蔬茶加工及肉类加工方面的专利年申请量开始呈波动下降态势，特别是粮油饲料加工呈急速下降模式；养殖方向仍呈波动上升，专利年申请量逐步超越其他方向。

北京市作为首都，其农业发展在保障城市食品供应、促进农村经济发展和生态环境建设等方面发挥着重要作用，但2008年前其各技术方向的专利技术发展比较缓慢，专利年申请量大多不足100件。2008年以来，北京市积极发挥首都农业科技人才优势，整合中国农业大学、中国农业科学院等高校及科研院所的科研力量，推动农业科技创新，各技术方向的专利技术相继进入快速发展阶段，特别是种植技术，专利年申请量由100件左右飞速增长至2018年的1000多件，其次是粮油饲料加工、果蔬茶加工与养殖，肉类加工表现偏差；2018年以来，除种植方向受疫情影响导致专利年申请量波动下降外，粮油饲料加工、果蔬茶加工、养殖与肉类加工仍保持着小幅度增长。

重庆市2010年以前各技术方向的专利技术发展比较缓慢，专利年申请量大多不足100件，可能主要是受有效需求不足、经济结构问题和社会保障机制不健全等因素影响。但重庆市通过积极推进农业结构调整、农业产业化经营、乡镇企业快速发展以及农业科技创新与推广等措施，取得了显著的成效，各技术方向的专利技术于2011年相继进入快速发展阶段。特别是种植技术，专利年申请量由100件左右飞速增长至2015年的1500多件，其次是粮油饲料加工与果蔬茶加工，养殖与肉类加工表现偏差；2016年以来，各技术方向的专利年申请量均呈波动下降态势，近年，重庆市相继发布了《重庆市推进农业农村现代化"十四五"规划（2021—2025年）》《重庆市人民政府关于大力度推进食品及农产品加工产业高质量发展的意见》等系列政策，其现代农产品与加工产业各技术方向专利年申请量有望迎来新的增长。

成都市现代农产品与加工产业各技术方向的专利申请趋势与重庆市类似，各技术方向的专利技术于2011年相继进入快速发展阶段，专利年申请量于2017年到达峰值，2018年开始呈波动下降态势。成都市正在加快建设天府现代种业园与国家现代农业产业科技创新中心，强化地方特色作物种质资源管护，同时引进国家级科研团队、科技型高能级农业企业，推动农业科技攻关、研发、成果转化及推广应用，而且发布了《成都市国家农业科技园区发展促进办法》，均旨在加快现代农产品与加工产业的发展，各技术方向专利年申请量有望迎来新的增长。

广州市、清远市同属于广东省，清远市各技术方向的专利技术发展均落后于广州市。广州市各技术方向的专利技术于2009年相继进入快速发展阶段，除肉类加工略弱外，种植、养殖、粮油饲料加工及果蔬茶加工方向的专利年申请量均在 2020 年达到峰值（600 件以上）；清远市各技术方向的专利技术自 2015 年才有起色，且专利年申请量一直不足 100 件。深究原因可以发现：广州市充分发挥了其生物资源丰富、创新人才聚集、消费需求旺盛等优势，依托种养生产基地、田园风光、农耕体验、特色产业等资源，不断拓宽城市居民体验田园生活、乡村群众分享发展成果的都市现代农业发展新路径。通过这种模式，广州市提高了农业综合质量效益，高标准打造了都市现代农业产业集群，大力发展游学度假、休闲康养、文化体验等新业态，将本地独特的农业资源转化为新型农业竞争力。相比之下，清远市缺乏创新人才，对广东省政府农业政策的响应力度与速度弱于广州市，且连州菜心、水晶梨等特色农业的规模化、产业化、组织化程度较低，影响力小，产业发展质量和综合效益有待提升。

合肥市各技术方向的专利技术在 2011 年前的发展也比较缓慢，专利年申请量大多不足 100 件，此后积极落实《安徽省人民政府办公厅关于加快实施农业"走出去"战略的意见》《安徽省人民政府办公厅关于开展 2011 年粮食稳定增产行动的实施意见》（已失效）等系列政策，着力推动农业技术发展。2011 年起各技术方向的专利技术进入快速发展阶段，特别是粮油饲料加工与种植方面，专利年申请量分别于 2017 年、2018 年增长至 800 件左右，其次是果蔬茶加工，养殖与肉类加工表现偏差；而果蔬茶加工方向的专利年申请量从 2016 年开始进入波动下降阶段，种植与粮油饲料加工方向的专利年申请量从 2018 年开始进入波动下降阶段，养殖与肉类加工方向的专利年申请量从 2019 年开始进入波动下降阶段。

其他城市中，上海市现代农产品与加工产业各技术方向的专利技术在 2009 年前发展较缓慢，2009 年起进入快速发展阶段，特别是养殖与粮油饲料加工技术，专利年申请量从 2008 年的不足百件迅速增长至 2020 年的 400 多件，其次是种植与果蔬茶加工，肉类加工表现偏差；2021 年后由于专利滞后公布，各技术方向的专利年申请量并不能反映真实的专利技术走势。

南京市与杭州市现代农产品与加工产业各技术方向的专利技术发展趋势与北京市类似，各技术方向从 2010 年开始进入快速发展期，特别是种植技术，专利年申请量从 2009 年的不足百件迅速增长至 2018 年的 800 多件和 600 多件；2018 年后，可能是受疫情影响，各技术方向的专利年申请量有短暂下降，在省政府的调控下，各技术方向目前正在逐步复苏。

天津市现代农产品与加工产业各技术方向的专利技术发展各有特色，整体呈交替发展状态，2008 年前粮油饲料加工、果蔬茶加工及肉类加工方面的专利技术发展较快，种植与养殖较缓慢，2009 年起种植与养殖方面的专利技术迅速发展，逐步超越果蔬茶加工与肉类加工；2016 年起粮油饲料加工、果蔬茶加工及肉类加工相继进入波动下降期，种植与养殖于 2018 年超越粮油饲料加工。

2.3 专利技术竞争与合作

本小节从全球的视角,聚焦区域龙头企业和高校/科研院所,从各主要创新主体技术布局和地域布局的角度,分析现代农产品与加工产业的发展。

2.3.1 国内外主要竞争者概况

(1) 全球创新主体

全球现代农产品与加工产业创新主体(TOP20)以俄罗斯(1 家)、瑞士(1 家)、日本(6 家)、美国(5 家)、荷兰(1 家)、英国(1 家)、德国(2 家)、中国(3 家)为主,其中最为突出的是俄罗斯的个人申请人 КВАСЕНКОВ ОЛЕГ ИВАНОВИЧ,以17 326件专利的申请量排名第一(见图2-3-1)。

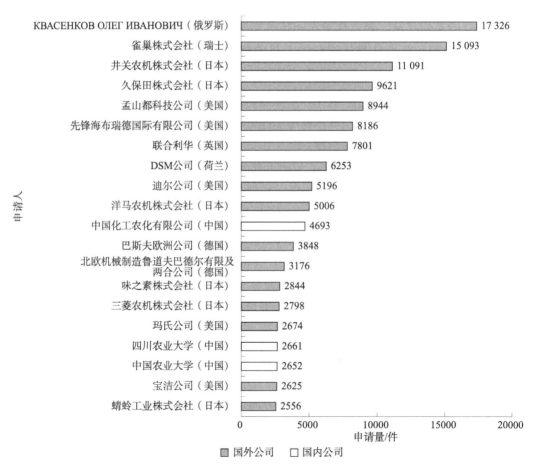

图2-3-1 现代农产品与加工产业全球创新主体排名(TOP20)

瑞士创新主体：雀巢公司专利申请量为 15 093 件，排名第二。雀巢公司总部位于瑞士沃州沃韦，其产品包括咖啡、奶品、饮用水、巧克力、零食等食品饮料，产品品牌超过 2000 多个；在全球拥有 500 多家工厂，为世界上知名的食品饮料制造商。

日本创新主体：井关农机株式会社、久保田株式会社、洋马农机株式会社、味之素株式会社、三菱农机株式会社、蜻蛉工业株式会社 6 家企业专利申请量分别为 11 091 件、9621 件、5006 件、2844 件、2798 件、2556 件，分别排名第三、第四、第十、第十四、第十五以及第二十名。其中井关农机株式会社、久保田株式会社、洋马农机株式会社、三菱农机株式会社、蜻蛉工业株式会社 5 家公司为农机设备生产制造商；味之素株式会社是全球十大食品企业之一，在全球拥有 114 家公司，主要生产氨基酸、调味料、冷冻食品等，其在中国的核心业务围绕调味品及加工食品展开，销售品牌包括"红碗牌""天添鲜""味嘟嘟""悠浓""亨达仕""魔厨高汤"等。

美国创新主体：孟山都科技公司、先锋海布瑞德国际有限公司、迪尔公司、玛氏公司、宝洁公司 5 家企业专利申请量分别为 8944 件、8186 件、5196 件、2674 件、2625 件，排名分别为第五、第六、第九、第十六、第十九名。孟山都科技公司成立于 1901 年，成立之初主要生产糖精。总部设于美国密苏里州圣路易斯市，生产的旗舰产品 Roundup 是全球知名的草甘膦除草剂，也是全球转基因（GE）种子的生产商，其农业业务主要包括传统育种、农业生物技术、作物保护、生物制剂以及数据科学等。其于 2018 年已被拜耳公司收购。先锋海布瑞德国际有限公司于 1926 年创建，是世界上第一家玉米杂交种子公司，在农业领域具有重要地位。其是一家集科研、繁殖原种、种子生产、加工、推广、销售一体化的大型、综合、国际化的公司，种子业务在全球范围内具有广泛的影响力。迪尔公司于 1837 年成立，主要为农机设备生产制造商。玛氏公司于 1911 年创立，主要业务涉及零食类（糖果巧克力）、宠物类、主食和电子产品的制造和营销。其是全球最大的食品生产商之一，拥有众多世界知名的品牌，其中价值超过 10 亿美元的品牌就包括德芙、玛氏、M&M'S、士力架、UNCLE BEN'S、傲白、宝路、皇家、伟嘉和特趣等。在销量方面，其糖果巧克力类产品和宠物类产品销量分别位居全球同类产品首位，全球有 1/3 的宠物每天都在食用玛氏公司的宝路狗粮和伟嘉猫粮。宝洁公司总部位于美国俄亥俄州辛辛那提市，全球员工近 110 000 人。宝洁公司在食品方面自 2012 年出售"品客"品牌后，食品类别的专利申请已接近停滞，于 2014 年完全退出宠物食品业务，目前宝洁公司已完全退出食品相关行业。

英国创新主体：联合利华申请了 7801 件专利，排名第七。联合利华总部设于英国伦敦，主营业务包括食品等，是全球最大的冰淇淋、茶饮料、人造奶油和调味品生产商之一，旗下有家乐、立顿、和路雪冰激凌等。

荷兰创新主体：DSM 公司申请了 6253 件专利，排名第八。DSM 公司是一家国际性的营养保健品、化工原料和医药集团，总部设在荷兰，在欧洲、亚洲、南北美洲等设有 200 多个机构，在全球拥有 2.2 万名员工。DSM 公司在许多领域处于世界领先地位，农产品类主营业务包括动物营养与健康（包括家禽、家畜、水产养殖及宠物）、人类营养（早期生活、膳食补充剂、医学营养、营养改善四大类）、食品饮料（面包、谷类食品和能量棒、饮料和酿造、奶制品、咸味的调味品、植物性蛋白质替代品、糖果和水果）等，其产品被广泛应用于食品和保健品、饲料等终端市场。

德国创新主体：巴斯夫欧洲公司、北欧机械制造鲁道夫巴德尔有限及两合公司专利申请量分别为 3848 件和 3176 件，排名分别为第十二、第十三名。巴斯夫欧洲公司是德国一家化工企业，其在农产品方面主营业务为作物保护（杀菌剂、杀虫剂、除草剂、种子处理剂等完善产品组合），防治虫害、鼠害；北欧机械制造鲁道夫巴德尔有限及两合公司位于德国，主营肉类、水产类加工设备的生产与制造。

中国创新主体：中国化工农化有限公司（以下简称"中国化工农化"）、四川农业大学、中国农业大学专利申请量分别为 4693 件、2661 件和 2652 件，排名分别为第十一、第十七和第十八名。中国化工农化成立于 2005 年，是中国化工集团公司的全资子公司，主要负责中国化工生命科学板块的管理和运营，是全球第一大植保、第三大种子公司。其拥有植保和种子两大业务板块。其中，植保业务涵盖除草剂、杀虫剂、杀菌剂、种子处理剂、植物生长调节剂及膳食补充剂、食品添加剂、芳香产品和环境保护服务等领域，可生产原药的品种超过 200 个；种子业务主要是传统杂交种子的研发、育种等，每年推出 500 多项产品。在全球 120 个国家和地区拥有近 130 个生产供应商和超过 140 个研发基地，产品销往全球 130 多个国家和地区。四川农业大学是一所以生物科技为特色，农业科技为优势，多学科协调发展的国家"211 工程"重点建设大学和国家"双一流"建设高校，也是教育部本科教学工作水平评估优秀高校。中国农业大学是一所以农学、生命科学、农业工程和食品科学为特色和优势的研究型大学。学校于 1995 年进入首批"211 工程"建设行列，于 2004 年被确定为"985 工程"重点建设的高水平研究型大学，2017 年入选一流大学建设高校（A 类），2021 年学校及其生物学、农业工程、食品科学与工程、作物学、农业资源与环境、植物保护、畜牧学、兽医学、草学等 9 个学科入选第二轮"双一流"建设高校及建设学科。

整体而言，全球现代农产品与加工产业专利申请排名 TOP20 的创新主体以知名龙头企业为主，中国高校在创新方面比较活跃。

（2）中国创新主体

中国作为现代农产品与加工产业重要的市场国，海内外创新主体的专利布局同样较为活跃。其中中国市场 TOP20 的企业中有 4 家为海外企业，国内企业主要分布为山东（4 家）、北京（4 家）、广东（3 家），四川、安徽、河南、湖南以及内蒙古各 1 家（见图 2 - 3 - 2）。

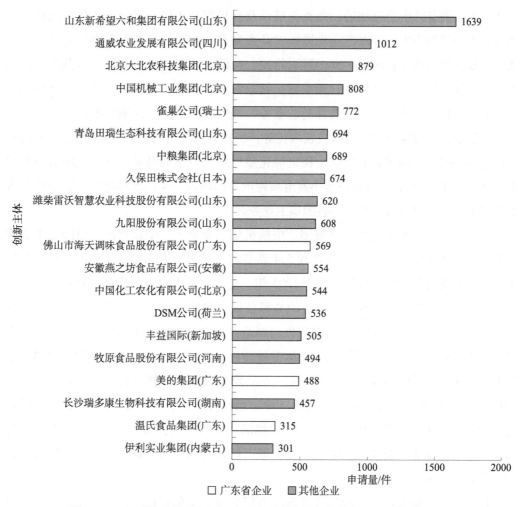

图 2 - 3 - 2 现代农产品与加工产业中国市场创新主体排名（企业 TOP20）

　　海外企业代表有瑞士的雀巢公司、日本的久保田株式会社、荷兰的 DSM 公司以及新加坡的丰益国际。其中丰益国际成立于 1991 年，总部位于新加坡，是全球最大的粮油食品集团之一，业务范围包括棕榈种植，油籽压榨，食用油精炼，食糖加工和提炼，消费品、专用油脂、面粉及大米加工，油脂化工品、棕榈生物柴油和化肥制造等，旗下拥有家喻户晓的金龙鱼、欧丽薇兰、胡姬花等著名粮油品牌。

　　山东企业：山东新希望六和集团有限公司、青岛田瑞生态科技有限公司、潍柴雷沃智慧农业科技股份有限公司、九阳股份有限公司分别申请了 1639 件、694 件、620 件和 608 件专利，排名分别为第一、第六、第九和第十名。山东新希望六和集团有限公司成立于 1995 年，业务聚焦于饲料、生猪养殖与屠宰两大行业，业务遍布全国及越南、菲律宾、印度尼西亚、新加坡、埃及等 15 个国家，目前已发展成为中国最大的肉、蛋、奶综合供应商之一；青岛田瑞生态科技有限公司成立于 2006 年，主营业务包括禽畜养殖设备的生产与制造、禽类养殖以及有机肥加工等。目前已从传统的畜禽装备研发生产转型为提供畜禽产业先进模式及畜禽产业解决方案的创新型综合企业，形成了集现代化畜牧设备研发生产、蛋鸡养殖、有机肥加工、蛋鸡育雏、生态旅游观光产业于一体的现代养殖新模式；潍柴雷沃智慧农业科技股份有限公司成立于2004年，主营业务包括收获机械、拖拉机等制造业务，其依托潍柴集团在液压电控、CVT动力总成、新能源、智能驾驶等新科技领域优势，聚焦智能农机与智慧农业两大战略业务，是国内少数可以为现代农业提供全程机械化整体解决方案的品牌之一；九阳股份有限公司成立于2002年，主营业务是小家电系列产品的研发、生产和销售等，在农产品方面目前主要是其自营豆浆粉和豆料的加工业务。

北京企业：北京大北农科技集团、中国机械工业集团、中粮集团、中国化工农化分别申请了879件、808件、689件和544件专利，排名分别为第三、第四、第七和第十三名。北京大北农科技集团成立于1993年，是一家涵盖种业、食品、饲料、农业互联网、动保、养殖等大农业全产业链的高科技国际集团公司；中国机械工业集团成立于1997年，是中国主要的农机装备研发与制造企业之一，产品类型包括谷物联合收获机械、小麦收割机、各类林果采摘和加工处理机械、牧草收获机械、剪羊毛机等，主要有"东方红""中国收获""中农机"等品牌为代表的农机设备；中粮集团成立于1983年，以农粮为核心主业，聚焦粮、油、糖、棉、肉、乳等品类，主要有"福临门""长城""中茶""家佳康""酒鬼""悦活"等品牌为代表的产品；中国化工农化属于一家跨国性质的企业，在中国、美国等市场均有农产品方面的布局，主要集中在植保和育种方面。

广东企业：佛山市海天调味食品股份有限公司、美的集团、温氏食品集团分别申请了569件、488件和315件专利，排名分别为第十一、第十七和第十九名。佛山市海天调味食品股份有限公司成立于1995年，产品涵盖了酱油、蚝油、醋、调味酱、鸡精、味精、油类、小调味品等八大系列200多个规格和品种；美的集团成立于1968年，在农产品方面主要经营农产品加工与处理设备，例如碾米机、腊制品制作与保存装置等设备；温氏食品集团成立于1983年，是一家以畜禽养殖为主业、配套相关业务的现代农牧企业，主营业务包括禽畜养殖（包含鸡、猪、鸭、鹅、鸽等品种）、食品加工（畜禽屠宰深加工和乳品加工）、农牧设备制造等。

四川企业：通威农业发展有限公司申请了1012件专利，排名第二。通威农业发展有限公司成立于2022年，主营业务包括饲料生产（特种水产饲料、猪料、禽料、复合预混料等专精饲料）、水产养殖和食品加工等。

安徽企业：安徽燕之坊食品有限公司申请了554件专利，排名为第十二名。安徽燕之坊食品有限公司成立于2001年，是一家集生产、销售、研发于一体的现代化粗粮食品综合型企业，产品类型包括豆类、米类、粉类、粥类等。

　　河南企业：牧原食品股份有限公司申请了 494 件专利，排名为第十六名。牧原食品股份有限公司成立于 1992 年，目前已形成集饲料加工、生猪育种、生猪养殖、屠宰加工为一体的猪肉产业链。

　　湖南企业：长沙瑞多康生物科技有限公司申请了 457 件专利，排名为第十八名。长沙瑞多康生物科技有限公司成立于 2016 年，主营业务为饲料生产等。

　　内蒙古企业：伊利实业集团申请了 301 件专利，排名为第二十名。伊利实业集团成立于 1993 年，主营业务为乳制品生产、饲料加工等。

　　整体而言，中国市场的创新主体起步较晚，但科研活动较为活跃；中国作为全球现代农产品与加工产业重要的市场，也受到国际龙头企业的青睐。

　　中国市场申请专利的高校创新相较于企业明显要更为活跃。其中，四川农业大学、中国农业大学、浙江海洋大学、江南大学、浙江大学和华中农业大学 6 所高校在中国专利申请量超过 2000 件，占据现代农产品与加工产业中国市场高校/科研院所研发实力的头部；同时可以明显发现江苏省（3 家）、广东省（2 家）、浙江省（2 家）、山东省（2 家）、广西壮族自治区（2 家）是头部高校/科研院所最集中的省份；其中广东省以华南农业大学和广东省农科院为代表（见图 2 - 3 - 3）。

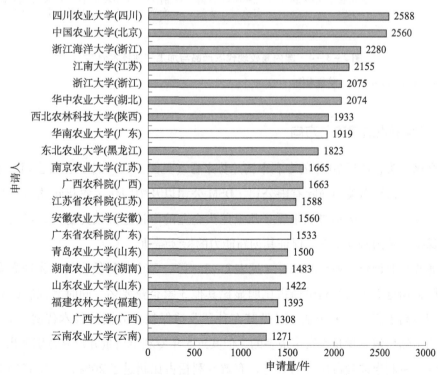

图 2 - 3 - 3　现代农产品与加工产业中国市场创新主体排名（高校/科研院所 TOP20）

从图 2 - 3 - 4 中可以看出，在种植技术领域，以四川农业大学、中国农业大学和西北农林科技大学为代表最为突出；在养殖技术领域，以浙江海洋大学为代表最为突出；在粮油饲料加工和果蔬茶加工技术领域，以江南大学为代表最为突出；在肉类加工技术领域，以浙江海洋大学和江南大学为代表最为突出。综上，中国的农业类高校在现代农产品与加工产业充满了研发活力，在细分领域均有专利布局，为中国的乡村振兴和粮食安全做出了卓越的贡献。

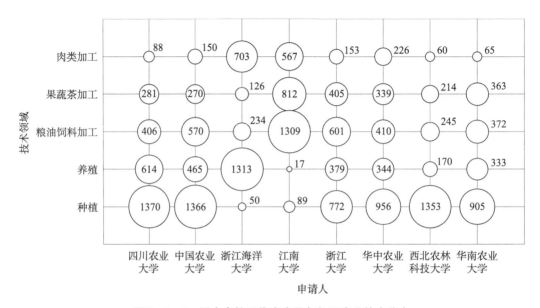

图 2 - 3 - 4 国内高校现代农产品与加工产业技术分布

注：图中数字表示申请量，单位为件。

2.3.2 龙头的发展趋势与方向

从全球龙头企业近 20 年的专利申请趋势来看（见图 2 - 3 - 5），雀巢公司、孟山都科技公司、先锋海布瑞德国际有限公司、DSM 公司以及中国化工农化年均申请量保持在 100 件以上；同时从趋势上来看，几家龙头企业的申请趋势较为稳定，可见龙头企业一直保持一定的研发水平，保证其创新能力的持续强劲。

从龙头企业创新发展情况来看（见表 2 - 3 - 1），孟山都科技公司、先锋海布瑞德国际有限公司近 5 年的专利申请占比明显比其他 3 家企业要多，同时其保有的有效专利量也明显高于其他 3 家企业，可见其在种子及植保技术方面的技术优势非常明显；雀巢公司虽然申请总量是 5 家中最多的，但其近 5 年专利申请量并没有特别突出；DSM公司近 5 年专利申请量占比位居第三，有效专利量占比超过了 20%，可见其仍保持一定的创新实力；中国化工农化在专利申请上较少，有效专利数量较多，占比也较高，

达到 28.17%，但近 5 年专利申请占比为 8.89%，是 5 家企业中最低的，可见中国全球
性企业在研发实力上和全球老牌龙头企业仍有一定的差距。

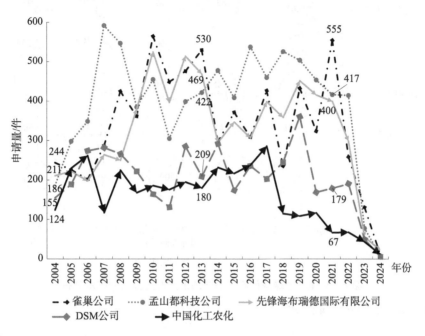

图 2 - 3 - 5　全球现代农产品与加工产业龙头企业专利申请趋势

表 2 - 3 - 1　全球龙头企业创新发展情况

申请人	申请总量 （件）	有效量 （件）	有效量占申请 总量之比	2019～2024 年 申请量（件）	2019～2024 年申请量 占申请总量之比
雀巢公司	15093	1863	12.34%	1712	11.34%
孟山都科技公司	8944	6098	68.18%	1875	20.96%
先锋海布瑞德 国际有限公司	8186	4556	55.66%	1646	20.11%
DSM 公司	6253	1324	21.17%	956	15.29%
中国化工农化	4693	1322	28.17%	417	8.89%

　　从龙头企业技术分布来看（见图 2 - 3 - 6），现代农产品与加工产业细分领域种植
技术的企业以孟山都科技公司、先锋海布瑞德国际有限公司和中国化工农化最为突出；
细分领域养殖技术方面 5 家企业中没有特别突出的企业，但 DSM 公司业务范围就涵盖
了家禽、家畜、水产养殖及宠物养殖方面；农产品加工端细分领域粮油饲料加工技术
方面的企业以雀巢公司和 DSM 公司最为突出，其他 3 家企业也有一定的专利布局；在
果蔬茶加工以及肉类加工技术方面，同样以雀巢公司和 DSM 公司最为突出。

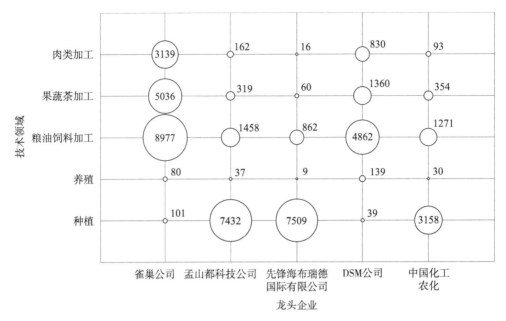

图2-3-6　全球现代农产品与加工产业龙头企业技术分布

注：图中数字表示申请量，单位为件。

从龙头企业技术地域分布来看（见图2-3-7），美国、中国、欧洲、加拿大、澳大利亚、日本、巴西等国家/地区是现代农产品与加工产业龙头企业的主要目标市场国家/地区。而这些国家/地区均是全球主要的农产品国/地区。

雀巢公司作为世界上知名的食品饮料制造商，在主要国家/地区基本均设有农产品生产和加工厂，故雀巢公司在全球主要农产品国/地区均有大量的专利布局来保护其产品。

孟山都科技公司、先锋海布瑞德国际有限公司作为美国企业，故在美国专利布局最多；同时由于两家公司的主要业务是种子业务，故在农产品以种植为主的国家/地区专利布局明显较多，例如加拿大、澳大利亚、中国、欧洲等。

同样地，中国化工农化有限公司作为中国企业，则在中国专利布局较多，同时它也开展植保和种子相关的业务，故在全球农产品以种植为主的国家/地区布局了较多的专利，例如澳大利亚、美国、加拿大、欧洲等。

DSM公司主要业务集中在食品、保健品及饲料，而在食品和保健品类的市场类似于雀巢公司，在全球主要国家/地区均有一定的专利布局；同时，因为其有饲料相关业务，故会在养殖业比较发达的国家/地区布局更多的专利，例如美国、欧洲、中国、日本等。

整体而言，龙头企业在主要国家/地区的分布由其业务类型及相应市场所决定的。

为增强在产业方面的领导地位，保证技术先进性，龙头企业在现代农产品与加工产业知识产权方面采取策略就是，在其业务范围内申请重点专利并围绕重点专利布局相关专利，同时将技术布局在符合其业务类型的目标市场国家/地区，以达到技术垄断的目的。

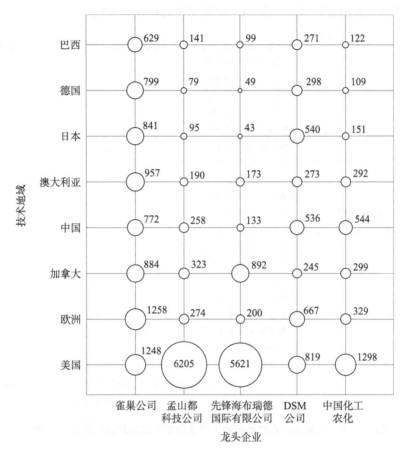

图 2 - 3 - 7　全球现代农产品与加工产业龙头企业技术地域分布

注：图中数字表示申请量，单位为件。

2.3.3　中国农业发展的守与创

（1）国内创新主体

从国内创新主体海外专利布局情况（见图 2 - 3 - 8）来看，中国创新主体更多的还是面向国内市场，而且海外专利布局排名中（TOP20）有 16 所高校/科研院所，可见中国企业在海外市场的现代农产品与加工产业产品与技术输出仍处于较低水平。企业一共有 4 家，其中，中国化工农化是目前海外专利布局最突出的企业，海外专利申请量高达 4128 件，位居第一位；北京大北农科技集团海外申请了 94 件专利，位居第六位；

广州英赛特生物有限公司海外申请了 78 件专利，位居第八位，广州英赛特生物技术有限公司是于 2008 年创立的饲料添加剂企业，其专注于饲料添加剂及兽药新产品的研发；桂林吉福思罗汉果生物技术股份有限公司海外申请了 53 件专利，位居第 12 位，该公司成立于 2004 年，聚焦于罗汉果育种、种植以及精深加工领域的技术。整体而言，中国企业已经"走出去"了，但知识产权运用之路仍任重道远。

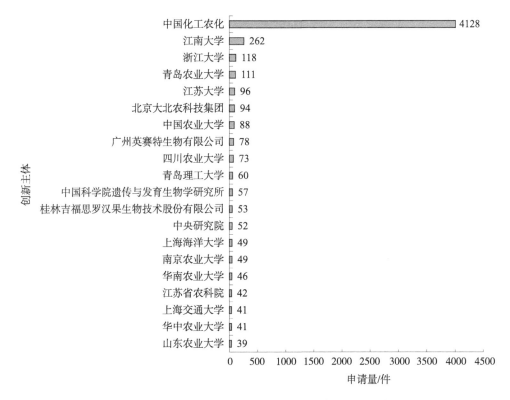

图 2 - 3 - 8　中国现代农产品与加工产业创新主体海外布局排名（TOP20）

（2）广东省创新主体

从广东省现代农产品与加工产业创新主体排名（见图 2 - 3 - 9）来看，排名前 20 的创新主体中，高校/科研院所有 17 家，可见广东省创新主体专利申请仍以高校/科研院所为主。同时创新实力相较于其他省份仍有一定差距，全省只有华南农业大学、广东省农科院和广东海洋大学是专利申请量超过 1000 件的创新主体。在企业方面，佛山市海天调味食品股份有限公司、美的集团、温氏食品集团分别申请了 569 件、488 件和 315 件专利，分别排名第六、第九、第十一位。说明广东省现代农产品与加工产业企业的创新能力相较高校偏弱，成规模和体量的企业较少，在创新能力提升方面仍需加强；同时还需要在国家和省市区政府政策引导下，建设一批、申报一批、认定一批国家现代农业产业园，以提升广东省整体现代化农业水平。

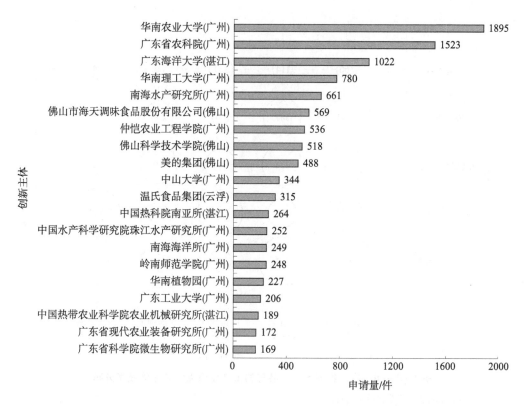

图 2 - 3 - 9　广东省现代农产品与加工产业创新主体排名（TOP20）

另外，从城市来看，大多数的高校/科研院所集中在广州市（高校/科研院所 13家）、湛江市（高校/科研院所 3 家）、佛山市（高校/科研院所 1 家），而在广东省其他市区有实力的高校/科研院所则较少。可见如何将广州市、湛江市等地的高校/科研院所研究成果落地实施，振兴周边乡村、辐射偏远地区、带动产业发展是目前最需解决的问题。

从广东省排名靠前的创新主体来看（见图 2 - 3 - 10），广东省高校/科研院所现代农产品与加工产业专利布局较为全面。种植方面有以华南农业大学为代表的高校和广东省农科院为代表的科研院所；养殖方面有以广东海洋大学为代表的高校和南海水产研究所为代表的科研院所；粮油饲料加工方面有以华南农业大学和华南理工大学为代表的高校和广东省农科院为代表的科研院所；果蔬茶加工方面有以华南农业大学为代表的高校和广东省农科院为代表的科研院所；肉类加工方面有以广东海洋大学和华南理工大学为代表的高校。

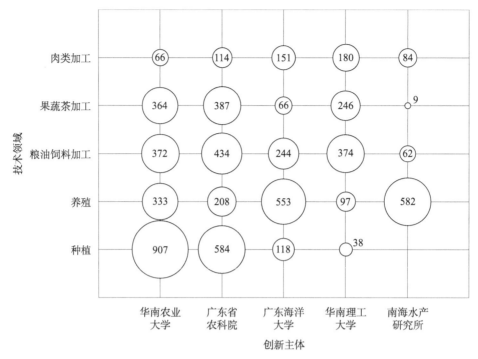

图 2 - 3 - 10　广东省现代农产品与加工产业重点创新主体技术分布

注：图中数字表示申请量，单位为件。

　　整体而言，广东省内高校/科研院所在现代农产品与加工产业各细分领域均有一定的创新实力，省内企业在研发方面可以考虑与相关高校/科研院所进行技术合作、协同发展。

　　（3）清远市创新主体

　　从清远市现代农产品与加工产业创新主体（TOP20）（见图 2 - 3 - 11）来看，清远市创新主体整体创新能力较弱。清远职业技术学院和广东省农科院（清远分院）是清远市内的高校/科研院所，专利申请量分别为 62 件和 35 件，排名第一和第三位。其中清远职业技术学院成立于 2002 年，是清远市人民政府举办的综合性公办高等学校，设有食品药品学院。该学院在校企合作方面表现较为活跃，目前已与 680 多家企业（行业）单位建立合作关系。在现代农产品与加工产业方面，2024 年 3 月其与东秀集团签订校企战略合作协议，就清远鸡产业开展深度合作。图 2 - 3 - 9 和图 2 - 3 - 10 中已充分反映广东省农科院科研实力和现代农产品与加工产业较强的细分领域。2018 年 1 月，清远市政府与广东省农科院举行合作共建广东省农科院清远分院签约仪式，共建广东省农科院（清远分院），推动清远市农业供给侧结构性改革和乡村振兴发展。其中，广东省农科院茶叶研究所围绕英红九号的"品种、品质、品类、品位、品牌"开展全产业链科技创新，是"英红九号"茶树品种选育者、系列产品首创者、公共品牌创建者、核心技术原创者，推动并成就了"英德红茶"著名品牌，创造了"一个品种支撑一个产业"的典范，为英德红茶和广东茶产业高质量发展提供了有力支撑。

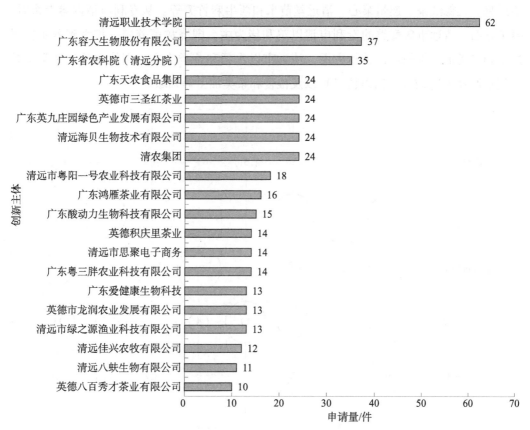

图 2 – 3 – 11　清远市现代农产品与加工产业创新主体排名（TOP20）

注：图中数字表示申请量，单位为件。

从企业创新主体来看，养殖方面的企业有广东天农食品集团、清农集团、清远佳兴农牧有限公司、清远市绿之源渔业科技有限公司等；茶类加工相关的企业有英德市三圣红茶业、广东英九庄园绿色产业发展有限公司、广东鸿雁茶业有限公司、英德积庆里茶业有限公司、英德市龙润农业发展有限公司、英德八百秀才茶业有限公司等；饲料加工相关的企业有广东容大生物股份有限公司、清远海贝生物技术有限公司、广东酸动力生物科技有限公司、广东粤三胖农业科技有限公司、清远八蚨生物有限公司等。

同时，清远的现代农产品与加工产业与广东省农科院（清远分院）深度绑定，例如广东鸿雁茶业有限公司就是广东省农科院茶叶研究所注资成立的科技型茶叶企业，作为研究所的科技成果转化平台，广东省农科院动物科学研究所投资了清远市龙发种猪有限公司。整体而言，清远市创新主体整体创新能力仍有较大上升空间，利用广东省农科院的技术和人才资源，极大地推动了市内现代农产品与加工产业的发展。

从清远市现代农产品与加工产业重点创新主体技术分布（见图 2 - 3 - 12）来看，企业主要还是围绕清远市的农产品特色来进行专利布局的，清远市主要特色农产品有清远鸡、英德红茶、连州菜心、清远丝苗米和西牛麻竹笋等。从专利申请内容上来看，养殖方面，清远市禽畜类的专利申请以鸡和猪为主，围绕禽畜养殖，扩大到养殖饲料加工和肉类加工等领域；种植方面，清远市以水稻和茶类为主，围绕水稻和茶类又扩大到水产养殖（结合水稻田特点）以及粮食和茶类加工等领域。

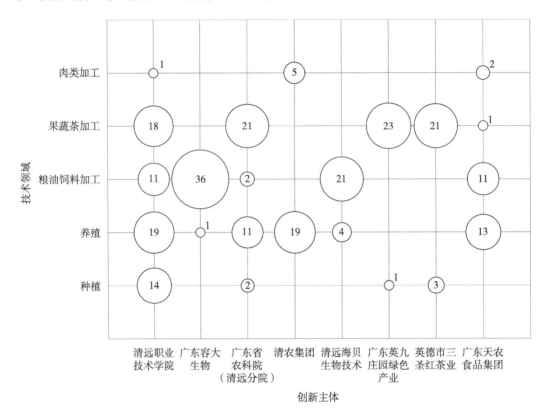

图 2 - 3 - 12　清远市现代农产品与加工产业重点创新主体技术分布

注：图中数字表示申请量，单位为件。

整体而言，清远市的重点创新主体涉及种植、养殖到粮油、饲料、茶类、肉类的加工产业链，但是从细分领域来看，清远市重点创新主体仍然更为重视鸡和猪的养殖、饲料和茶类的加工等技术的研发。

（4）清远市创新发展建议

清远市从现代农产品与加工产业上来看，更为重视其特色产业的知识产权保护。在创新能力方面，清远市政府联合了广东省农科院，充分利用其科研实力和人才队伍，对清远市的特色产业进行了现代化的升级。利用市内高校——清远职业技术学院的人才和科研能力，为清远市培养了一批人才、孵化了一批企业、打造了一批品牌；借助国家政策，推动广东省清远市清城区现代农业产业园入选 2023 年国家现代农业产业园认定名单。由此可见，清远市在现代农产品与加工产业上的产学研合作、人才引进等方面投入了大量的精力，在全面推进乡村振兴和农业农村现代化方面走出了自己的特色道路。

清远市未来可继续加强与广东省内科研机构的合作，扩大与高校/科研院所的合作范围，进一步挖掘清远市产业特色，深化"广清一体化"发展战略，全市推广农业产学研合作模式，围绕"人才、技术、品牌"三位一体地创建清远市现代化农业基地，同时鼓励企业创新，打造现代农产品与加工产业知识产权高地，进入全国一流现代化农业城市行列。

2.4 技术人才培养与引进

本小节主要围绕全球及中国现代农产品与加工产业整体及各分支领域，分析重点城市主要创新人才分布情况及人才培养、引进相关政策，并列出主要创新人才名单，为农业创新主体的人才培养和引进提供数据支持和相关建议。

2.4.1 国内外主要人才概况

图 2-4-1 展示了全球现代农产品与加工产业发明人数量排名前十的国家。由图可见，中国在该产业的发明人数量接近 60 万，人才储备十分充足，是全球发明人数量最多的国家。此外，相较上榜的其余 9 个国家，中国的发明人人均专利量最高，创新动力强劲。

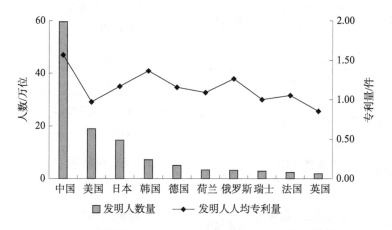

图 2-4-1 全球现代农产品与加工产业各主要国家人才储备情况

表 2-4-1 展示了全球现代农产品与加工产业专利申请量排名领先的发明团队，

俄罗斯、中国和日本发明团队的创新水平尤为突出。排名第一的发明团队来自俄罗斯，该发明团队共有专利申请 18 530 件，大幅领先其余发明团队。其余上榜的发明团队均来自企业，其中来自中国的发明团队包括青岛田瑞科技集团有限公司的曲田桂团队、九阳股份有限公司的王旭宁团队、牧原食品股份有限公司的秦英林团队等，来自日本的发明团队包括株式会社山本制作所的山本惣一团队、井关农机株式会社的石田伊佐男团队、株式会社佐竹制作所的佐竹利彦团队等。

表 2 - 4 - 1　全球现代农产品与加工产业发明人团队专利申请量排名

排名	所属国家	所属单位	第一发明人	合作发明人	专利申请量（件）
1	俄罗斯	КВАСЕНКОВ ОЛЕГ ИВАНОВИЧ	КВАСЕНКОВ ОЛЕГ ИВАНОВИЧ	КАСЬЯНОВ ГЕННАДИЙ ИВАНОВИЧ、 ПЕТРОВ АНДРЕЙ НИКОЛАЕВИЧ 等	18 530
2	中国	青岛田瑞科技集团有限公司	曲田桂	赵永涛、申玉军、张亚炜等	924
3	中国	九阳股份有限公司	王旭宁	王丽军、魏云杰、刘爽等	588
4	日本	株式会社山本制作所	山本惣一	早川文雄、森晴夫、铃木敏彰等	544
5	日本	井关农机株式会社	石田伊佐男	玉井利男、塩崎孝秀、清家理伯等	489
6	日本	株式会社佐竹制作所	佐竹利彦	佐竹觉、保坂幸男、金本繁晴等	452
7	中国	牧原食品股份有限公司	秦英林	钱瑛、苏党林、李楠等	428
8	日本	井关农机株式会社	里路久幸	土居原純二、長井敏郎、岩本浩等	374
9	中国	金菜地食品股份有限公司	麻志刚	韩玉保、何德金、丁国华等	317
10	中国	安徽燕之坊食品有限公司	张丽琍	祁斌、吴雷、张超等	273

图 2 - 4 - 2 展示了我国现代农产品与加工产业发明人数量排名前十的省份，包括

山东省、江苏省、广东省等，可见我国中部和东部省份人才储备较为充足。相较其余上榜的 9 个省份，安徽省的发明人人均专利量最多，接近 2.5 件。

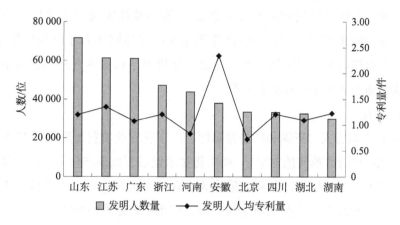

图 2 - 4 - 2　中国现代农产品与加工产业各主要省市人才储备情况

作为我国重要的农业省份，山东省、江苏省、广东省等地高度重视农业领域创新人才的培养和引进，出台多项政策推动相关工作进展。

（1）山东省

青岛市、济南市均是山东省的农业大市，汇聚了大批农业科技创新人才。2020 年，青岛市相关政府部门印发《青岛市优秀乡镇农业技术人才激励办法》（青农规〔2020〕4 号），明确规定，评选通过人员由市农业农村局、市人力资源和社会保障局联合颁发"青岛市优秀乡镇农业技术人才"证书，发放一次性奖励补贴 1.8 万元，在专业技术职务评聘时，在同等条件下优先予以考虑。2023 年，中共青岛市委农业农村委员会出台《关于支持人才投身乡村振兴的若干措施》，提出到 2025 年，农业农村创业基地达到 5 处，每个行政村有创客 1 名以上，农业创新创业人才保持在 3 万人以上。2024 年 6 月，中共济南市委农业农村委员会印发《关于加快打造中国北方种业之都政策措施（2024 版）》的通知，提出加大种业人才引育力度，重点对新引进或自主培养的国内外创新创业顶尖人才（团队），在种业领域拥有关键核心技术或自主知识产权，创新水平居国际一流、国内领先，显著提升济南市种业科技创新影响力的人才给予相应政策支持。

（2）江苏省

2021 年，江苏省印发《关于加快推进乡村人才振兴的实施意见》，提出加强农业农村高科技领军人才队伍建设，国家、省级重大人才工程及人才专项优先支持农业农村领域；健全农业农村科研立项、成果评价、成果转化机制，完善科技人员兼职兼薪、分享股权期权、领办创办企业、成果权益分配等激励办法；省农业技术推广奖等奖项，享受政府特殊津贴人员、有突出贡献的中青年专家、优秀科技工作者、青年科学家等人选推荐选拔，向乡村基层一线专业技术人才、乡土人才和积极参加服务乡村振兴工作的专家人才倾斜。同年，江苏省人民政府办公厅印发《关于支持江苏南京国家农业高新技术产业示范区高质量发展的若干意见》，通过持续实施"人才贷"金融支持政策，引进农业国际化领军人才，加强南京国家农高区与海外人才服务机构交流合作，支持南京国家农高区举办国家级、省级高级人才研修培训班等方式加强南京市国家农高区高层次创新创业人才培养引进工作。

（3）广东省

2021年，广东省人力资源和社会保障厅、广东省农业农村厅印发《广东省农业农村专业人才职称评价改革实施方案》，提出将技术创新、成果转化等方面的能力作为农业技术人才的重点评价指标，专利成果作为农业技术人才和农业工程技术人才能力评价的业绩成果。2022年，广州市科学技术局、广州市农业农村局印发《广州市进一步深化农村科技特派员工作行动方案（2022—2024年)》，通过组织实施一批农村科技特派员项目，鼓励和支持农村科技特派员专家团队赴农业农村基层一线开展科技服务和创新创业，推动更多农业科技成果入乡转化，培养乡村科技人才队伍，帮助农业企业和新型农业经营主体提升创新能力，为实现乡村全面振兴提供重要的科技支撑。

表2-4-2展示了我国现代农产品与加工产业专利申请量排名领先的发明团队，其中来自山东的发明团队有3个，来自安徽的发明团队有2个，河南、四川、浙江、陕西、湖北各有1个发明团队上榜。青岛田瑞科技集团有限公司曲田桂团队以924件专利申请量稳居榜首，展现出卓越的创新能力。此外，上榜的吴常文团队、陈军团队、廖庆喜团队、侯加林团队均来自我国高校，分别产出专利142件、132件、112件、82件，说明我国高校在该产业也拥有丰富的技术储备和人才储备。

表2-4-2 中国现代农产品与加工产业发明人团队专利申请量排名

排名	所属城市	所属单位	第一发明人	合作发明人	专利申请量（件）
1	山东青岛	青岛田瑞科技集团有限公司	曲田桂	赵永涛、申玉军、张亚炜等	924
2	山东济南	九阳股份有限公司	王旭宁	王丽军、魏云杰、刘爽等	588
3	河南南阳	牧原食品股份有限公司	秦英林	钱瑛、苏党林、李楠等	428
4	安徽马鞍山	金菜地食品股份有限公司	麻志刚	韩玉保、何德金、丁国华等	317

排名	所属城市	所属单位	第一发明人	合作发明人	专利申请量（件）
5	安徽合肥	安徽燕之坊食品有限公司	张丽琍	祁斌、吴雷、张超等	273
6	四川成都	成都诚克兄弟蜂业有限公司	张诚	张克思、张友富、张有富等	232
7	浙江舟山	浙江海洋大学	吴常文	徐佳晶、徐梅英、桂福坤等	142
8	陕西咸阳	西北农林科技大学	陈军	韩冰、周建国、陈清宇等	132
9	湖北武汉	华中农业大学	廖庆喜	廖宜涛、舒彩霞、丁幼春等	112
10	山东泰安	山东农业大学	侯加林	吴彦强、李玉华、李天华等	82

2.4.2　主要人才聚集区域与领域

图 2-4-3 展示了现代农产品与加工产业种植领域在我国各主要城市的人才储备情况。北京市发明人数量突破 14000 人，高居全国首位，排名第二至第五位的城市依次为南京市、广州市、成都市、杭州市，这几座城市的发明人数量差距较小。排名前十的城市中，重庆市的发明人人均专利量最高，其余 9 座城市的发明人人均专利量均在 1 件以下。

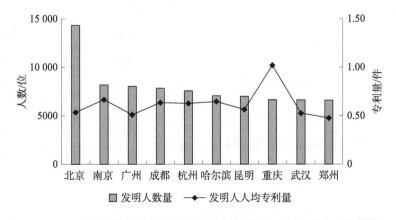

图 2-4-3　中国现代农产品与加工产业种植领域各主要城市人才储备情况

表2－4－3为我国现代农产品与加工产业种植领域发明人数量排名前五城市的主要创新人才，可以看出，高校和研究院人才的创新成果显著。中国农业大学的李洪文、张东兴、杨丽，农业农村部南京农业机械化研究所的张文毅、吴崇友、肖宏儒，华南农业大学的罗锡文、王在满、曾山，四川农业大学的林立金、廖明安、夏惠，浙江理工大学的俞高红、赵匀、武传宇等发明人的专利申请量较多，分别是北京市、南京市、广州市、成都市、杭州市的重点技术研发人员。

表2－4－3　中国现代农产品与加工产业种植领域主要创新人才

城市	所属单位	发明人	专利申请量（件）
北京	中国农业大学	李洪文	126
		张东兴	125
		杨丽	114
		崔涛	120
		何进	115
	中国农业机械化科学研究院集团有限公司	刘立晶	60
		杨学军	50
		苑严伟	42
	北京玉佳明三态离子科学研究院有限公司	仇剑梅	52
		仇剑锋	52
南京	农业农村部南京农业机械化研究所	张文毅	156
		吴崇友	152
		肖宏儒	135
		宋志禹	133
		张敏	104
	南京农业大学	万建民	52
		江玲	46
		吴俊	24
	江苏省农业科学院	吕晓兰	31
		蒋宁	19

城市	所属单位	发明人	专利申请量（件）
广州	华南农业大学	罗锡文	82
		王在满	68
		曾山	55
		杨洲	52
	广东省科学院微生物研究所 （广东省微生物分析检测中心）	胡惠萍	42
	中国科学院华南植物园	曾宋君	54
		吴坤林	49
		段俊	36
		郑枫	24
	仲恺农业工程学院	张日红	27
成都	四川农业大学	林立金	103
		廖明安	81
		夏惠	74
		唐懿	72
	四川大学	梁德富	68
	四川省农业机械科学研究院	易文裕	35
		王攀	31
		邓佳	31
	四川省农业科学院园艺研究所	李靖	34
		涂美艳	31
杭州	浙江理工大学	俞高红	121
		赵匀	114
		武传宇	109
	中国水稻研究所	朱德峰	97
		陈惠哲	59
	浙江大学	王俊	94
		吴殿星	80
		王永维	49
	杭州木木生物科技有限公司	陈相涛	32
		陈芳芳	32

部分发明人介绍如下。

（1）李洪文

李洪文，中国农业大学工学院教授、教育部特聘教授、山东省泰山学者特聘教授，长期从事保护性耕作技术与装备研究，发表论文 180 多篇，其中 SCI 收录 20 多篇，承担科技部、农业农村部、国家自然科学基金等项目。曾获国家科技进步奖、神农中华农业科技奖、北京市发明专利奖、全国优秀科技工作者、全国农业科技推广标兵、全国优秀农业科技工作者等荣誉。

（2）张文毅

张文毅，农业农村部南京农业机械化研究所导师、原农业部水稻生产机械化专家组秘书长。主要从事农业机械装备研发工作，重点研究方向为高速精量播种、全自动高效移栽、中耕除草机器人、智能化精准控制系统。主持或参与国家科技支撑计划、国家重点研发计划、公益性行业科研专项、科技部成果转化项目、行业标准项目、江苏省科技支撑计划项目等多项科研项目，其中"毯状秧苗的栽植工艺规程及浅栽机械研究"获中国农业科学院科学技术一等奖。

（3）罗锡文

罗锡文，农业机械化工程专家，中国工程院院士，华南农业大学教授、博士生导师。主要研究领域为水田精准平整技术与机具、水稻精量穴播技术与机具、农业机械导航关键技术与装备、农业航空关键技术和农情信息获取关键技术。首创同步开沟起垄施肥水稻精量穴播技术体系，研制成功的水稻精量穴播机和水田激光平地机居国际领先水平。曾获教育部技术发明一等奖、教育部科技进步一等奖、广东省农业技术推广一等奖等多个奖项。

（4）林立金

林立金，四川农业大学副教授、副研究员。主要从事果园土壤修复及果树逆境生理生态研究工作。主持、主研省部级科研项目 10 余项，发表论文 100 余篇，主研选育果树新品种 5 个，荣获四川省科技进步一等奖 1 项，二等奖 2 项。

（5）俞高红

俞高红，浙江理工大学教授，中国农业机械学会丘陵山区农林机械分会副主任委员、设施园艺与果蔬机械分会副主任委员，主要从事农业种植装备创新设计以及机构学方面的研究工作，特别是在水旱田自动移栽技术与装备方面有深入的研究。先后入选国家和浙江省相关人才计划、国家重点研发计划项目负责人，研究成果获国家技术发明奖二等奖、教育部优秀科研成果奖二等奖等奖项。

图 2-4-4 展示了现代农产品与加工产业养殖领域在我国各主要城市的人才储备情况。全国发明人数量排名第一至第五名的城市依次为北京市、广州市、上海市、青岛

市、武汉市。排名前十的城市中，青岛市和重庆市的发明人人均专利量均高于 1 件，其余 8 座城市均在 1 件以下。

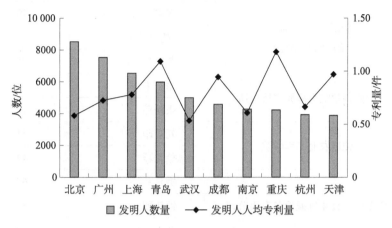

图 2-4-4　中国现代农产品与加工产业养殖领域各主要城市人才储备情况

　　表 2-4-4 为我国现代农产品与加工产业养殖领域发明人数量排名前五城市的主要创新人才。北京市的重点人才包括中国农业大学的李保明、施正香、陈刚等发明人，广州市的重点人才包括中国水产科学研究院南海水产研究所的陶启友、胡昱、黄小华等发明人，上海市的重点人才包括中国水产科学研究院东海水产研究所的庄平、冯广朋、王鲁民等发明人，青岛市的重点人才包括山东新希望六和集团有限公司的许毅、郑荷花、王冲等发明人，武汉市的重点人才包括武汉中畜智联科技有限公司的黄旭、李传成、肖凯等发明人。

表 2-4-4　中国现代农产品与加工产业养殖领域主要创新人才

城市	所属单位	发明人	专利申请量（件）
北京	中国农业大学	李保明	77
		施正香	53
		陈刚	41
	中国农业科学院北京畜牧兽医研究所	熊本海	69
		杨亮	61
	北京京鹏环宇畜牧科技股份有限公司	高继伟	66
		王浚峰	32
	正元合谷（北京）健康科技发展有限公司	翟大福	42
	中国农业科学院蜜蜂研究所	李建科	34
		韩宾	32

城市	所属单位	发明人	专利申请量（件）
广州	中国水产科学研究院南海水产研究所	陶启友	79
		胡昱	78
		黄小华	75
	中国科学院南海海洋研究所	喻子牛	74
		张跃环	70
	仲恺农业工程学院	刘双印	44
		徐龙琴	42
	广东广兴牧业机械设备有限公司	钟日开	67
		钟伟朝	56
		罗土玉	49
上海	中国水产科学研究院东海水产研究所	庄平	126
		冯广朋	118
		王鲁民	113
		王磊	106
	上海海洋大学	胡庆松	64
		李家乐	50
		陈雷雷	49
	中国水产科学研究院渔业机械仪器研究所	刘兴国	94
		车轩	55
	上海能正渔业科技开发有限公司	阳清发	67
青岛	山东新希望六和集团有限公司	许毅	113
		郑荷花	110
		王冲	107
	中国海洋大学	李琪	93
		于瑞海	87
	中国水产科学研究院黄海水产研究所	李健	73
		关长涛	67
		黄滨	58
	青岛海兴智能装备有限公司	杨波	65
		杨涛	32

城市	所属单位	发明人	专利申请量（件）
武汉	武汉中畜智联科技有限公司	黄旭	51
		李传成	44
		肖凯	36
	水利部中国科学院水工程生态研究所	陈小娟	40
	华中农业大学	何绪刚	27
		王卫民	25
		黎煊	22
	中国科学院水生生物研究所	解绶启	27
		杨移斌	27
	武汉百瑞生物技术有限公司	刘汉勤	23

部分发明人介绍如下。

（1）李保明

李保明，中国农业大学水利与土木工程学院教授、博士生导师，农业农村部设施农业工程重点实验室学科群主任，先后在美国、丹麦、德国、荷兰和加拿大等高校和科研单位作访问教授。主要从事设施农业工程工艺与环境控制、畜禽健康环境与福利养殖工程、现代农业产业园区规划等领域的教学科研工作。主持完成国家和省部级科研项目 30 余项，发表学术论文 350 余篇，其中 SCI/EI 收录论文 100 余篇，获国家和省部级科技成果奖 10 项。

（2）喻子牛

喻子牛，中国科学院南海海洋研究所责任研究员，主要研究领域为水产动物遗传育种、分子生物学。在国内首次系统突破了砗磲的人工繁育技术，成功建立了规模化苗种生产、中间培育和人工放流增殖技术，为南海砗磲的资源恢复、生态利用奠定了良好的技术基础。曾获海洋科学技术奖一等奖、海洋工程科学技术奖一等奖、广东省科技进步奖一等奖等奖项。

（3）庄平

庄平，理学博士，二级研究员，现任中国水产科学研究院东海水产研究所所长，主要从事河口海岸渔业生态学和资源保护研究。共主持国家重点科研项目 70 余项，发表论文 362 篇（其中 SCI 收录论文 62 篇），并拥有授权发明专利 42 项、实用新型专利 77 项。曾获国家科学技术进步奖二等奖，上海市科技进步奖一等奖，全国农牧渔业丰收奖、国家海洋创新成果一等奖等奖项。

（4）李琪

李琪，中国海洋大学水产学院教授，主要从事海洋经济贝类苗种培育技术、繁殖生物学、遗传育种学、系统分类学、群体遗传学等方向/领域的研究。在海产贝类种质资源遗传多样性评价、优良品种培育等领域有系统科学发现和学术创新，创建了贝壳、软体组织、DNA库相配套的海洋贝类种质资源保存体系，建立了国内规模最大的海洋贝类DNA条形码数据库。曾获教育部自然科学奖二等奖、国家海洋局海洋科技创新成果二等奖等奖项。

（5）陈小娟

陈小娟，水生生物学博士，水利部中国科学院水工程生态研究所副所长，现主要从事生态规划、生态毒理、生物监测等方面的研究工作。参加完成科研项目10余项，包括水利部948项目"藻类在线水体生态毒性监测系统"、水利部财政预算项目"三峡水库消落区生态环境调查"等项目。曾获大禹水利科学技术奖科技进步一等奖、湖北省优秀工程勘察设计奖二等奖等奖项。

图2-4-5展示了现代农产品与加工产业粮油饲料加工领域在我国各主要城市的人才储备情况。全国发明人数量排名第一至第五名的城市依次为北京市、广州市、郑州市、上海市、成都市。在排名前十的城市中，青岛市的发明人人均专利量最高，超过1.5件，其余9座城市的发明人人均专利量差距较小，均在1件以下。

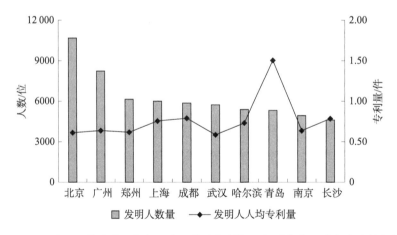

图2-4-5 中国现代农产品与加工产业粮油饲料加工领域各主要城市人才储备情况

表2-4-5为我国现代农产品与加工产业粮油饲料加工领域发明人数量排名前五城市的主要创新人才。北京市、广州市高校/科研院所创新实力强劲，上海市创新主体中企业的研发水平更为突出。中国农业科学院农产品加工研究所的张春江、胡宏海、刘倩楠等发明人为北京市的重点人才，广州英赛特生物技术有限公司的彭险

峰、覃宗华等发明人为广州市的重点人才，郑州市新农源绿色食品有限公司的李胜利、蒋方等发明人为郑州市的重点人才，丰益（上海）生物技术研发中心有限公司的姜元荣、张余权、郑妍为上海市的重点人才，通威股份有限公司的张璐、米海峰、王用黎为成都市的重点人才。

表 2 - 4 - 5 中国现代农产品与加工产业粮油饲料加工领域主要创新人才

城市	所属单位	发明人	专利申请量（件）
北京	中国农业科学院农产品加工研究所	张春江	62
		胡宏海	62
		刘倩楠	60
	北京大北农科技集团股份有限公司	王安如	51
		负桂玲	35
		韩科厅	37
	中国农业大学	张日俊	26
		崔涛	25
	中国农业科学院饲料研究所	刁其玉	48
		杨培龙	26
广州	广州英赛特生物技术有限公司	彭险峰	60
		覃宗华	38
	广东省农业科学院蚕业与农产品加工研究所	张名位	59
		张雁	58
		邓媛元	53
	华南理工大学	蔡俊鹏	41
		赵谋明	30
	广东省农业科学院动物科学研究所	蒋宗勇	39
		王丽	37
	华南农业大学	江青艳	26
郑州	郑州新农源绿色食品有限公司	刘吴阳	75
		李胜利	47
		蒋方	31
	河南工业大学	卞科	41
		李利民	33
		郑学玲	32

城市	所属单位	发明人	专利申请量（件）
郑州	河南联合英伟饲料有限公司	赵小中	41
		吴红云	30
	白象食品股份有限公司	姚忠良	30
		李芳	21
上海	丰益（上海）生物技术研发中心有限公司	姜元荣	96
		张余权	49
		郑妍	40
	上海清美绿色食品（集团）有限公司	沈建华	48
		李立	41
		袁辉	25
	上海创博生态工程有限公司	江瀚	38
		马正驰	21
	上海应用技术大学	周一鸣	21
		周小理	21
成都	通威股份有限公司	张璐	61
		米海峰	56
		王用黎	36
	西华大学	车振明	48
		邢亚阁	29
		刘平	21
	四川省食品发酵工业研究设计院有限公司	任元元	29
		邹育	29
	四川农业大学	冯琳	23
		周小秋	23

部分发明人介绍如下。

（1）张春江

张春江，中国农业科学院农产品加工研究所高级工程师、硕士生导师，长期从事中式菜肴工程化研发工作。主要研究领域包括中式菜肴品质形成与控制、中式菜肴工程化加工与装备和食品自热技术研究。主持承担国家、企业横向等相关课题10余项，发表论文30余篇，拥有授权国家发明专利49件，制定国家、行业标准4项。曾获省部级奖励一等奖、中国专利优秀奖等奖项。

（2）彭险峰

彭险峰，博士毕业于华南农业大学兽医药理学与毒理学专业，2008 年创立广州英赛特生物技术有限公司，专注于高价值专利化合物的创新型兽药及饲料添加剂的研发。彭险峰博士主导了公司每一个研发项目，包括分子设计及整个研发过程。经过 10 多年的持续研发，公司已获授权发明专利近 70 余项，其中 2020 年以 450 万美元转让 1 件新球虫药专利给美国动保企业，开创了中国畜牧兽医行业历史上的先河。

（3）李胜利

李胜利，郑州新农源绿色食品有限公司董事长、中国大豆产业协会常务理事，其公司致力于为消费者提供新鲜、健康、绿色的豆制品。李胜利带领团队在"大豆之乡"黑龙江逊克县建立了 15 000 亩的大豆种植基地；通过恒温微生物发酵技术、酸浆工艺点制技术、熟浆制作工艺、巴氏杀菌等先进技术生产出一批批健康豆腐；开设创立了预包装产品，隔绝了污染与空气中的所有有害物质、保留了原有的营养成分，通过 KA 系统、生鲜连锁超市等渠道传递给消费者。

（4）姜元荣

姜元荣，博士，研究员，益海嘉里集团研发总监、丰益（上海）生物技术研发中心有限公司总经理。任中国粮油学会油脂分会副会长、全国粮油标准化技术委员会油脂油料分技术委员会副秘书长，累计发表科研论文 100 多篇。系列创新成果多次获中国粮油学会科学技术奖、上海市科技进步奖、湖北省科技进步奖、神农中华农业科技奖等，引领并推动了中国粮油科技升级和高质量发展。

（5）张璐

张璐，博士、研究员，毕业于中国海洋大学，现任通威股份有限公司副总裁。从事养殖技术、饲料加工技术、动物营养与饲料等方面的应用研究，先后主持研制、开发和产业化"通威"多个系列饲料产品，大力助推通威牌水产饲料获得"国家名牌产品""四川名牌产品"等称号。先后获得国家科技进步奖二等奖、神农中华农业科技一等奖、四川省科学技术进步奖一等奖等奖项。

图 2 - 4 - 6 展示了现代农产品与加工产业果蔬茶加工领域在我国各主要城市的人才储备情况。全国发明人数量排名第一至第五名的城市依次为广州市、北京市、杭州市、成都市、重庆市。在排名前十的城市中，重庆市和青岛市的发明人人均专利量均超过 1 件，其余 8 座城市的发明人人均专利量均在 1 件以下。

表 2 - 4 - 6 为我国现代农产品与加工产业果蔬茶加工领域发明人数量排名前五城市的主要创新人才。来自广东省农业科学院蚕业与农产品加工研究所的徐玉娟、吴继军、余元善，来自中国农业科学院农产品加工研究所的毕金峰、胡宏海、刘倩楠，来自中国农业科学院茶叶研究所的袁海波、邓余良、尹军峰，来自西华大学的车振明、

邢亚阁，来自重庆市农业科学院的钟应富、袁林颖、张莹等发明人分别是广州市、北京市、杭州市、成都市、重庆市的重点人才。

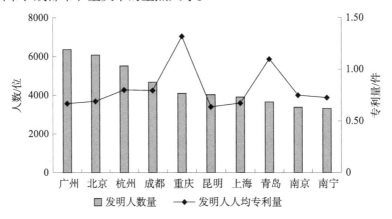

图2－4－6　中国现代农产品与加工产业果蔬茶加工领域各主要城市人才储备情况

表2－4－6　中国现代农产品与加工产业果蔬茶加工领域主要创新人才

城市	所属单位	发明人	专利申请量（件）
广州	广东省农业科学院蚕业与 农产品加工研究所	徐玉娟	78
		吴继军	67
		余元善	60
		温靖	43
	广东省农业科学院茶叶研究所	操君喜	49
		孙世利	40
		孙伶俐	34
	华南农业大学	杨洲	37
		吕恩利	31
		王登良	30
北京	中国农业科学院农产品加工研究所	黄立海	87
		毕金峰	71
		胡宏海	65
		刘倩楠	64
		张泓	61
	北京市农林科学院	王清	41
		左进华	40
		高丽朴	26

续表

城市	所属单位	发明人	专利申请量（件）
北京	国投中鲁果汁股份有限公司	冷传祝	34
		辛刚	28
杭州	中国农业科学院茶叶研究所	袁海波	121
		邓余良	106
		尹军峰	99
		江用文	87
	浙江省农业科学院	郜海燕	53
		陈杭君	50
		房祥军	37
	浙江丰凯机械股份有限公司	苏和生	93
		苏鸿	78
		洪勇	62
成都	西华大学	车振明	50
		邢亚阁	33
	四川省农业科学院农产品加工研究所	朱永清	45
		李华佳	22
	四川农业大学	秦文	34
		刘耀文	28
		胡灿	20
	四川省食品发酵工业研究设计院有限公司	张其圣	30
		陈功	27
		李恒	26
重庆	重庆市农业科学院	钟应富	51
		袁林颖	42
		张莹	39
		邬秀宏	34
	重庆德庄农产品开发有限公司	李德建	31
		张丽	29
		唐毅	18
	西南大学	曾凯芳	29
		邓丽莉	24
		姚世响	16

部分发明人介绍如下。

（1）徐玉娟

徐玉娟，二级研究员，博士生导师，现任广东省农业科学院蚕业与农产品加工研究所所长，兼任农产品加工省部共建重点实验室培育基地副主任，从事果蔬保鲜与加工科研工作 20 余年，先后主持国家科技支撑计划、公益性行业科研专项、广东省自然科学基金项目等国家和省级科技项目 40 多项，其中省级以上成果奖 18 项，主编英文专著 1 部，参编著作 5 部（编委），发表论文 200 多篇；参与制定行业标准 1 项、地方标准 2 项。

（2）毕金峰

毕金峰，食品科学与工程专业博士，研究员、博士生导师，任中国农业科学院农产品加工研究所果蔬研究室副室主任。主要研究果蔬加工特性、品质评价与过程控制技术，包括果蔬加工特性研究与品质评价技术、果蔬加工过程中营养和功能组分变化规律与控制技术等。曾主持或参加"十一五"863 计划、"十一五"国家科技支撑计划、"十二五"国家科技支撑计划、国家自然科学基金重点项目等国家和地方科技项目及企业横向项目，曾获得中国食品科学技术学会技术发明奖二等奖。

（3）袁海波

袁海波，中国农业科学院茶叶研究所茶业加工工程研究中心主任，研究员，主要从事茶叶加工技术与品质调控的研究工作，研究领域包括茶叶加工技术与装备创新、特色茶品质调控与定向加工等。先后主持国家基金、省基金、科技部重大专项子课题。曾获浙江省科技进步奖二等奖、中国农业科学院科学技术成果奖、浙江省专利优秀奖等奖项。

（4）车振明

车振明，西华大学二级教授，食品科学与工程系主任、食品工程研究所所长。2005 年以来，共承担国家及省级以上科研项目 7 项，以及市、县政府和企业委托项目 30 多项，在国内外发表学术论文 70 余篇，先后有 12 项成果通过省部级鉴定。曾获四川省科技进步奖三等奖、成都市科技进步一等奖等奖项。

（5）钟应富

钟应富，重庆市农业科学院茶叶研究所茶叶加工与装备创新团队首席专家、研究员，先后主持各级科技项目 28 项，参加课题 30 余项，发表科技论文近 100 篇，获科技成果奖 6 项。荣获中国茶叶学会全国优秀茶叶科技工作者、重庆市化医农林水利工会委员会"金牌工匠"、中共重庆市农业农村工作委员会优秀共产党员等荣誉。

图 2 - 4 - 7 展示了现代农产品与加工产业肉类加工领域在我国各主要城市的人才储备情况。全国发明人数量排名前五的城市依次为北京市、广州市、青岛市、上海市、

成都市。在排名前十的城市中，青岛市和重庆市的发明人人均专利量均超过 1 件，其余 8 座城市的发明人人均专利量均在 1 件以内。

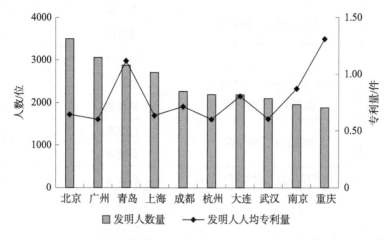

图 2-4-7　中国现代农产品与加工产业肉类加工领域各主要城市人才储备情况

表 2-4-7 为我国现代农产品与加工产业肉类加工领域发明人数量排名前五城市的主要创新人才。中国农业科学院农产品加工研究所的张德权、王振宇、陈丽等发明人是北京市的重点人才，中国水产科学研究院南海水产研究所的李来好、杨贤庆、吴燕燕等发明人是广州市的重点人才，青岛建华食品机械制造有限公司的杨华建、马转红、孙胜斌等发明人是青岛市的重点人才，上海海洋大学的谢晶、王金锋、王锡昌等发明人是上海市的重点人才，成都大学的王卫、张佳敏、白婷等发明人是成都市的重点人才。

表 2-4-7　中国现代农产品与加工产业肉类加工领域主要创新人才

城市	所属单位	发明人	专利申请量（件）
北京	中国农业科学院农产品加工研究所	张德权	70
		王振宇	54
		陈丽	51
		张春江	48
	中国肉类食品综合研究中心	乔晓玲	48
		王守伟	46
		张顺亮	41
	中国农业科学院北京畜牧兽医研究所	孙宝忠	36
		李海鹏	30
	北京二商健力食品科技有限公司	王宇	24

续表

城市	所属单位	发明人	专利申请量（件）
广州	中国水产科学研究院 南海水产研究所	李来好	53
		杨贤庆	51
		吴燕燕	50
	广东省农业科学院蚕业与 农产品加工研究所	张业辉	43
		刘学铭	38
	仲恺农业工程学院	白卫东	33
		曾晓房	24
	广州回味源蛋类食品有限公司	戴建国	26
	华南理工大学	孙大文	22
		赵谋明	20
青岛	青岛建华食品机械制造有限公司	杨华建	115
		马转红	52
		孙胜斌	55
	山东新希望六和集团有限公司	黄河	76
		李鑫	62
		杨玉英	27
	中国海洋大学	薛长湖	68
		薛勇	42
		李兆杰	39
		王玉明	32
上海	上海海洋大学	谢晶	87
		王金锋	65
		王锡昌	43
		施文正	34
	中国水产科学研究院渔业 机械仪器研究所	沈建	52
		郑晓伟	45
		徐文其	30
	上海来伊份股份有限公司	张丽华	19
		施永雷	16
		郁瑞芬	13

城市	所属单位	发明人	专利申请量（件）
成都	成都大学	王卫	102
		张佳敏	69
		白婷	63
		吉莉莉	43
		刘达玉	37
	四川大学	赵志峰	25
		高颖	12
		刘福权	10
	成都希望食品有限公司	李琴	18
		向丹	17

部分发明人介绍如下。

（1）张德权

张德权，农产品加工与贮藏工程专业博士、二级研究员，现任中国农业科学院农产品加工研究所副所长。主要研究生鲜肉智能物流保鲜、传统肉制品绿色加工、营养肉制品精准制造方向。曾主持、参与承担"十五"国家科技攻关计划、"十一五"国家科技支撑计划、公益性行业（农业）科研专项等相关课题近 16 项，发表学术论文170 余篇，获授权专利 57 项。曾获国家科技进步奖二等奖、神农中华农业科技奖一等奖、北京市科学技术奖二等奖等奖项。

（2）李来好

李来好，二级研究员，博士生导师，任中国水产科学研究院南海水产研究所副所长、国家水产品加工技术研发中心主任，长期从事水产品加工、水产品质量安全与水产标准化等工作。发表学术论文 200 多篇，出版专著 11 部。曾获各级科技奖励 30 项次，包括国家级二等奖、省（部）级一等奖、厅（局）级一等奖等。

（3）黄河

黄河，研究员，长期从事科技管理工作，国家、山东省和青岛市科技项目评审专家，曾获"青岛市拔尖人才"称号。自 2005 年以来，致力于科研项目管理、专利管理、创新平台建设、品牌建设等工作，成果丰硕。

（4）谢晶

谢晶，上海海洋大学科技处处长，博士生导师，制冷及低温工程学科食品冷冻学方向教授，任中国食品科学技术学会青年工作委员会副主任委员、中国制冷学继续教育工作委员会委员。主编《食品冷藏链技术与装置》《食品冷冻冷藏原理与技术》等著作 10

余部，担任《制冷学报》《食品工业科技》《上海海洋大学学报》编委及 *Aquaculture & Fisheries* 副主编。曾以第一完成人获得上海市技术发明奖一等奖、二等奖。

（5）王卫

王卫，硕士生导师，省级教学名师，现任成都大学生物产业学院院长、四川省学术和技术带头人。在传统肉制品现代化改造、现代工艺技术应用研究、优质绿色肉制品开发、副产综合高效利用研究、农产品储运流通技术集成应用等领域取得多项具独立知识产权的技术成果，发表论文70余篇（SCI论文20余篇），出版著作12本（部），指导建立农产品产业化及肉制品加工基地20余个，获四川省科技进步奖10项、行业及成都市科技进步奖9项。

2.4.3 高精尖人才的培养与引进

当前，中国在现代农产品与加工产业的创新人才储备已形成规模，多家优势企业和顶尖高校/科研院所具备高质量创新团队。随着现代农产品与加工产业规模的扩大及国家对该产业创新的重视，我国对于相关人才的需求也将进一步扩大。基于我国重点城市现代农产品与加工产业的创新发展现状和人才储备情况，以下将从人才培养和引进的角度提出建议。

（1）产学合作协同育才

我国多个重点城市如北京市、广州市、成都市均拥有顶尖的农业类高校，为当地现代农产品与加工产业创新发展提供重要动力。高校具备丰富的学术研究资源和人才储备，企业则拥有更多可落地的实践经验，并能为高校人才带来众多实践机会。整合校企资源，可以培养出适合行业、企业需要的应用型人才。如高校与企业共建实验室和研发平台，共同承担教学任务，开设符合当地发展特色的专业课程，实现理论与实践的深度融合；同时，高校可根据企业需求，制定针对性的人才培养方案，实现人才培养与企业需求的无缝对接。

（2）多样化方式引进人才

各地结合自身发展的重点和薄弱点锻长板、补短板，通过多种方式引进对应领域人才。如鼓励拥有关键技术的科研人才以技术入股、技术开发、技术转让等方式与企业合作；支持农业企业建立博士后科研工作站和院士工作站，鼓励高层次农业专业人才到企业工作，共同推动农业产业的技术升级与发展；产业创新发展相对落后的城市可引进农业高校分校，促进创新人才的培养和聚集。

（3）强化人才激励机制

在我国重点城市推出的一系列农业发展相关政策中，人才激励是至关重要的部分。创建人才评价制度、实施金融支持政策、加大奖补力度、提供培训学习机会等方式可以有效推动创新人才的引进和技能提升。

第 3 章　品牌建设篇

品牌建设是一个非常宽泛的概念。从品牌效益看，2012～2022 年我国农业品牌目录区域公用农产品产量增长近 55%，销售额增长近 80%，带动当地农民增收 65%。❶农业品牌是农业核心竞争力的综合体现，是农业强国的重要标志。品牌建设，离不开知识产权的保护与管理。农业知识产权是一种无形的资产，而如何让这些无形资产逐步增值，有赖于对知识产权的合理保护，将知识产权的申报和保护纳入知名品牌的全过程中，提高农业竞争力，从而更有力地促进品牌建设。

什么是农业知识产权？它包括涉农专利、商标、地理标志、非物质文化遗产，农业商业秘密等多种类型，这些"有生命"的知识产权各有特色且价值重大。2022 年，文化和旅游部、国家知识产权局等十部门联合印发了《关于推动传统工艺高质量传承发展的通知》，其中指出，要"加强传统工艺相关知识产权保护，综合运用著作权、商标权、专利权、地理标志等多种手段，保护创新成果，培育知名品牌"，并提出支持利用非物质文化遗产节等方式拓宽传统工艺产品的推介、展示、销售渠道。鼓励在非物质文化遗产旅游体验基地、特色村镇、街区，以及民族村寨建设中，将传统工艺资源融入旅游产品和旅游线路，推动传统工艺保护与旅游发展相融合。本章将从地理标志、商标、非物质文化遗产三个角度来谈谈如何利用农业知识产权助力品牌建设，实现乡村振兴。

3.1　地理标志

地理标志是《与贸易有关的知识产权协定》（TRIPS）所确定的七大类知识产权之一。最早对地理标志进行保护的是法国，1883 年的《保护工业产权巴黎公约》是第一个将地理标志纳入保护范围的国际公约。目前，国际上地理标志的概念是在《保护工业产权巴黎公约》"货源标记"和"原产地名称"的基础上建立发展起来的。TRIPS 协定中将地理标志定义为"用以识别某一商品来源于成员领土或其领土内的某一区域或

---

❶　擦亮农业品牌　中国十年交出这样一份答卷［EB/OL］．［2023－05－21］．https：//mp. weixin. qq. com/s/2wwBQYByyGGphx3UItIqag.

地方，且其特定质量、声誉或其他特性主要归因于该商品地理来源的标识"。我国2019年修订的《中华人民共和国商标法》（以下简称《商标法》）规定地理标志是指"标示某商品来源于某地区，该商品的特定质量、信誉或者其他特征，主要由该地区的自然因素或者人文因素所决定的标志"。目前，我国有地理标志产品、地理标志证明（集体）商标和地理标志农产品三种不同渠道的保护模式，分别通过国家知识产权局、国家知识产权局商标局和农业农村部三个系统申请注册和登记。

（1）地理标志产品保护

我国地理标志产品保护体系，借鉴了法国地理标志保护的相关经验。此前，该保护体系主要通过原国家质量监督检验检疫总局2005年出台的《地理标志产品保护规定》进行保护，而国家知识产权局于2023年出台、2024年实施的《地理标志产品保护办法》，成为目前地理标志产品保护的主要依据。

《地理标志产品保护办法》第二条中对地理标志产品作出了解释："本办法所称地理标志产品，是指产自特定地域，所具有的质量、声誉或者其他特性本质上取决于该产地的自然因素、人文因素的产品。"在产品范围方面，将地理标志产品分为种植、养殖的初级产品和加工产品两类，相比《商标法》更加细分了地理标志产品的类型。

在申请注册程序方面，采取两级审批的方式。先由申请人按照规定向省级知识产权管理部门提出保护申请，省级知识产权管理部门进行初审后提出审查意见；再交由国家知识产权局进行复审，复审分为形式审查和技术审查，国家知识产权局对申请进行形式审查通过后，组织相应专家委员会进行技术审查，最后批准保护。

在申请主体方面，新出台的《地理标志产品保护办法》将申请主体调整为县级以上人民政府或者其指定的具有代表性的社会团体、保护申请机构，意味着当地政府可以直接作为主体进行申请，相比此前的规定更具有行政主导色彩。在产地范围划分方面，由当地政府提出产地范围建议：产地在县域范围内的产品，应由当地县级政府提出范围建议；如果产地跨越多个县区，应由地市级政府提出划分建议；若产地跨市范围，则应由省级政府提出划分建议。申请人应提交拟申请的地理标志产品的产地范围，所具有的质量特色及其与产地的关联程度，生产技术规范，知名度，产品生产、销售情况及历史渊源的说明，产品的技术标准等证明材料。

在专用标志使用许可方面，产地范围内符合条件的生产者需要向当地知识产权管理部门提交申请，先由当地知识产权管理部门进行产地核验，并由省级知识产权管理部门审核，国家知识产权局审查登记并发布公告后，生产者才可以使用地理标志专用标志。

在地理标志产品变更方面，新的保护办法规定了两种变更程序：一是对于仅改变保护要求，但并不更改产品的质量特色或形态、名称、产地范围等实质性要素的情况，只需进行形式审查，审查通过后由国家知识产权局发布相关公告。而对涉及产品质量特色、产品范围等实质性内容更改的情况，则需要经过专家技术审查，并经过异议期后，才可正式变更。

在撤销程序方面，任何单位和个人可向国家知识产权局提交撤销申请，由国家知识产权局进行审查之后，决定是否撤销，被申请人对于撤销结果不服的，可以向法院起诉。

在地理标志保护方面，新的保护办法在内容和程序上更加完善，主要规定的八项具体违法行为和一项兜底条款，其中具体违法行为又分为四项针对地理标志产品名称的使用行为和三项地理标志专用标志的使用行为。相较于此前的规定，在保护力度方面具有加大的提升。但在救济途径方面，仍然采取行政执法的手段对违法行为进行打击，并未明确规定其他救济途径。

（2）地理标志证明（集体）商标保护

我国地理标志的商标法保护始自 2001 年《商标法》第二次修改。地理标志的概念规定在该法第 16 条第 2 款——"前款所称地理标志，是指标示某商品来源于某地区，该商品的特定质量、信誉或者其他特征，主要由该地区的自然因素或者人文因素所决定的标志"。

商标法对地理标志的保护包括积极保护和消极保护两种方式。所谓积极保护是指允许将地理标志注册为证明商标或者集体商标，从而获得商标专用权的保护。地理标志申请、注册流程主要规定在《集体商标、证明商标注册和管理规定》。地理标志的申请主体除了需要符合集体商标和证明商标基本条件，考虑到地理标志的特殊性，还需另外提供当地人民政府或主管部门的批准文件，以证明其具备申请资格。同时，为了保证申请人具备相应的监管和对产品的检测能力，还需要提供申请人或者委托的机构具有专业技术人员、专业检测设备等情况的说明。此外，在申请文件中，申请人还应当说明该地理标志所标示的具体区域范围、产品具有的特定质量等特征，以及这些特征与该地区自然因素和人文因素的关联性。

《中华人民共和国商标法实施条例》（以下简称《商标法实施条例》）规定了地理标志的使用条件。产品符合地理标志证明商标或集体商标使用条件的主体，可以向商标持有人申请使用该证明标志，或者加入该集体协会从而使用该集体商标；同时为了防止相关协会滥用权利，该规定赋予了对于符合使用条件的主体在不加入协会或团体的情况下，也能够正当使用该地理标志的权利。

我国《商标法》对地理标志的消极保护主要表现为两个方面：一是禁止地名商标的使用，二是禁止虚假地理标志作为商标的注册和使用。禁止地名商标的使用，主要体现在《商标法》第 10 条第 2 款。地理标志通常是由地名＋产品名称所构成的，由于我国早期《商标法》并未禁止地名商标的注册和使用，这使得二者在实践中极易发生相互冲突。2001 年《商标法》修改，禁止了县级以上行政区划的地名以及公众知晓的外国地名作为商标使用，防止具有公共利益的地名落入私主体之手，同时也在一定程度上避免地名商标与地理标志产生冲突。禁止虚假地理标志作为商标注册和使用规定在《商标法》第 16 条，该条主要是为了规制产地之外的生产者注册地理标志误导公众的行为。

此外，为了达到 TRIPS 中关于葡萄酒、烈酒的保护要求，我国在《集体商标、证明商标注册和管理规定》第 8 条规定了对于葡萄酒和烈性酒的特殊保护。对于使用已经注册的地理标志商标标识并非来源于该地理标志所指示的地区的葡萄酒、烈性酒，即使同时标明了真实来源地，或者使用的是翻译文字，或者伴有"种""型""式""类"以及其他类似表述行为也应被禁止。

（3）农产品地理标志保护

农产品地理标志主要通过原农业部发布的《农产品地理标志管理办法》进行保护，该保护体系的建立使得我国地理标志保护正式形成了"三足鼎立"的局面。但 2022 年3 月，农业农村部已经暂停农产品地理标志登记，农产品地理标志保护目前处于停滞状态。该办法从农产品的角度对地理标志作出了定义："本办法所称农产品地理标志，是指标示农产品来源于特定地域，产品品质和相关特征主要取决于自然生态环境和历史人文因素，并以地域名称冠名的特有农产品标志。"

在申请注册方面，农产品地理标志同样采取两级申请登记制。由省政府的农业行政主管部门负责各行政区域内的申请受理和初审工作，由原农业部农产品质量安全中心进行复审并提出审查意见，同时组织专家委员会进行专家评审。

在申请主体方面，该办法将主体限定为农民专业合作经济组织、行业协会等组织，个人和企业无权申请。在标志的使用许可方面，农产品地理标志与地理标志产品有所不同。符合条件的申请人只需向登记证书持有人提交申请，双方签订农产品地理标志使用协议，即可在其生产销售的农产品上使用农产品地理标志。相比地理标志产品，农产品地理标志的证书持有人具有更强的自主管理性。此外，为了防止证书持有人滥用权利并以此牟利，该办法还规定了禁止向使用人收取使用费。

在监督和管理方面，县级以上人民政府农业行政主管部门负责农产品地理标志的日常监督管理，并定期将农产品地理标志使用和监督情况上报省级农业部门。对于违反有关规定的行为，县级以上人民政府农业行政主管部门将依照《中华人民共和国农产品质量安全法》（以下简称《农产品质量安全法》）相关规定进行处罚。❶

---

❶ 程鹏辉. 我国地理标志法律保护制度研究［D］. 沈阳：辽宁大学，2023. DOI：10.27209/d.cnki.glniu.2023.001861.

我国各个类型地理标志登记的起步时间有所不同。1999 年，原国家质量技术监督局颁布《原产地域产品保护规定》（已废止），并开始组织原产地产品的识别和保护，2001 年原国家出入境检验检疫局颁布《原产地标记管理规定》和《原产地标记管理规定实施办法》，开始对地理标志产品进行登记保护和认定；1985 年，中国加入《保护工业产权巴黎公约》，原国家工商行政管理总局承担保护原产地名称（地理标志）的义务，2001 年新修订的《商标法》正式增加了地理标志的概念，2003 年原国家工商行政管理总局修订颁布《集体商标、证明商标注册和管理办法》，正式开启地理标志证明（集体）商标注册和保护；2007 年原农业部颁布《农产品地理标志管理办法》，2008 年初随着农产品地理标志相关登记规范、程序的发布，农产品地理标志登记保护工作正式启动。

上述三种保护模式中，除了农产品地理标志明确保护对象仅指来源于农业的初级产品，地理标志商标和地理标志产品都是包括初级农产品或加工品，因此，地理标志很大程度可理解为一种与特定地域强关联的涉农知识产权。

3.1.1　地理标志发展现状

3.1.1.1　中国基础条件及地理标志产品发展现状

农业一直以来都是国家经济发展的重要支柱，而地理条件的优势对于农业发展也起到了至关重要的作用。我国地域广阔、土地资源丰富，不同地区的地理条件给予了农业发展独特的优势，因此拥有丰富的地理标志保护资源，地理标志从绝对数量上处于全球领先水平。如今，发展地理标志特色产业已逐渐成为各地发展区域特色经济、实施精准脱贫的重要途径。

（1）地理条件

中国位于北半球，亚洲东部，太平洋西岸。陆地总面积约 960 万平方千米，海域总面积约 473 万平方千米。中国陆地边界长度约 2.2 万千米，大陆海岸线长度约 1.8 万千米。海域分布着大小岛屿 7600 个，面积最大的是台湾岛，面积 35 759 平方千米。目前，中国有 34 个省级行政区，包括 23 个省、5 个自治区、4 个直辖市、2 个特别行政区。

中国是一个气候多样的国家，南北气候差异巨大，这为各个地区的农业生产提供了广阔的空间。南方地区属于亚热带气候，长久以来以种植水稻和经济作物为主，气候温暖湿润，雨水充足，给予了农作物的生长提供了极佳的条件。而北方地区属于大陆性气候，冬寒夏热，虽然较少降水，但却适宜种植小麦、玉米等作物，同时还有较长的日照时间，适宜养殖畜牧业。不同的气候条件为中国的农业提供了得天独厚的优势。

中国土地广阔，种类繁多，拥有丰富的土壤资源。而且由于地理位置不同，土壤质地和养分也有所区别，为不同地区的农作物种植提供了多元的选择。例如，长江流域的沙壤土和黄土高原的黄土，分别适用于水稻和小麦的种植；南方的红壤则适合种植烟草、茶叶等。

中国水资源丰富，大江大河众多，同时还有大面积湖泊和丰富的地下水资源。这为农业灌溉提供了可靠的水源，使得农作物的生长得到了保障。并且，中国各地建设了一系列的水利工程，如水库、水渠和灌溉设施，为农业发展提供必不可少的基础设施。

同时，中国拥有众多的山地和平原，这种地理特点对于农业发展具有重要意义。山地虽然地形复杂，但是由于人口稀少、土地资源丰富，适合开展丰富多样的高山农业。而平原地区则更适合进行大规模的农作物种植和现代化农业生产，种植面积广阔，劳动力和技术条件也更有利。

基于得天独厚的地理环境和自然资源，中国具有发展农业的先天优势，地理标志农产品获得批准登记的数量逐年增多。地理标志产品作为农产品的重要组成部分，由于独特的自然环境和人文历史积淀、工艺技术传承形成的良好声誉而具有较强的市场竞争力和品牌价值，逐渐成为中国品牌农业重点发展对象。

（2）地理标志保护现状

地理标志是重要的知识产权，是促进区域特色经济发展的有效载体，是推进乡村振兴的有力支撑，是推动外贸外交的重要领域，是保护和传承传统优秀文化的鲜活载体，也是企业参与市场竞争的重要资源。中国拥有悠久的历史和深厚的文化积淀，地理标志资源丰富，作为实施乡村振兴战略的重要支柱。近年来，我国高度重视地理标志保护工作，对地理标志保护工作作出一系列重要部署。

"十三五"期间，我国地理标志保护和运用工作取得重要进展，按照党和国家机构改革方案，实现了原产地地理标志的集中统一管理。通过修订《国外地理标志产品保护办法》（已失效）和《商标审查审理指南》，发布《地理标志专用标志使用管理办法（试行）》，有效发挥《商标法》、《商标法实施条例》和《集体商标、证明商标注册和管理办法》的作用，地理标志制度不断得到完善，使地理标志工作朝着有法可依、有章可循、严格保护的方向持续迈进。

"十四五"时期是我国全面建成小康社会、实现第一个百年奋斗目标之后，乘势而上开启全面建设社会主义现代化国家新征程、向第二个百年奋斗目标进军的重要阶段，也是知识产权强国建设的关键时期，经济社会高质量发展的需求更加迫切，我国地理标志工作面临重要发展机遇。为贯彻落实《知识产权强国建设纲要（2021—2035年）》《"十四五"国家知识产权保护和运用规划》和《关于强化知识产权保护的意见》，提升地理标志保护和运用水平，国家知识产权局制定《地理标志保护和运用"十四五"规划》，进一步推动地理标志保护、运用工作的进展，充分发挥我国超大规模市场优势和内需潜力，以满足国内需求为出发点和落脚点，加快构建完善的地理标志保护和运用体系，加快适应以国内大循环为主体、国内国际双循环相互促进的新发展格局，培育我国地理标志产品的竞争新优势。

截至 2023 年底，我国累计批准地理标志产品 2508 个，核准地理标志集体商标、证明商标注册 7277 件，地理标志专用标志经营主体总数达 2.6 万家，农产品地理标志 3510 个，地理标志产品年产值超过 8000 亿元。地理标志运用效益显著，促进工程落地生根。地理标志保护国际合作取得重要进展，《中华人民共和国政府与欧洲联盟地理标志保护与合作协定》（以下简称《中欧地理标志保护与合作协定》）签署生效。地理标志在带动特色产业发展、助力乡村振兴、传承传统文化以及促进对外贸易等方面的作用日益凸显。

3.1.1.2　广东省基础条件及地理标志产品发展现状

（1）地理条件

广东省地处中国大陆最南部。东邻福建省，南临南海，西接广西壮族自治区，北接江西省、湖南省，珠江口东西两侧分别与香港、澳门特别行政区接壤，西南部雷州半岛隔琼州海峡与海南省相望。陆地最东端至饶平县大埕镇，最西端至廉江市高桥镇，东西跨度约 800 千米。最北端至乐昌市白石镇，最南端至徐闻县角尾乡，跨度约为 600 千米。根据 2021 年度国土变更调查统计数据，广东省土地总面积 17.98 万平方千米，占全国陆地面积的 1.87%。海域面积 41.93 万平方千米，是陆域面积的 2.3 倍。大陆海岸线长约 4100 千米，居全国首位。拥有海岛 1963 个，总面积 1513.17 平方千米，在全国沿海省（区、市）中列第二位。

广东省陆地地表形态主要分为山地、丘陵、平原、台地四种类型，地形总体呈北高南低之势。山地、丘陵居多，全省海拔 500 米以上的山地占土地总面积的 35.3%。海拔在 500 米以下的丘陵占土地总面积的 27.4%。草地分布面积较小，占土地总面积的 0.02%；平原分为三角洲平原和河谷冲积平原两种类型，占土地总面积的 23.4%。珠江三角洲平原是广东省最大的三角洲平原，面积 1.09 万平方千米；其次为潮汕平原，面积 4700 平方千米。较大的河谷平原有北江的英德平原，东江的惠阳平原，粤东的榕江、练江平原，粤中的潭江平原，粤西的鉴江平原和漠阳江平原。珠江三角洲平原土地肥沃，水源充沛，交通便利，经济发达，土地利用水平较高。

农业发展势头强劲已成为广东省经济"新常态"。2018 年以来，广东省农林牧渔业总产值、第一产业增加值增速均高于全国平均水平，农林牧渔业总产值、第一产业增加值分别跃升至全国第五位、第四位。广东省农业之"大"有其得天独厚的优势：

亚热带季风气候，一年四季均可种植，特色农业资源丰富；全省常住人口过亿外加毗邻港澳的地缘优势，消费市场广阔；GDP、财政收入全国第一，是农业农村发展的强大支撑力和推动力。优渥的自然资源孕育了丰富的地理标志产品。这些产品具有显著的地域特色和品质特征，是广东省地方经济的重要组成部分。

（2）地理标志保护现状

截至 2023 年底，广东省共有 162 件国家地理标志保护产品，拥有 144 件地理标志注册的集体商标和证明商标，拥有 63 件农产品地理标志。这些地理标志农产品在推动农业品牌化、促进农民增收方面发挥了重要作用，增强了产品的市场竞争力。广东省积极推广地理标志专用标志的使用，引导和支持符合条件的生产企业使用地理标志专用标志。截至 2024 年 5 月，全省已有 1562 家企业获准使用地理标志专用标志。用标企业规模不断壮大，地理标志产品专用标志使用覆盖率显著提高。

广东省地理标志产品资源丰富，累计获批地理标志产品数量居全国第三，近年来培育出不少"明星"地理标志产品，例如新会陈皮、英德红茶、凤凰单枞茶、化橘红等，年产值达到几十亿元。地理标志产品对于提高产品附加值和农民收入、促进地方经济发展、保护传统文化遗产发挥着日益重要的作用。

广东省政府积极出台相关政策，对地理标志给予扶持，例如，对获得认定的地理标志给予一次性奖励，以及通过财政资金支持地理标志保护、运用、管理和服务等工作。广东省于 2023 年 1 月 1 日起施行了《广东省地理标志条例》。该条例是国内首部综合性地理标志地方法规，涵盖了地理标志的运用、保护、管理和服务等各环节，为广东省地理标志保护提供了坚实的法律基础。

同时，广东省加强地理标志产品质量的监管，确保地理标志产品的质量和特色。建立健全常态化监管机制，将地理标志专用标志合法使用人用标情况纳入市场"双随机、一公开"监管范围，加强日常巡查和专项行动，严厉打击侵权假冒行为。广东省市场监管部门紧密结合实际，依据相关法律法规，充分发挥市场监管综合执法职能作用，大力开展联动保护和联合执法。以地理标志产品生产集中地、销售集散地、城乡接合部为重点区域，在地理标志产品产销旺季，持续不断开展地理标志保护专项行动，依法查处违规地理标志侵权假冒行为。广东省还通过强化政府引导、制定补助政策、实施地理标志品牌保护工程、做好公益宣传等多项措施，扩大地理标志农产品品牌影响力，例如，在大型博览会上设立广东省地标馆、组织地理标志产品参加展示等。

地理标志保护促进了广东省特色产业的发展和传统文化的传承。通过保护和推广地理标志产品，广东省进一步挖掘和弘扬了地方特色文化，增强了市民的文化自信和产业自豪感。广东省地理标志保护现状呈现出数量不断增加、政策不断完善、实践不断深入、成效不断显现的良好态势。未来，随着相关法律法规的进一步完善和政策的持续推动，广东省地理标志保护工作将取得更加显著的成效。

3.1.1.3 清远市基础条件及地理标志产品发展现状

（1）地理条件

清远市位于广东省的中北部，北江中下游，南岭山脉南侧与珠江三角洲的接合带上，其地理条件独特且优越。清远市位于广东省中北部，东邻韶关市，南接广州市与佛山市，西靠肇庆市，北与湖南省和广西壮族自治区接壤。

清远市土地总面积为 1.9 万平方千米，约占全省陆地总面积的 10.6%，是广东省陆地面积最大的地级市。南北相距 190 千米，东西相隔 230 千米，边界线长 1200 余千米。市境地势西北高东南低，地形复杂多样，包括山地、丘陵、平原和台地等。其中，山地面积占总面积的 42.2%，丘陵面积占 28.2%，平原面积占 9.6%，台地面积占 7.6%。连州东部、阳山东北部的山岭构成全省地势最高峻的山地，最高峰为阳山与乳源交界的石坑崆，海拔为 1902 米。而东南部的英德、清新、清城境内的北江河谷地势最低，大多在海拔 20 米以下。

清远市属亚热带季风气候。其中，北部的阳山、连州、连南、连山属中亚热带；南部的清城、清新南部地区、佛冈、英德属南亚热带。一年内夏天最长，春、秋、冬季较短，南北差异明显。年平均气温在 18.9～22℃，雨水资源丰富，平均年降水量在 1631.4～2149.3 毫米，年平均降水日（日降水量≥0.1 毫米日数）为 160～173天。清远市拥有 74 条大小河流，森林覆盖面积广，覆盖率高达 72.2%，号称"广东省绿色之冠"。这些丰富的自然资源和良好的生态环境为农作物的生长和农业的发展提供了有利条件。

（2）地理标志保护现状

截至 2023 年底，清远全市累计拥有地理标志 27 个，数量居全省地级市前列。其中，地理标志保护产品 16 个：清远鸡、英德红茶、连山大米、东陂腊味、连山大肉姜、阳山淮山、星子红葱、连州溪黄草、西牛麻竹笋、西牛麻竹叶、清远乌鬃鹅、英德英石、竹山粉葛、清新冰糖桔、连南瑶山茶油、连南无核柠檬；地理标志商标 4 件：清远鸡、清远麻鸡、英德红茶、阳山淮山；农产品地理标志 7 个：连州菜心、连州水晶梨、清远黑山羊、阳山鸡、阳山西洋菜、清新桂花鱼、连南大叶茶。累计获准使用新版国家地理标志专用标志企业 139 家，年度总产值达 75.28 亿元，较 2022 年增长 51.4%，平均每家用标企业产值达 6721 万元。

清远鸡：俗称清远麻鸡，因母鸡背侧羽毛有许多芝麻状斑点而得名，在宋代已闻名于世，被列入《中国家禽品种志》27 个优质品种之一，被称为国宴名鸡。清远鸡以谷物、青草、虫蚁为主食，肉质紧致细滑、味道鲜美、口感独特。

英德红茶：出产于广东省英德市，与云南滇红、安徽祁红并称中国三大红茶，代表产品有"金毫茶""英红九号"等，其中英红九号还是出口英国皇室专用茶。英德红茶具有极佳的形、色、香、味特点，色泽乌润，内质鲜甘，汤色红艳。

连山大米：种植已有 600 多年历史，优质的生态环境，孕育出淳味天然的好食材。生长在连山梯田上的大米，米粒饱满、色泽晶莹玉白通透，形状呈细长或长圆形，横断面呈扁圆形，无腹白或腹白小，蒸煮时有自然清淡的米饭香味，烹制出的米饭晶莹剔透，富有光泽，柔而不黏，质地适中，口感好，并且冷却后不硬、不回生。

东陂腊味：坊间流传，岭南腊味最靓的一定出自连州，而东陂腊味则是连州腊味里最出名的。东陂腊味工艺特点在于利用自然条件进行风干，不经烘烤或烟熏，与其他地区的腊味相比，外表更加干爽、组织结实有弹性，吃起来香、嫩、爽口，腊香纯正、浓郁、绵长。传统的东陂腊味包括腊肉、腊肠、腊鸭、腊蛋、腊猪脚、腊鸡等 20 多个品种，3 个省级名牌产品和 5 个省级名特优新产品。

连山大肉姜：又被称为"辣山芋"，颗块肥大，皮薄肉厚，色泽金黄，纤维细小，肉质脆嫩，辣味适中略带香味，含多种维生素和氨基酸，畅销珠三角及港澳地区，深受消费者青睐。

阳山淮山：早在隋唐年间，阳山县村民就开始利用河边沙质地种植食用淮山。阳山淮山外观长直、个体大且光滑均匀，表皮黄褐色，肉质洁白、细腻、胶质多，放久肉质白而不变色。煮熟时，有自然清淡的香味，质地适中，口感爽脆。营养丰富，食药两用，具有健脾、补肺、厚肠胃、益肾等功效，是优质的保健食品。曾获得"广东人民最喜爱的土特产""国家绿色食品 A 级产品""国家生态原产地保护产品"等称号。

星子红葱：生长在独特的富含钾素砂质紫色土壤上，葱头粒大、色泽鲜红、表皮紫红，含水分少，含油量多，只有连州市星子镇红壤耕地里才能种植出的特色农作物。星子红葱香味尤其浓郁，而辛味略淡于生蒜和大葱，所以特别适合做调味料，粤菜红葱头焗骨、红葱头蒸鸡便常选用星子红葱，每到收获季节总是供不应求。

连州溪黄草：是一种非常有特色的优质地道中药材产品，具有清热利湿、凉血散瘀功效。溪黄草在长江以南地区广泛分布，但唯独连州的土壤赋予其独特的品质。连州溪黄草中的溪黄草素，比其他地方高 20%，是连州人居家常备的良品。连州溪黄草茶在明清时期就因其风味独特而远销南洋各地，至今在东南亚一带享有盛誉。

西牛麻竹笋：个大肉厚，表皮呈淡黄色，有"剥皮黄金"的美称，笋头节间部分比较爽脆，笋味甘甜、香浓、渣少，粗纤维含量高，节中带嫩绿色，笋尾鲜嫩，笋肉洁白，具有清热祛痰、促进肠道蠕动功效。英德西牛已成为广东省乃至全国最大的麻竹笋种植生产基地，产品远销海内外。

西牛麻竹叶：为禾本科植物淡竹（竹子）的叶，叶较宽较长，叶厚，叶色嫩绿，富含叶绿素和维生素等，有独特的清香味。竹叶在中国具有悠久的药用和食用历史，是一味著名的清热解毒药，有祛湿利尿的功效，是国家认可并批准的药、食两用的天然植物。

清远乌鬃鹅：是广东省四大名优鹅种之一，因其颈至背鬃毛有一明显黑色羽毛带，故称乌鬃鹅。其肉质鲜美，体形适中，骨骼小，肉嫩而多汁，是出口东南亚主要鹅种。

英德英石：又称英德石，外表玲珑剔透，锋棱突兀雄奇，色彩鲜明，颇具动感，是园林造景的佳品。因具有"瘦、皱、漏、透"等特点，英德英石早在宋代就被开发利用并列为皇家贡品，元代被列入"文房四玩"。到了清代则与太湖石、灵璧石、黄蜡石齐誉被公认为全国四大名石。英德也因出产英石而被称为"中国英石之乡"。

竹山粉葛：种植已有 300 多年的历史，质地细嫩、清甜、无渣，含有丰富的淀粉、多种维生素和氨基酸，蒸熟后晶莹透亮、口感清甜，具有清热解毒的功能。可用来煲汤、焖肉，也可制成葛粉用沸水冲饮，深受佛冈群众及珠三角地区市民的喜爱，先后被原广东省农业厅、原农业部评为无公害农产品。

清新冰糖桔：俗称十月桔、砂糖桔，是清远市清新区水果主栽品种，是宽皮柑桔的一种优良品种。清新冰糖桔因果味清甜、柔嫩、多汁、化渣、无核少核，吃后齿颊留香，回味无穷而闻名遐迩，深受消费者喜爱，行销大江南北。

连南瑶山茶油：是连南瑶族自治县传统食用油，历史悠久，可追溯到唐代。连南瑶山茶油不仅味道甘甜，无苦涩味，还具有消炎、祛毒、除斑积、解惊风、缓解高血脂等养生功效，深受消费者的喜爱。

连南无核柠檬：以酸度高、果香浓郁、无核闻名。柠檬果实呈长椭圆形，色泽橙黄，新鲜光洁，香气浓郁。鲜果销往全国各地，同时，加工柠檬果脯、柠檬茶、柠檬酒等系列产品。

近年来，清远市深入实施"百千万工程"，以工业思维发展农业产业，着力打造清远鸡、英德红茶、连州菜心、清远丝苗米、西牛麻竹笋等五个百亿级农业产业，带动清远市百万名农民持续增收，推动农业农村高质量发展，地理标志产品为清远市经济发展提供了有力支撑。

3.1.2　地理标志发展特点

3.1.2.1　广东省地理标志产品发展特点

（1）发展概况

广东省是中国最南部的沿海省份，东临福建省，南邻南海，西接广西壮族自治区，北接江西省、湖南省。广东省以独特的地理位置和丰富的自然资源而闻名，不仅拥有丰富的农业产业，还有着深厚的历史文化底蕴和发达的经济。广东省的气候属于亚热带季风气候，得天独厚的地理环境和丰富的物产资源孕育出大批农产品，包括水果、蔬菜、茶叶等，独特的岭南文化、客家文化、潮汕文化孕育了众多特色地理标志产品，这些地理标志产品正是南粤大地物华天宝的代表之作，不仅具有独特的地方特色，也体现了广东地区的文化和经济价值。广东省是国家知识产权局第一批地理标志保护产品专用标志使用核准试点改革地区之一。截至 2023 年底，广东省地理标志保护产品数量位居全国前列，累计数量 162 件，注册地理标志商标共 144 件，农产品地理标志共 63 件，如图 3 - 1 - 1 所示。

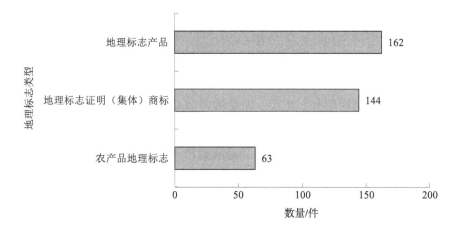

图 3 - 1 - 1　广东省地理标志类型概况

正所谓"地理标志，招牌一响，黄金万两"。地理标志早已经在现实生活中成为一笔巨大的无形资产；同时，地理标志也正在成为广东省经济发展的重要支柱和民生产业，由"小地标"撬动"大产业"，形成一二三产业融合发展新格局。

从法规层面来看，广东省于 2023 年 1 月 1 日起实施《广东省地理标志条例》，在全国率先探索地理标志专门立法，在政策和法规层面积累了保障优势。多年来，广东省培育出不少"明星"地理标志产品，例如新会陈皮、英德红茶、凤凰单枞茶、化橘红等，年产值达到几十亿元。其中，英德红茶、凤凰单枞茶两个地理标志产品更是见证了中法两国元首在广州市松园举行的非正式会晤。

从地域分布看，肇庆市地理标志累计总量最多，其中地理标志产品有 19 件，地理标志证明（集体）商标有 22 件，农产品地理标志 4 件。肇庆市古称端州，坐落在广东省的中西部、西江的中下游，属南亚热带季风湿润型气候地区，雨水充沛，阳光充足，气候温和，具有得天独厚的自然条件和地理优势，孕育出一大批优质的地理标志产品。图 3 - 1 - 2 为广东省地理标志各地市概况。

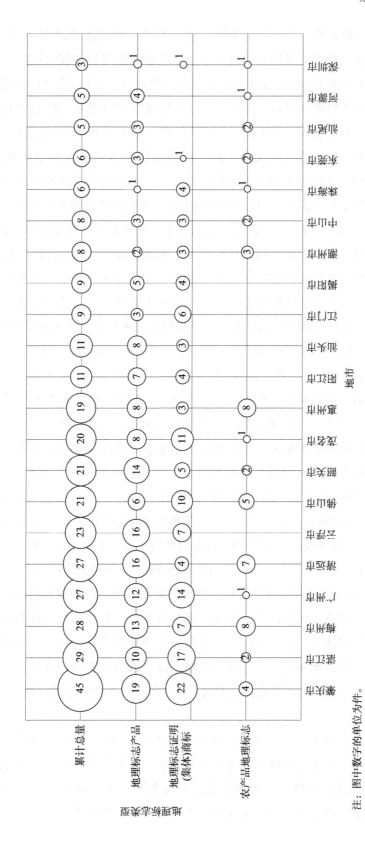

图 3 - 1 - 2　广东省地理标志各地市概况

注：图中数字的单位为件。

湛江市累计注册地理标志证明（集体）商标 17 件，地理标志产品 10 件，农产品地理标志 2 件，在广东省地级市中名列前茅。湛江市深挖知识产权的底蕴，以商标品牌富农、地理标志兴农等方式，探索知识产权与品牌建设、乡村建设相互融合的道路。近年来，湛江市不断推动地理标志商标这个"金钥匙"和标准化工作有效对接，大力推广"企业＋地理标志商标＋标准化＋农户"模式，促进产业快速健康发展。

梅州市地处闽、粤、赣三省交界，是全球最有代表性的客家人聚居地，被誉为"世界客都"。梅州市地处华南地区最大的富硒带上，优越的生态环境为出产优质的农产品提供了得天独厚的"温床"，独特的自然条件，沉淀出璀璨的农耕文明，培育出了许多特产，如梅州金柚、西岩乌龙茶、乐仙腐竹、兴宁蓼花、马图绿茶、客都稻米、客都草鱼、仙人粄、客家娘酒、白渡牛肉干等。因此，梅州市的地理标志数量处于全省前列，其中地理标志产品数量共有 13 件，地理标志证明（集体）商标有 7 件，农产品地理标志 8 件。梅州市的地理标志还原这一方水土世世代代的原态生活气息，作为地理风物、风味与当地的风俗、风情有关，是梅州市一种文化传承的地域名片。

广州市地理标志产品主要来自增城、从化、南沙、萝岗等地，共有 12 件，地理标志证明（集体）商标 14 件，农产品地理标志 1 件。广州市在推广地理标志产品方面采取了多种措施，如举办品鉴会、开展宣讲交流会、组织参加展会和大型活动等，以增强农产品的社会影响力，促进地理标志产品的品牌运用和区域品牌建设工作。例如，"粤地优品"广东高品质地理标志（广州站）品鉴会，通过创建特色消费场景，让公众进一步了解荔枝等广州市地标产品的独特之处；2023 年的首届"地标广货手信节"是全国首个以地理标志产品推广为主题的户外活动，采取"线下＋线上"相结合的形式举办，展示和推广地理标志产品，旨在扩大广东省地理标志产品的影响力和品牌知名度。广州市在地理标志产品的保护、推广和应用方面做出了显著努力，不仅有助于提升广州市作为国际消费中心城市的形象，也为广州市的经济社会发展注入了新的活力。

清远市的地理标志产品有 16 件，包括顶级粤菜食材清远鸡和香飘世界的英德红茶等；此外，清远市的地理标志证明（集体）商标有 4 件，农产品地理标志 7 件。清远市通过地理标志兴农战略，不仅确保了特色产品得到地域专利的保护，还通过提升产品质量，增强了产品的市场竞争力。这一战略不仅帮助当地农民增收致富，也为消费者提供了更多优质、健康的产品选择，实现了经济效益和社会效益的双赢。

（2）产品特点

广东省的农业产品类型丰富多样，涵盖了畜牧业、渔业、种植业等多个领域。优秀的农产品代表了一方水土的特点和文化底蕴。在广东省的地理标志类型中，果品类占比最大，地理标志产品 45 件，地理标志证明（集体）商标 41 件，农产品地理标志 14 件；此外，水产品类、蔬菜类、粮油类、茶叶类、食品类均有较大占比。广东省地理标志产品类型分布如图 3 - 1 - 3 所示。

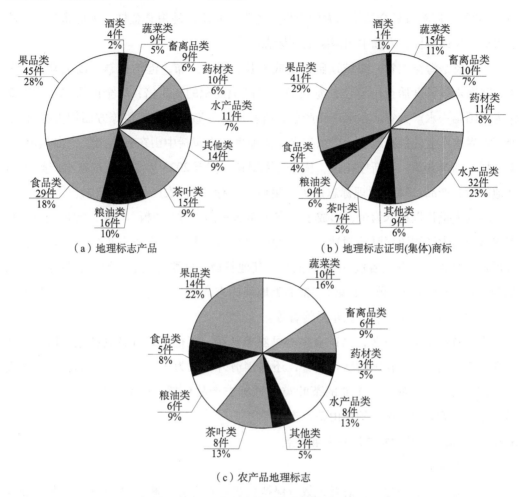

（a）地理标志产品　　　　　　　　　　　（b）地理标志证明(集体)商标

（c）农产品地理标志

图 3 - 1 - 3　广东省地理标志产品类型分布

　　根据广东省农业农村厅公布的信息，广东省全省主要水果种植面积整体平稳，小宗特色水果包括荔枝、柑橘、柚子，发展迅速。广东省是我国栽培荔枝最早的省份之一，西起湛江，东至汕头，其荔枝种质资源最丰富、适栽地域最广、面积和产量最大，横跨千里，荔枝产业基本形成粤西、粤东、珠三角三个明显的优势集聚区。截至 2023 年底，全省共 7 件荔枝地理标志产品、15 件荔枝地理标志证明（集体）商标、3 件农产品地理标志，其中，"茂名荔枝""从化荔枝""增城荔枝""高州荔枝""镇隆荔枝""东莞荔枝"等享誉全国，品种包括妃子笑、怀枝、糯米糍、桂味等。此外，广东省大力发展荔枝文旅，积极开发旅游观光、采摘体验、荔枝文化等资源，以此传承千年的荔枝文化，着力挖掘荔枝文化价值。其次，果品类中柑橘、柚子占比较大，包括德庆贡柑、四会砂糖桔、化州橘红、龙门年桔、潮州柑、平远脐橙等。如果说荔枝承载的是"一骑红尘妃子笑"的文化底蕴，那柑橘就是广东人翘首以盼的年味"吉祥物"。此外，广东省是全国第二大柚类生产省份，其所产的梅县金柚、大埔蜜柚、长坝沙田柚、汶朗蜜柚均入选中国国家地理标志产品。

广东省是海洋大省，海域辽阔，岸线漫长，滩涂广布，港湾优越，岛屿众多。其中大陆海岸线长度居全国首位；海域面积是陆地面积的 2.3 倍，居全国第二，广东省作为中国第一水产大省，在水产品产量、苗种产量、渔业经济产值等方面均占据首位，处于世界水产业的领军地位。广东省水产类地理标志包括中山东升脆肉鲩、白蕉海鲈、湛江蚝、南澳紫菜、清新桂花鱼、从化流溪娟鱼。截至 2023 年底，广东省水产类共 11 件地理标志产品、32 件地理标志证明（集体）商标、8 件农产品地理标志。

岭南人世代以稻米为生，形成了具有千年历史的"粉""粄""粿"特色美食。广东省这个与大米渊源深厚的消费大省，深得稻米食味精髓。广东省粮食生产种类主要有稻谷（早稻、双季晚稻）、小麦、玉米、其他谷物、豆类（大豆、绿豆、红小豆、其他杂豆）、薯类（马铃薯、甘薯）。粮油类地理标志产品主要有马坝油沾米、增城丝苗米、龙门大米、五华红薯、惠东马铃薯等。

广东省产茶历史悠久，名茶众多。凤凰单丛茶、英德红茶等各具特色，以独特工艺和风味闻名，不仅在国内享有盛誉，还远销海外，成为广东省茶文化的代表，体现了丰富的历史文化底蕴。主要的茶叶类地理标志产品包括：凤凰单丛茶、英德红茶、岭头单丛、西岩乌龙茶、柏塘山茶、连南瑶山茶。

3.1.2.2 清远市地理标志产品发展特点

（1）发展趋势

近年来，清远市地理标志登记数量保持稳步增长态势，截至 2023 年底，累计批准登记相关地理标志 27 件。其中，地理标志产品 16 件，占 59.3%；农产品地理标志 7 件，占 25.9%；地理标志证明（集体）商标 4 件，占 14.8%，如图 3-1-4 所示。

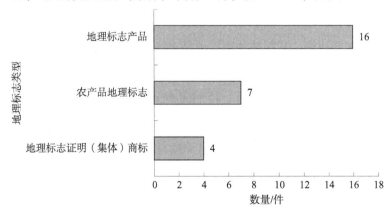

图 3-1-4 清远市地理标志概况

如图 3 - 1 - 5 所示，清远市于 1998 年申请了 2 件地理标志证明（集体）商标，在地理标志保护方面起步较早，2007 年出现第三件地理标志证明商标。2009 年，清远市开始在地理标志产品保护方面布局，首次申请了地理标志产品保护。2014 年，清远市首次进行了农产品地理标志登记工作，并在 2016 年、2018 年、2021 年陆续有开展此类登记工作。近年来，清远市地理标志保护工作的重点主要集中在地理标志产品保护方面，2018 ～ 2021 年这一阶段每年均有地理标志产品保护申请成果，尤其是 2020 年 10 件地理标志产品保护申请的通过，体现了清远市对地理标志保护工作的关注和重视。从多年发展趋势看，随着经济发展和居民生活水平的不断提高，地理标志品牌影响力和知名度正不断提升，越来越多的产业主管部门、生产经营主体意识到地理标志对提升产品竞争力具有巨大潜在价值。经过一个时期的发展，清远市在地理标志保护工作中已取得卓著成效。

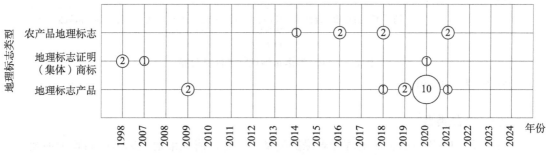

图 3 - 1 - 5　清远市地理标志发展趋势

注：图中数字单位为件。

（2）区域分布

清远市有 2 个区、4 个县、2 个县级市，分别为：清城区、清新区、佛冈县、阳山县、连山壮族瑶族自治县、连南瑶族自治县、英德市、连州市。各区县均有丰富的农业资源和独特的地理环境，产生了具有显著的地理特征和品质优势的地理标志保护产品。

如图 3 - 1 - 6 所示，清远市全区域内保护的地理标志产品有 4 件，包括清远鸡［地理标志产品、地理标志证明（集体）商标］、清远麻鸡［地理标志证明（集体）商标］、清远黑山羊（农产品地理标志）。在下属各区县中，英德市和连州市均有 5 件地理标志保护产品：英德市有英德红茶、西牛麻竹笋、英石、西牛麻竹叶 4 件地理标志产品以及英德红茶 1 件地理标志证明（集体）商标；连州市包括东陂腊味、星子红葱、连州溪黄草 3 件地理标志产品及连州菜心、连州水晶梨 2 件农产品地理标志。其次是阳山县，有 4 件地理标志保护产品，包括阳山淮山 1 件地理标志产品和阳山西洋菜、阳山鸡 2 件农产品地理标志以及阳山淮山 1 件地理标志证明（集体）商标；清新区和连南瑶族自治县均有 3 件地理标志保护产品：清新区包括清远乌鬃鹅和清新冰糖桔 2 件地理标志产品以及清新桂花鱼 1 件农产品地理标志；连南瑶族自治县包括连南瑶山茶油、连南无核柠檬 2 件地理标志产品及连南大叶茶 1 件农产品地理标志。连山壮族瑶族自治县有 2 件地理标志保护产品，分别是连山大米、连山大肉姜；佛冈具有竹山粉葛 1 件地理标志保护产品。综合来看，清远市充分挖掘了各区县的特色农产品，并进行地理标志保护，但细分到各区县以后数量偏少，各区县还有一定的发展空间和前景。

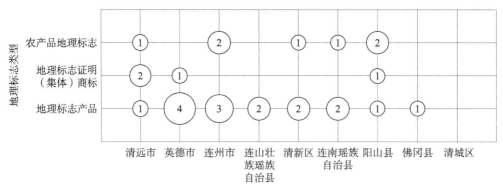

图 3 - 1 - 6　清远市地理标志区域分布

注：图中数字单位为件。

（3）产品类型

如图 3 - 1 - 7 所示，从地理标志保护类型上来看，清远市地理标志产品登记涉及 8 个种类，包括药材、蔬菜、茶叶、畜禽品、果品、粮油、食品及其他 8 个类型，体现了清远市丰富的自然资源和地理标志产品的优势；在地理标志集体（证明）商标方面，清远市主要集中在饲料种子（第 31 类）方面，共有 3 件地理标志证明商标，方便食品（第 30 类）仅有 1 件；在农产品地理标志方面，清远市分别在蔬菜、畜禽品、果品、水产、茶叶 5 个类型加以保护。

总体而言，清远市在不同类型的产品方面的地理标志数量均不多，下一步还可以加大挖掘力度，培育更多品类的地理标志产品，进一步提高产业规模。

（4）专用标志核准使用情况

根据国家知识产权局地理标志企业数据库查询数据，截至 2024 年 7 月，清远市地理标志产品专用标志累计有 139 家企业申请核准使用。如表 3 - 1 - 1 所示，从产品分布来看，英德红茶核准的用标企业数量最多，达 86 家，占用标企业总数的 61.9%；其次为东陂腊味 27 家、清远鸡 6 家，分别占 19.4%、4.3%。连山大米用标企业为 5 家，竹山粉葛用标企业为 4 家，西牛麻竹笋、连山大肉姜用标企业均有 3 家，清远乌鬃鹅用标企业为 2 家，星子红葱、连南瑶山茶油、连山溪黄草用标企业数量均为 1 家，而英石、西牛麻竹叶等 5 个地理标志产品目前还未有用标企业。

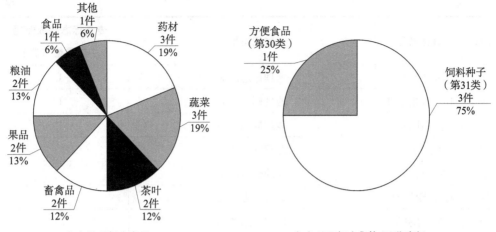

（a）地理标志产品　　　　　　　　　　　（b）地理标志集体(证明)商标

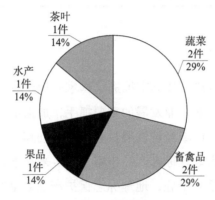

（c）农产品地理标志

图 3－1－7 清远市地理标志类型

表 3－1－1 清远市地理标志专用标志核准使用情况

序号	地标名称	登记类型	专用标志核准使用 主体数量（家）
1	英德红茶	地理标志产品、地理标志证明（集体）商标	86
2	东陂腊味	地理标志产品	27
3	清远鸡	地理标志产品、地理标志证明（集体）商标	6
4	连山大米	地理标志产品	5
5	竹山粉葛	地理标志产品	4
6	西牛麻竹笋	地理标志产品	3
7	连山大肉姜	地理标志产品	3
8	清远乌鬃鹅	地理标志产品	2

序号	地标名称	登记类型	专用标志核准使用主体数量（家）
9	星子红葱	地理标志产品	1
10	连南瑶山茶油	地理标志产品	1
11	连州溪黄草	地理标志产品	1
12	英德英石	地理标志产品	
13	西牛麻竹叶	地理标志产品	
14	连南无核柠檬	地理标志产品	
15	清新冰糖桔	地理标志产品	
16	阳山淮山	地理标志产品、地理标志证明商标	

3.1.3　地理标志发展建议

强化地理标志的运用推广是清远市推进"国家知识产权试点城市"建设的重要工作。地理标志产品是特色农业产业发展的重要抓手，加强地理标志产品品牌建设和发展对于提高农民收入、促进区域经济发展具有积极推动作用，是农业产业持续健康发展的重要保障之一。清远市地理标志产品丰富，近年来在推动地理标志农产品的品牌建设和推广方面采取了一系列措施，地理标志保护产品数量明显增长，地理标志专标使用企业数量与日俱增，农产品附加值不断提升，农业区域品牌逐渐擦亮。为促进清远市地理标志保护工作的进一步发展和完善，还可以将以下几个方面作为抓手，促进清远市的地理标志产品品牌建设，提高品牌知名度，提升产品竞争力。

（1）充分挖掘地理标志产品。第一，加强政策支持和资源配套。清远市地方政府可以出台相关政策，例如财政补贴、税收优惠等措施，鼓励农民积极参与地理标志产品生产，加强对农民的培训与支持，提升农民的生产管理技能；投入适当的资源和经费，支持地理标志产品的宣传、推广和市场开拓。第二，加强清远市地理标志产品品牌建设。对地理标志产品进行品牌定位和形象塑造，强调产品的独特性、地域性和品质保证，通过品牌策略的制定和执行，提升清远市地理标志产品的品牌知名度及美誉度，通过建立品牌联盟或地理标志产品合作社等机制，推动多个农产品共同宣传和市场推广。

（2）提升龙头企业赋能。地理标志品牌发展的核心是充分发挥市场对资源的决定性作用，依托有实力的大型企业或产业化龙头企业对地理标志品牌推广赋能，创造区域品牌与企业品牌互动模式，最大限度地形成区域、企业、产品品牌新生态，形成区域公共品牌、企业品牌及产品品牌协同发展态势。支持地方以农业龙头企业和行业协会为依托，开展特色产地保护、特色品质保持和特色历史文化内涵挖掘，强化地理标志、商标保护和培育，创响一批既有历史基础，又有市场开拓能力的"土字号""乡字号"特色产品品牌，推动形成以区域品牌为引领，产品品牌、企业品牌共同发展的格局。以线下展销、主要目标市场广告投放、线上公益直播带货、龙头企业分销等多种渠道助力区域地理标志品牌走向全国。借助《中欧地理标志保护与合作协定》生效及RCEP签订的重大历史契机，推动清远市地理标志品牌走向国际化。

（3）提升地理标志产品品牌保护意识。第一，加强清远市对地理标志农产品相关法律法规的宣传和教育，提高生产者、农民和相关利益相关者对地理标志品牌保护的认识和理解。通过举办培训、研讨会和法律知识普及活动，向农民和生产者传授相关法律知识，使其了解专标使用、品牌注册、合同保护、商标保护等方面的重要性。第二，加强对品牌权益的保护和维权。加大对地理标志产品的监督和执法力度，打击侵权行为和假冒伪劣行为，加强对市场上的假冒品牌和侵权行为的查处和打击，保护地理标志产品品牌的合法权益；强化品牌联盟与协作，促进生产者和相关利益相关者之间的合作与交流，品牌联盟可以共同制定品牌保护策略和措施，分享品牌保护经验，形成联合抵制假冒伪劣产品的合力。第三，提高消费者对地理标志产品的认知度及辨别力。通过宣传和教育，向消费者传递品牌保护的重要性和地理标志产品的价值，使其更加关注品牌保护问题，帮助消费者区分假冒伪劣产品，选择正规渠道购买地理标志产品。

（4）拓宽营销渠道，加强品牌宣传推广。第一，利用互联网和电子商务平台，拓展在线销售渠道。建立清远市农产品官方网站和社交媒体账号，通过新媒体渠道与消费者进行沟通和互动，传递品牌故事和产品特色，与电商平台合作，开设在线销售店铺，提供方便快捷的购买渠道，走出广东，面向全国，让消费者能够随时随地挑选购买地理标志产品。第二，加强与零售商和餐饮行业的合作。与超市、农贸市场等零售商合作，争取更多的上架和展示空间，提高产品的曝光度和销售机会，与餐饮行业合作，推动地理标志产品的供应到餐厅和酒店，推出地理标志产品菜单，为消费者提供独特的农产品美食体验。第三，加强实体渠道建设。通过农产品展览会、农产品专卖店、农村集市等形式，在城市和乡村设置直销点，直接面向消费者销售地理标志产品。这样可以增加消费者和农民之间的直接交流和了解，增加消费者对品牌的认可度。❶

清远市拥有众多优质农产品及优势农业资源，但在地理标志产品的品牌建设方面

---

❶　卞纪兰，张孟玉. 京津冀地区地理标志农产品品牌建设研究［J］. 安徽农业科学，2024，52（11）：244-246，252.

仍有很大的发展提升空间。在后续农业品牌发展建设中，应不断发挥地区的资源与区域优势，充分挖掘地理标志产品，并重视已有品牌资源，从品牌保护、渠道建设、宣传推广等方面出发，发挥地理标志产品品牌核心竞争优势，提升市场竞争力，以品牌建设带动农民增收，促进特色产业发展，助力农业现代化发展及乡村振兴。

3.2　商标

农业强，品牌必须强。品牌是农业高质量发展的重要标志，是农业核心竞争力的综合体现，是促进乡村振兴的重要抓手，更是加快建设农业强国的重要举措。近年来，中央一号文件持续关注农业品牌。在我国农业高质量发展的新阶段，推进品种培优、品质提升、品牌打造以及标准化生产（"三品一标"），区域公用品牌、企业品牌、产品品牌协同发展，已经上升为国家战略，形成全社会的理念共识和行动指引。

随着"商标兴农""品牌富农"的提出，农产品商标日益成为现代农业发展中的核心竞争要素，对农业产业集群化发展、农业企业规模化发展和农业产品品牌化发展有着极为重要的作用，也是知识产权的重要组成部分。一个好的、有感染力的、有寓意的商标名称是品牌成功的关键。

历年来指导"三农"工作的中央一号文件中，频繁聚焦"品牌"二字，并占据特别地位。2017年，中央一号文件明确指出，支持新型农业生产经营主体申请"三品一标"认证，推进农产品商标注册便利化，强化品牌保护。

3.2.1　商标的定义和作用

3.2.1.1　商标的概念与类型

商标在我们日常生活中很常见，随着人类生产、生活实践的需要应运而生。从概念来讲，商标是一种能将商品或者服务的来源区别开来的标志，生产、经营者可以自行决定是否采用商标，以表示某一项产品或者服务来自自己。

在商标自愿注册原则下，商标有注册商标与未注册商标之分，注册商标可以比未注册商标获得更全面的保护。《商标法》第8条规定："任何能够将自然人、法人或者其他组织的商品与他人的商品区别开的标志，包括文字、图形、字母、数字、三维标志、颜色组合和声音等，以及上述要素的组合，均可以作为商标申请注册。"

经国家知识产权局商标局核准注册的商标为注册商标，商标申请人拥有商标专用权。从商标类型来讲，注册商标包括商品商标、服务商标、集体商标和证明商标。

（1）商品商标，是最常用的商标，是指商品的生产者或者经营者为了将自己生产或经营的商品与他人生产或经营的商品区别开来，而使用的文字、图形、字母、数字、三维标志、颜色组合、声音等，以及上述要素组合的标志。

（2）服务商标，是提供服务的经营者为将自己提供的服务与他人提供的服务区别开来，而使用的文字、图形、字母、数字、三维标志、颜色组合、声音等，以及上述要素组合的标志。

（3）集体商标，是指以团体、协会或者其他组织名义注册，供该组织成员在商事活动中使用，以表明使用者在该组织中的成员资格的标志。集体商标不是个别企业的商标，而是多个企业或个人组成的某一组织成员共同拥有和使用的商标。集体商标由该组织的成员共同使用，不是该组织的成员不能使用，也不得转让。

（4）证明商标，是指由对某种商品或者服务具有监督能力的组织所控制，而由该组织以外的单位或者个人使用于其商品或者服务，用以证明该商品或者服务的原产地、原料、制造方法、质量或者其他特定品质的标志。证明商标应由某个具有监督能力的组织注册，由其以外的其他人使用，注册人不能使用。

《商标法实施条例》规定，使用注册商标，可以在商品、商品包装、说明书或者其他附着物上标明"注册商标"或者注册标记。注册商标享有使用某个品牌名称和品牌标志的专用权，这个品牌名称和品牌标志受到法律保护，其他任何企业都不得仿效使用。如果被认定为驰名商标，还可以获得跨类别的商标专用权法律保护。

3.2.1.2　注册商标的重要性

从广义上讲，商标是对注册人的一种保护，使其商品或服务被识别、认可并获得经济效益，也鼓励其积极创作的态度。商标保护还可阻止诸如假冒商标等不正当竞争者使用相同或相似的标记销售不合格产品或服务。商标制度能使有技能、有进取心的人在尽可能公平的条件下，从事商品和服务的生产与销售，从而促进经济健康有序发展。

从法律意义来看，注册商标不仅能保护注册人自己的商标不被他人侵犯或冒用，维护商品或服务的信誉和形象，而且还有助于增强消费者的认同感，坚定企业维护自身品牌价值的信念。此外，注册商标还有其他一系列好处，如下所述。❶

（1）表明商品的独属性，在全国乃至全世界，只有拥有这一商标的企业才可以使用，其他任何企业不能擅自使用。这就在一定程度上保护了企业商标不受侵犯，保护品牌价值不受损害。

（2）形成一种独特的品牌形象，在任何地方，消费者只要看到这样的商标，就能联想起这一品牌，从而产生一定的市场认同感。

（3）便于开展国际贸易，获得国际认同，进而形成一定的国际地位。

---

❶　张天柱. 现代农产品品牌建设与案例分析［M］. 北京：中国轻工业出版社，2021：74.

（4）注册商标后，如果以后不再使用这一商标，可以转让，也可以抵押。

与注册商标相比，未注册商标是未经过商标注册而在商品或服务上使用的商标，二者区别在于：

（1）注册商标受法律保护，商标注册人享有商标专用权。

（2）《商标法》中有关未注册商标的保护，体现了三个特点：

①受《商标法》保护的未注册商标有两种，包括未注册驰名商标和有一定影响的未注册商标两种；

②两种未注册商标的权利内容不同。予以未注册驰名商标专有使用权，而对有一定影响的未注册商标仅赋予其优先注册权；

③普通未注册商标不受《商标法》的保护，始终处于一种无权利保障状态，随时可能因他人相同或近似商标的核准注册而被禁止使用。因此，要想有保障地使用普通商标，最好将其注册。

3.2.2　商标与品牌的关系

3.2.2.1　商标与品牌的联系和区别

商标与品牌是两个不同领域的概念，很多人容易将这两个术语混用、通用，甚至误认为只要标注了商标符号就成为一个品牌。事实上，两者既有联系，又有区别。

品牌是一种商业用语，是消费者对产品或服务的认知、印象和信任的总和，代表着企业的形象、价值、文化和承诺，是企业长期努力经营的结果。其不仅仅是一个商标或名称，还包括产品、服务、广告、促销、包装、形象等多个方面的组合。

商标是一种法律概念，指的是用于区分商品或服务来源的任何标志，包括但不限于文字、图形、字母、数字、颜色组合以及声音或这些元素的组合。商标的主要功能是帮助消费者识别商品或服务的来源，确保消费者能够区分不同商品生产者或服务提供者的产品，从而保护消费者和企业的权益。

可以看出，品牌的内涵更广，其实品牌在法律上的保护形式，最核心的就是商标。商标是品牌的重要组成部分之一，相当于品牌的标志和名称，可以帮助消费者识别和辨认产品或服务的来源，起到品牌识别和宣传的作用。而品牌是市场竞争需求的产物，有着更丰厚的内涵，蕴含着生动的精神文化层面的内容。从归属上来说，商标掌握在注册人手中，而品牌植根于消费者心里。

品牌是一家企业的综合表现，包括企业的产品、价值、文化、信誉、形象等，而商标是品牌的一种外在表现形式。品牌可以通过企业商标来传递给消费者，且注册商标是受法律保护的，可以实现品牌的排他性，阻挡其他企业对该品牌的使用，可以说注册商标是保护品牌最强有力的武器。

3.2.2.2　商标保护与品牌建设相关政策

党中央、国务院高度重视农业商标保护和品牌建设，21 世纪以来连续发布的 20 多个中央一号文件中，大多对农业品牌发展作出重要部署，并出台了一系列支持农村经济和农业品牌发展的重大战略举措，如表 3 – 2 – 1 所示。

表 3 – 2 – 1　历年中央一号文件内容摘要

发布年份	商标保护与品牌建设相关内容
2007 年	搞好无公害农产品、绿色食品、有机食品认证，依法保护农产品注册商标、地理标志和知名品牌。支持农产品出口企业在国外市场注册品牌。除了"三品一标"，中央对农业品牌化的关注范围开始扩展到"农产品注册商标、知名品牌"等领域
2008 年	积极发展绿色食品和有机食品，培育名牌农产品，加强农产品地理标志保护。在该文件中，农产品质量安全工作、农业标准化、名牌农产品培育在同一工作内容部分中出现，显现出三者关联越来越紧密
2010 年	积极发展无公害农产品、绿色食品、有机农产品；大力培育农村经纪人，充分运用地理标志和农产品商标促进特色农业发展
2013 年	聚焦加快发展现代农业，为现代农业发展按下快捷键。文件提出：深入实施商标富农工程，强化农产品地理标志和商标保护；增加扶持农业产业化资金，支持龙头企业建设原料基地、节能减排、培育品牌
2015 年	首次提出要把追求产量为主，转到数量、质量、效益并重上来。在"提升农产品质量和食品安全水平"部分，明确指出大力发展名特优新农产品，培育知名品牌
2017 年	农产品区域公用品牌建设首次被写进了中央一号文件，文件明确指出：推进区域农产品公用品牌建设，支持地方以优势企业和行业协会为依托打造区域特色品牌，引入现代要素改造，提升传统名优品牌
2019 年	健全特色农产品质量标准体系，强化农产品地理标志和商标保护，创响一批"土字号""乡字号"特色产品品牌

此外，2018 年，农业农村部贯彻实施中央一号文件精神，印发《关于加快推进品牌强农的意见》，提到完善品牌发展机制，加强品牌认证管理，鼓励和引导品牌主体加快商标注册、专利申请、"三品一标"认证等，全面提升品牌农产品的生产管理水平和质量安全等级，同时通过加强认证后续管理，规范品牌标识及使用范围。

2022 年，农业农村部发布《农业品牌打造实施方案（2022—2025 年）》，其中提到：聚焦现代产业园区，以粮食、蔬菜、水果、畜牧、水产、茶叶等为重点，塑强一批品质过硬、特色突出、竞争力强的区域公用品牌，带动一批支撑区域公用品牌建设、促进产业高质量发展的企业品牌，推介一批绿色优质农产品品牌。

加强农业品牌保护。引导品牌主体增强品牌保护意识，加快商标注册、专利申请、著作权保护等，增强自我保护能力。完善跨部门、区域农业品牌保护协作机制，严厉打击冒牌套牌、侵权等行为。加强农业品牌诚信体系建设，切实维护消费者权益，维护农业品牌形象。加强海外知识产权纠纷应对，提供海外纠纷应对指导服务。

2022 年，国家发展改革委、农业农村部、国家知识产权局等七部门联合印发了《关于新时代推进品牌建设的指导意见》，其中指出：

打造提升农业品牌。实施农业品牌精品培育计划，聚焦粮食生产功能区、重要农产品保护区、特色农产品优势区和现代农业产业园等，打造一批品质过硬、特色突出、竞争力强的精品区域公用品牌。深入实施农业生产"三品一标"提升行动，加强绿色、有机和地理标志农产品培育发展，打造一批绿色优质农产品品牌。

培育区域品牌。鼓励各地围绕区域优势特色产业，打造竞争力强、美誉度高的区域品牌。支持产业联盟、行业协会商会、企业等共建区域品牌，在商标标识、质量标准等方面加强协调，宣传推介区域品牌形象。构建区域品牌质量标准、认证和追溯体系，推动产业集群质量品牌提升。充分发挥集体商标、证明商标制度作用，加强区域品牌运用、价值评估和知识产权融资，强化区域品牌使用管理和保护。

加强品牌保护。统筹推进商标、字号、专利、著作权等保护工作，加强驰名商标保护，严厉打击商标侵权等违法行为。完善跨部门、跨区域知识产权执法协作机制，加强知识产权信息公共服务资源供给，推进商标、地理标志等知识产权数据共享，依法依规加强知识产权领域信用体系建设。支持企业加强商标品牌保护，完善商标品牌维权与争端解决机制，推进商标数据国际交换与应用，推动商标品牌保护、纠纷处置的跨国协作。加强国家海外知识产权纠纷应对指导中心、国家海外知识产权信息服务平台等建设，开展海外纠纷应对指导服务。

党的二十大提出加快建设农业强国，这是新时代、新征程中，党中央对做好"三农"工作的重大战略部署。各级政府部门积极贯彻落实党中央、国务院决策部署，强化顶层设计，加强政策创设，建立实施机制，农业品牌政策体系逐步完善，系统性、协同性和实效性明显增强，为加快农业农村现代化、全面推进乡村振兴提供了重要支撑。

如今，农业品牌已成为"三农"领域和消费领域的一大热词，也是一道亮丽的风景线。农业品牌建设工作被摆上更加突出的位置，理论和实践都取得长足进步。同时，商标品牌战略在促进区域持续发展、助力区域富民增收、促进区域文化繁荣等方面的作用日益显现，也成为中央和地方相关职能部门促进农业高质量发展的重要抓手。

3.2.3　农产品商标与品牌建设

如今，农业品牌化已成为农业产业结构性改革和乡村振兴的有力抓手，而在农业品牌化建设中，呼声最高、必要性最强的就是农产品品牌建设。

农产品品牌是由农业生产经营主体通过农作物栽培、牲畜饲养以及观光农业、创意农业等生产经营活动而获得的特定产品（服务）品牌。农产品品牌以农产品及其初级加工产品、农业生产、农产品消费过程产生的物质成果、体验性服务为基础，经由一系列相关符号体系的设计和传播，形成特定的消费者群、消费联想、消费意义、品牌个性、通路特征、价格体系以及传播体系等因素综合而成的有机整合体。❶

农产品品牌可通过对区域自然资源、历史人文底蕴进行挖掘，依托农产品品质认证、地理标志和区域公共品牌来提升品牌价值。具体来看，农产品商标是农产品品牌建设的内容之一。

农产品商标是农业生产经营主体用在农产品上，从而区别农产品来源的标记。农产品商标注册具有重要意义，不仅可以帮助生产经营主体获得商标专用权，证明农产品的品质可信，还有助于提高农产品的知名度，便于宣传推广。

由此可见，挖掘和培育特色农产品，注册农产品商标，是帮助农村特色产品实现从无到有、从有到优转变的重要手段，也是实现产品增值致富的有效渠道。

3.2.3.1　农产品商标的类型

从品牌注册的商标性质而言，涉及农产品的商标包括商品商标、服务商标、集体商标、证明商标。如图 3-2-1 所示，以集体商标、证明商标注册的品牌，又可称为"区域公用品牌"，以商品商标、服务商标注册的品牌，为企业品牌或产品品牌。

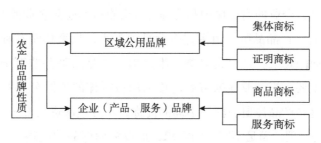

图 3-2-1　农产品品牌性质与商标关系❷

---

❶　农业品牌研究院．专家观点：农业品牌及其类型 ［EB/OL］．［2024-05-17］．https：//mp. weixin. qq. com/s/p-dffAbqxwillk_46DBmYw.

❷　胡晓云．专家观点：农业品牌及其类型 ［EB/OL］．［2021-01-08］．https：//mp. weixin. qq. com/s/RlEw D83UPlqxCYEJM__7dg.

在高质量发展的新阶段，质量兴农、绿色兴农、品牌强农，区域公用品牌、企业品牌、产品品牌协同发展，已经上升为国家战略，形成全社会的理念共识和行动指引。

（1）区域公用品牌。区域公用品牌是基于特定地理区域范畴，由产业集群、产品类别等形成的，其品牌所有权与使用权分离，品牌所有权属行业协会等运营组织所有，品牌使用权由行业协会等组织授权符合标准的产业、产品生产经营者使用。区域公用品牌针对的更多是产业品牌、产品品牌等生产经营领域。此类品牌的商标所有权、经营权、使用权分离，对区域公共性的影响，是通过产业发展、产品形象等形成的。区域公用品牌可通过注册为集体商标或证明商标的路径得以保护，如"清远鸡""寿光蔬菜""五常大米""洛川苹果"等。

区域公用品牌与普通商标意义上的企业品牌、产品品牌有所不同，具有整合区域资源、联动区域力量的特殊能力，进而普惠地理标志产品的相关生产主体，带动区域经济发展，提升区域品牌形象。以地理标志产品为产业基础，充分挖掘和利用其区域性特征，创建区域公用品牌，并通过构建科学合理的管理机制，形成与企业品牌、合作社品牌、农户品牌等协同的母子品牌关系，创造区域与企业（合作社、农户等）的品牌互动模式，能够最大限度地形成区域、产业、企业、农户的合纵连横，创造区域品牌新生态。

需要说明的是，地理标志≠注册商标，地理标志是一种认证。地理标志既可以注册为集体商标，也可以注册为证明商标，受到《商标法》保护才是真正的保护。

（2）企业品牌。企业品牌具有"专属性"，是由某家企业组织或个人独自拥有的，其他企业不能够分享企业品牌所带来的利益。企业品牌具有明显的竞争性和排他性，其优点是经营者相较于区域公用品牌，更愿意主动去为品牌建设贡献力量。商标是企业品牌文化的精髓，是企业发展文化的直观体现，也属于不可缺少的知识财产。随着知识经济时代的发展，企业的商标保护和管理力度会直接影响到企业的发展。

（3）产品品牌。产品品牌的范围比企业品牌更小，只聚焦于某种产品，是企业品牌的一部分，指向的是某类产品的名誉，不过单一产品品牌并非万全之策，品牌的多元化打造也非常重要。当企业根据市场定位和消费群体的不同分别推出不同的系列产品时，可以针对这些产品注册、使用不同的商标，不分主次进入市场，共同竞争，以占领不同市场消费者心理，满足不同人的需求，形成多商标品牌战略。全球日化龙头——宝洁公司采用的就是多商标品牌战略，旗下拥有多种产品品牌，如"海飞丝""汰渍""舒肤佳""佳洁士"等。

总之，没有强有力的企业品牌和产品品牌，区域公用品牌就如同空中楼阁和一盘散沙；而没有强有力的区域公用品牌，企业品牌和产品品牌就如无源之水、无本之木。区域公用品牌是企业品牌和产品品牌的基础与背书，企业品牌和产品品牌是区域公用品牌的载体与主体，三位一体，相互依托，相辅相成，协同并进。

比如，涪陵榨菜是区域公用品牌，涪陵榨菜集团是企业品牌，乌江是其中最知名的产品品牌。三个品牌三位一体，共同推动了榨菜品类市场的大发展。❶

近年来，农业农村部大力推进农业品牌打造。2023 年，我国农业目录体系初步形成，全国精品培育品牌 144 个，省级目录区域公用品牌 1100 余个，企业品牌 1700 余个，产品品牌约 2000 个，31 个省（自治区、直辖市）均出台品牌支持政策，已形成部级统筹抓精品、省级系统抓目录、市县推进抓落实的品牌发展促进机制，农业品牌建设工作取得积极进展。❷

3.2.3.2　农产品商标的注册类别

随着农产品产业的发展，大众对品质的要求越来越高，溯源逐渐成为刚需。农产品注册商标，相当于农产品的"身份证"。商标使农产品可追溯，从而确定产品来源的可靠性，消费者购买产品就有了安全感。

基于《商标注册用商品和服务国际分类》（尼斯分类），商品和服务商标类别分成 45 个大类，其中商品为 1 ~ 34 类，服务项目为 35 ~ 45 类。

我国目前采取的是"一标多类"的商标制度。新修改的《商标法》规定，商标注册申请人可以通过一份申请就多个类别的商品申请注册同一商标，涉及农业、农产品最基本的商标类别包括以下几类❸：

（1）第 29 类：加工农产品，肉、奶、蛋、油等营养食品，以及瓜果蔬菜干制腌制品等；

（2）第 30 类：各种农作物加工后的产品，比如加工过的玉米小麦米面制品、糕点、面条、包子、饺子等精加工产品，以及茶叶、粉条、蜂蜜等特色农产品，糖、醋等各种调味料；

（3）第 31 类：基础农产品瓜果蔬菜、玉米小麦以及活家禽，种子、饲料等；

（4）第 35 类：农产品销售、广告宣传；

（5）第 39 类：观光旅游、农产品运输服务；

（6）第 40 类：农产品加工服务；

（7）第 43 类：农家乐住宿餐饮；

（8）第 44 类：农业种植、动物养殖、水产养殖、园林园艺等农业活动。

农村承包经营户、合作社、个体工商户均可注册商标。注册商标，可以更好地帮

---

❶ 娄向鹏，郝北海. 品牌农业 ［M］. 北京：中国发展出版社，2021：10.

❷ 中国农业品牌. 我国农业品牌建设取得积极进展 ［EB/OL］. ［2023 - 12 - 21］. https：//mp. weixin. qq. com/s/kaahlkcSSFuVB1pFaMlmAQ.

❸ 商标圈. 农产品如何注册商标并做好品牌 ［EB/OL］. ［2023 - 02 - 01］. https：//mp. weixin. qq. com/s/jfOjpfpz5TXZ03g - Wg4Jaw.

助农业生产经营主体获得商标专用权，受国家法律保护，也更有利于促进新型农业生产经营主体切实形成规模集群效应，实现小农户与现代农业有机衔接，推进农业生产持续向专业化和组织化发展，助力现代农业高质量发展。

商标的注册方式有两种：一种是自行到国家知识产权局商标局办理商标注册事宜；另一种是为了节省时间和精力，委托依法设立的商标代理机构办理。具体办理流程可在商标局网站查询，不再赘述。

3.2.3.3　农产品商标保护与品牌建设

品牌是市场概念，商标是法律概念。❶ 品牌通过注册商标获得权利保护，商标通过品牌使用获得市场价值。农产品商标对农业发展的重要性体现在以下几个方面。

（1）保护农产品品牌：注册商标可以确保农产品有独立的品牌标识，避免其他类似产品的混淆和冒充，增加消费者对农产品的信任度和认可度。

（2）提升农产品市场竞争力：注册商标可以塑造农产品的独特形象和市场定位，使其区别于其他农产品，有助于提升产品的竞争力，吸引更多消费者选择购买。

（3）保障农产品质量标准：商标注册要求产品符合一定的质量标准和生产规范，这有助于推动农业生产环节的规范化、标准化并提高产品质量，提升整个农业产业的发展水平。

（4）扩大农产品市场份额：注册商标可以帮助农产品进入国内外市场，打开销售渠道，提高产品的知名度和市场份额，促进农产品的销售和贸易发展。

打造农产品品牌的根本目的在于引领产业发展，促进消费增长，带动农业增效农民增收。农产品品牌打造应遵循品牌建设规律，突出品牌特色，实现差异化发展，特别是农产品区域公用品牌要体现地域性、产业性和公共性。实践表明，"产地 + 品类"的建设模式更能实现品牌辨识，增强品牌黏性，达到推动区域特色产业发展、促进产品销售的目的。

农产品品牌保护最有力的武器就是及时注册商标，获得法律授予的商标专用权，只有如此才能为农产品品牌的做大做强，甚至走向国际市场打下良好基础。

2021 年 9 月，中共中央、国务院印发的《知识产权强国建设纲要（2021—2035年）》指出，推进商标品牌建设，加强驰名商标保护，发展传承好传统品牌和老字号，大力培育具有国际影响力的知名商标品牌。

2021 年 10 月，国务院印发的《"十四五"国家知识产权保护和运用规划》要求，实施商标品牌战略，加强驰名商标保护，提升品牌国际影响力。

---

❶　商标圈. 商标、品牌、Logo，别再傻傻分不清楚了！［EB/OL］.［2019 - 04 - 09］. https：//mp. weixin. qq. com/s/gosSmlrADg_RhLAD4QRgTw.

2022 年 12 月，中共中央、国务院印发的《扩大内需战略规划纲要（2022—2035 年）》提出，"深入实施商标品牌战略。打造中国品牌，培育和发展中华老字号和特色传统文化品牌"。一系列政策的出台，为深化实施商标品牌战略提出了新的要求。越来越多的经营主体同样认识到，为了实现企业高质量、可持续发展，必须进一步强化以商标为核心的品牌建设，尽快培育高价值商标品牌。

商标品牌以注册商标为载体，不仅包括了商标的基本识别功能，还蕴含了品牌价值、企业文化、市场定位等多重元素，是经营主体与消费者之间信任和情感联系的桥梁，也是经营主体形象和声誉的体现。

在全球化、网络化不断加强的大背景下，市场竞争已经从产品竞争逐步发展为品牌竞争，且日趋激烈。作为企业品牌的重要载体，商标不仅是重要的知识产权和无形资产，更是品牌战略的关键支撑。

3.2.3.4 农产品商标品牌保护对策

现阶段，农业品牌数量快速增长，涌现出一批较有影响力的品牌，但由于保护意识不强、措施不足、力度不够，冒牌套牌等问题较为突出，给品牌形象和声誉造成不利影响。政府部门扶持品牌建设更多聚焦于品牌培育、品牌营销，在品牌运维和保护方面投入力度不足。企业主体品牌打造缺乏系统规划，更多注重创品牌、打品牌，而在护品牌上认识不深，不及时注册商标，不重视打击假冒伪劣产品，难以保持持久旺盛的品牌生命力。

鉴于现状，建议农业生产经营主体将商标品牌保护作为品牌建设的重要内容，从以下方面入手，统筹推进品牌培育、品牌营销、品牌保护，建立健全品牌成长和促进机制，采取有力有效的保护措施，切实维护品牌信誉度。

（1）培育特色优质产品，挖掘商标品牌潜力

依托区域自然资源优势，发展特色农业产业，培育优质农产品。农业对自然条件的依赖性较强，不同地域的自然条件、优势资源和种植习惯的差异，形成了农产品的区域特色和比较优势，进而可以转化为市场优势。因此，在农产品商标品牌建设过程中，要充分依托并整合区域优势资源，聚焦农业现代化，围绕粮食、蔬菜、水果、畜禽、茶叶、水产等农业特色优势产业，大力提升重要农产品标准化、规模化、品牌化水平，推进品种培优、品质提升、品牌打造和标准化生产。

此外，还要挖掘利用好地方的农业发展历史、农耕文化、农业旅游等资源，将地方特色文化注入其中，丰富农产品的文化底蕴，提升品牌的文化品位，为培育打造具有较高知名度、带动能力强的农产品特色品牌奠定坚实基础。

（2）树立品牌保护意识，重视商标品牌布局

商标是品牌的保护伞，在品牌经济的推动下，只有制定较为完善的商标管理制度，

树立良好的品牌形象，才能更好地促进产业发展。农业生产经营主体应树立品牌保护意识，充分认识到商标品牌在市场竞争和企业发展中的巨大作用。通过对市场消费趋势和竞争态势的分析，选择能发挥自身优势的策略，为自己在市场上选准一个明确的、符合消费需求的、有别于竞争对手的品牌定位。

推进农产品商标注册是农业品牌化工作的重要环节，政府部门、行业组织应引导和增强农业生产经营主体的商标保护意识，鼓励并支持农产品商标注册，做好布局保护工作，尤其是要重视拥有自主知识产权和特色农产品的商标注册工作，防止商标的恶意抢注和侵权行为。

（3）强化政策引导支持，合力推进品牌发展

政府、农业行业组织和生产经营主体是农产品品牌建设三个主要的参与主体。各级政府部门要清晰认识到农产品品牌创建和维护的重要意义，将其视为推进农业产业结构优化、农民增收和促进农业经济发展的重要举措，要强化品牌创建和维护的顶层设计，根据区域农业资源及特色优势，对各环节进行相应的政策支持，比如强化财政资金支持、税收优惠等，为农产品商标品牌创建和维护提供必要的政策保障。

加大知名商标品牌培育力度，深入实施商标品牌战略，开展专业商标品牌基地评定和商标品牌示范企业推介工作，加强驰名商标、老字号注册商标、涉外商标等行政保护。推进商标品牌价值提升，打造具有较高社会影响力和市场竞争力的区域品牌。加强企业对商标品牌资产管理，强化商标使用导向。鼓励生产经营主体发展自主商标品牌，支持"走出去"产品加强商标海外布局，不断提升商标品牌的国际知名度和美誉度。

（4）构建联动保护模式，全面提升品牌效力

农产品商标品牌建设，除了打造区域公用品牌，还须扶持和培育龙头企业，做企业品牌和产品品牌，按照"区域公用品牌＋企业品牌＋产品品牌"模式，打造品牌矩阵。在农产品区域公用品牌创建过程中，要充分发挥行业协会、企业和政府等方面的作用，完善公用品牌的运行机制，实现对区域内特色资源的有效配置，强化区域公用品牌的叠加效应。深入挖掘区域公用品牌的价值，促使农产品生产经营主体能够深入挖掘各类农产品的价值内涵，培育出区域内更具特色、高品质和高价值的品牌。

在公用品牌与企业品牌合作发展过程中，通过区域公用品牌夯实产业基础，奠定知名度和产品品类认知基础。以区域公用品牌为背书，打造各具特色的企业品牌和产品品牌，做区域公用品牌中的代表，在产业中起到引领示范作用。当企业和产品品牌发展壮大后，开始反哺区域公用品牌，助力区域公用品牌的价值提升与可持续发展，最终实现区域农产品商标品牌效力的全面提升。

（5）增强商标法律意识，构建监管保护机制

对品牌的保护，必须以商标的法律保护为抓手。商标保护制度是加强品牌保护、

实现品牌价值、发挥品牌效益的有效保障。

首先，要增强商标保护意识，对已成型的品牌及时进行商标注册，做好商标保护工作，并注重产地认证，以防外来农产品滥用商标品牌，保持商标品牌独具的区域优势，维护良好市场形象。对生产经营主体开展商标品牌培育、布局和保护等知识培训，提高其品牌建设和保护意识，有力保护农产品知识产权，避免发生地域品牌信任危机。

其次，应当严厉打击商标恶意抢注、侵权假冒等行为，健全行政与司法的协调机制，强化协同监管和联合惩戒，畅通投诉渠道，全面加强商标品牌保护力度。

最后，地方政府部门可以推进建设区域知识产权协同保护机制，如建立"驰名商标""重点商标保护名录""优质地标产品保护名录""高价值商标"等互通互认机制，健全案件移送、执法协作以及联合执法等机制，为农产品商标品牌的发展壮大保驾护航。

近年来，各地积极开展商标品牌建设工作，商标品牌培育、运用协调推进，商标品牌潜力不断涌现，保护环境持续优化，品牌效益显著提升，促使商标品牌在各地社会经济发展中的价值愈发突显。

在当前加快构建以国内大循环为主体、国内国际双循环的新发展格局以及构建全国统一大市场的形势背景下，商标品牌建设已成为推动我国经济实现高质高效和可持续发展的重要抓手。随着国家重视和推进商标品牌发展政策的深入实施，农产品商标品牌必将引领农业现代化发展，为农业农村新时期的全面振兴提供不竭动力。

3.3　非物质文化遗产

3.3.1　农产品与非物质文化遗产

2022 年 11 月 29 日，我国申报的"中国传统制茶技艺及其相关习俗"在摩洛哥拉巴特召开的联合国教科文组织保护非物质文化遗产政府间委员会第 17 届常会上通过评审，列入联合国教科文组织人类非物质文化遗产代表作名录。截至 2024 年 7 月 28 日，我国共有 43 个项目列入联合国教科文组织非物质文化遗产名录、名册，位居世界第一。

根据《中华人民共和国非物质文化遗产法》（以下简称《非物质文化遗产法》），非物质文化遗产，是指各族人民世代相传并视为其文化遗产组成部分的各种传统文化表现形式，以及与传统文化表现形式相关的实物和场所。根据《国务院关于加强文化遗产保护的通知》，我国非物质文化遗产的保护分为国家级、省级、市级和县级的多层级保护体系，体现了我国对非物质文化遗产保护的高度重视。

那么农产品与加工和非物质文化遗产之间有什么关联呢？众所周知，我国是世界农业的重要发祥地之一，农耕历史有万年之久，是古代文明生存和发展的基石，农业遗产十分丰富。中国的农业自改革开放 40 余年来，更是取得了举世瞩目的成就，创造了利用不足世界 9% 的耕地，养活世界近 21% 的人口的奇迹。中国的茶叶、丝绸、中医药等成为国家名片，向全世界宣传着中国农产品和加工。中国农产品与加工不仅解决了人民的温饱问题，也在精神层面上提供了"文化食粮"。农产品与加工通常承载着深厚的文化底蕴和内涵，传承着传统技艺、传说典故、民风民俗等知识。这些都是农业产业文化的基因。

习近平总书记指出："乡村振兴要在产业生态化和生态产业化上下功夫，继续做强做大有机农产品生产、乡村旅游、休闲农业等产业，搞好非物质文化遗产传承，推动巩固拓展脱贫攻坚成果同乡村全面振兴有效衔接。"非物质文化遗产的传承和发扬，同时也在推动着现代农产品产业的发展。

3.3.2　非物质文化遗产保护现状

国务院先后于 2006 年、2008 年、2011 年、2014 年和 2021 公布了 5 批国家级项目名录（前三批名录名称为"国家级非物质文化遗产名录"，《非物质文化遗产法》实施后，第四批名录名称改为"国家级非物质文化遗产代表性项目名录"）。截至 2024 年 7 月，共计 1557 个国家级非物质文化遗产代表性项目（以下简称"国家级项目"），按照申报地区或单位进行逐一统计，共计 3610 个子项。国家级名录将非物质文化遗产分为十大门类，分别为：民间文学，传统音乐，传统舞蹈，传统戏剧，曲艺，传统体育、游艺与杂技，传统美术，传统技艺，传统医药，民俗。每个代表性项目都有一个专属的项目编号，比如红茶的制作技艺编号为Ⅷ-149。

广东省有入选联合国教科文组织"人类非物质汉文化遗产代表名录"的非物质文化遗产项目 5 项，分别是粤剧、古琴（岭南派）、剪纸（广东剪纸）、皮影（陆丰皮影）、茶艺（潮州功夫茶艺）。国家级非物质文化遗产代表性项目 165 项例，包括 2021 年第五批入选的潮州菜烹饪技艺、米粉制作技艺（沙河粉传统制作技艺）等，还有省级非物质文化遗产代表性项目 816 项、市级非物质文化遗产代表性项目 2481 项。

清远市的国家级非物质文化遗产多达 6 个，分别是瑶族耍歌堂、婚俗（瑶族婚俗）、瑶族长鼓舞（小长鼓舞）、瑶族长鼓舞、瑶族布袋木狮舞、英石假山盆景技艺。清远市国家级非物质文化遗产大部分与少数民族风俗有关，与农产品及加工相关的非物质文化遗产较少。另外，清远市还有省级非物质文化遗产 39 项、市级 131 项。其中，省级非物质文化遗产名录中，有粤菜中耳熟能详的白切鸡烹饪技艺（清远白切鸡烹饪技艺）、红茶制作技艺（英德红茶制作技艺）以及乌龙茶制作技艺（笔架茶制作工艺）。

3.3.3 非物质文化遗产如何促进品牌建设

3.3.3.1 非物质文化遗产与文化旅游

非物质文化遗产是活性、不断发展的。非物质文化遗产是文化遗产的重要组成部分。将旅游资源和非物质文化遗产资源进行融合，一方面旅游为非物质文化遗产传承提供了更广阔的空间；另一方面非物质文化遗产也有效提高了旅游业的竞争力，两方面互相促进、互相融合。2021 年，中共中央办公厅、国务院办公厅印发的《关于进一步加强非物质文化遗产保护工作的意见》提出，在有效保护的前提下，推动非物质文化遗产与旅游融合发展、高质量发展。2023 年，文化和旅游部印发《关于推动非物质文化遗产与旅游深度融合发展的通知》，目的是在非物质文化遗产与旅游深度融合的过程中，认真建立常态化、科学、系统的组织形式，更好地激发非物质文化遗产 + 旅游的创新活力与生机。

2023 年 6 月 10 日，广东省文化和旅游厅推出"粤见非遗 潮玩岭南"10 条非物质文化遗产旅游精品线路，通过串联一批国家级、省级非物质文化遗产代表性项目将非物质文化遗产与旅游的融合体现得淋漓尽致，目的地包括广州、佛山、东莞、江门、中山、肇庆、梅州、茂名、湛江、潮州、汕头、清远连南等 12 个城市。以"旅游"为载体，有机融入各目的地独具特色的非物质文化遗产元素，涵盖粤剧、古琴艺术（岭南派）、潮州工夫茶艺等人类非物质文化遗产及彩扎（佛山狮头）、蔡礼佛拳、瑶族长鼓舞等国家级、省级、市级非物质文化遗产项目近 60 个。通过非物质文化遗产打造精品旅游项目，进而拉动经济发展，塑造地方品牌。

以江门为例，江门的旅游路线中涉及 4 个非物质文化遗产，分别为：台山浮石飘色（国家级非物质文化遗产）、蔡李佛拳（国家级非物质文化遗产）、新会陈皮炮制技艺（国家级非物质文化遗产）、李锦记蚝油制作技艺（省级非物质文化遗产），涉及陈皮及蚝油两种农产品的制作技艺。路线具体为：陈皮古道（陈皮文化体验馆多媒体全方位展示柑树成长过程和新会陈皮加工过程，近距离接触陈皮馆藏，品地道陈皮宴）—李锦记新会生产基地（体验李锦记古法煮蚝文化）。

在旅游路线中游客们了解了李锦记的企业历史、企业文化、产品研发和产品生产线等情况，并了解该企业在科技创新、智能化生产、绿色环保理念等方面的亮点举措。在新会陈皮文化博物馆等地，游客们参观了陈皮的种植、采摘、炮制过程及多种多样陈皮产品，了解陈皮悠久的历史文化和现代产业发展情况。新奇有趣的集市和丰富精彩的非物质文化遗产表演也在旅游线路中呈现。极具特色的农产品、令人垂涎的各种美食、广东音乐合奏、蔡李佛拳表演等节目，丰富游客的旅游体验，深入挖掘乡村旅游消费潜力，以文塑旅、以旅彰文，进一步推动非物质文化遗产和乡村旅游、农产品发展深度融合，助力乡村振兴。

3.3.3.2 非物质文化遗产与产业发展

通过非物质文化遗产的文化内核，打造具有独特文化内涵和市场影响力的非物质文化遗产品牌，提升市场核心竞争力，从而带动产业发展，是非物质文化遗产与产业发展的发展途径。在非物质文化遗产品牌化过程中，应注重非物质文化遗产的完整传承，避免过度商业化和同质化，同时要加强非物质文化遗产保护及商标注册。当前我国非物质文化遗产老字号品牌已形成稻香村、全聚德、同仁堂、李锦记等品牌。以稻香村品牌为例，作为"中华老字号"非物质文化遗产美食品牌，在两个半世纪的传承中早已成为一种民族文化符号，产品种类达到 1000 余种，销售范围覆盖全国，并出口全球 40 多个国家和地区，品牌价值高达 182.77 亿元，成为中华老字号可持续高质量发展的标杆之一。

湛江菠萝从滞销到畅销，茂名荔枝从特色水果成为岭南文化符号。农产品要实现从"山货"到"尖货"，"文化牌"是关键一环。清远市突出清新茶叶品牌建设，积极促进笔架茶制作工艺的非物质文化遗产保护与传承，讲好由唐朝《茶经》到民国《清远县志》笔架茶的故事。英德红旗茶厂已成功申报国家工业遗产，正致力打造集科技、文化、商贸、健康、创意于一体的英德红茶体验综合体。英德还通过举办"中国·英德红茶头采节"，将茶文化、茶产业、茶科技"三茶融合"整合；大力开展茶园研学项目，推进"茶文化进校园"和"莘莘学子进茶园"。目前，英德已建有上茗轩红茶博物馆、英红镇红茶博物馆，将非物质文化遗产+全面融入产业发展。非物质文化遗产提升了品牌的文化内核，给区域发展提供了内在动力，成为品牌建设中强有力的工具。

3.4 品牌建设案例解析

3.4.1 鹰嘴蜜桃：甜蜜爽脆，桃之极品

（1）何为鹰嘴蜜桃

连平鹰嘴蜜桃是广东省河源市连平县的特产，也是中国国家地理标志产品，曾获"岭南十大佳果""广东名特优新农产品"等称号。连平鹰嘴蜜桃果顶似鹰嘴，果柄凹陷，缝合线浅，两半较对称；果皮色泽鲜亮，呈淡青色；果肉白色、近核部分带红色，不离核；肉质爽脆、味甜如蜜。

连平鹰嘴蜜桃有补益气血、养阴生津的作用，可用于大病之后、气血亏虚、面黄肌瘦、心悸气短者；含铁量较高，是缺铁性贫血病人的理想辅助食物；含钾多、含钠少，适合水肿病人食用；桃仁有活血化瘀、润肠通便作用，可用于闭经、跌打损伤等

辅助治疗；桃仁提取物有抗凝血作用，并能抑制咳嗽中枢而止咳，同时能使血压下降，可用于高血压的辅助治疗。

（2）历史文化渊源

连平种植鹰嘴蜜桃的历史可追溯到 400 多年前的明代，但具体的历史记载较为模糊。20 世纪 80 年代初，连平县上坪镇的一些村民开始尝试对当地的桃树进行嫁接，经过悉心栽培、提纯复壮，品种得到改良。20 世纪 90 年代，广东省农科院、仲恺农学院等众多农业专家的改良培育，使得桃果色泽鲜亮、果大形美、肉质脆嫩、清甜爽口、风味独特，被誉为广东乃至中国南方的桃之极品。截至 2023 年，连平全县鹰嘴蜜桃的种植面积有 6.2 万亩，种植户有 6000 多个，年产值约 6 亿元。其中，上坪镇的种植面积占全县的 70% 左右。连平鹰嘴蜜桃的产量逐年提高，产品销往省内外，甚至辐射到周边国家/地区。

作为地理标志保护产品专用标志使用核准改革试点省份之一，近年来广东省全方位持续发力，高质量落实改革试点项目的各项要求，将任务清单转化为实实在在的工作成效。

（3）改革试点成果丰硕

2019 年，《国家知识产权局办公室关于确定地理标志保护产品专用标志使用核准改革试点地方的通知》发布，确定在广东省等 11 个地方开展地理标志保护产品专用标志使用核准改革试点，积极推动符合条件的企业使用地理标志保护产品专用标志。

为促进优势特色农业产业提质增效，帮助农民稳产增收，广东省积极推动地理标志保护产品专用标志使用核准改革试点工作。各试点城市多措并举，深入推进"地理标志产品培育及专用标志核准改革试点项目"，创新开展地理标志保护和改革相关工作。河源市积极探索地理标志扶贫富农经验，实现"连平鹰嘴蜜桃"专用标志核准使用企业"零的突破"。当前，河源市已完成"连平鹰嘴蜜桃"三批次地理标志保护产品专用标志的申报和核准工作，支持、帮助获准使用专用标志的行业组织、企事业单位印制地理标志保护产品的包装物超过 1 万件，开展了一系列针对地理标志产品及专用标志培育、申请、使用和运用的宣传推广和培训活动，充分宣传地理标志保护制度的重要作用，推动促进河源市特色产业发展。

（4）挖掘地理标志潜力，赋能文旅产业升级

专用标志是地理标志产品闯市场的"金字招牌"，一个小小的标签不仅是产品质量的保证，还蕴含着当地独特的文化内涵。河源市积极开展"连平鹰嘴蜜桃"等地理标志产品运用和促进工作，推动地理标志在带动多元化产业链条、促进经济发展与乡村振兴等方面发挥重要作用，走出了一条创新发展之路。

在河源市，地理标志保护产品专用标志使用核准改革试点工作取得了诸多成效。

连平鹰嘴蜜桃是河源市成功挖掘并培育的一大地理标志保护产品。连平鹰嘴蜜桃专用标志的获准用标企业以此为契机，凭借其专用标志的"金字招牌"获得消费者对产品的品质认可，进一步增强了消费者的品牌忠诚度。此外，河源市还建立起桃旅综合产业，不仅创造了可观的经济效益，也大大提升了当地的文化价值。

"深山屋为家，远离都市繁华，忙时种桃修篱，闲时三五好友，小酒清茶。"作为河源市连平县返乡创业的"80后""新农村人"，谢增县重拾起祖辈的乡土记忆，开启了新青年一代田园牧歌式的乡村生活。凭着一股造福家乡的干劲，他开创了连平县趣田野生态农业有限公司，充分挖掘连平鹰嘴桃的产业价值，创建了"谢小桃"桃旅综合体文化品牌。目前，该公司投资建设有鹰嘴蜜桃种植基地110亩，田野餐厅1栋、民宿客房10间，并举办了桃花系列旅游文化节，多季桃树认领活动，助力品酒吃桃、赏花度假、桃木画等周边产业不断壮大。在其带动下，更多的农户、合作社等也纷纷加入申请使用地理标志专用标志的队伍中，并广泛应用于桃胶、果干等加工产业，享受到了实实在在的经济效益。❶

作为获准使用连平鹰嘴蜜桃地理标志专用标志的企业代表，连平县趣田野生态农业有限公司坚守着融入乡村、造福家乡的乡土情怀，摸索了一条适合本土乡情的全新业态，为当地企业规范使用地理标志专用标志及地理标志产品品牌运营提供了示范，为进一步推动地理标志助力乡村振兴工作、促进巩固拓展脱贫攻坚成果同乡村振兴有效衔接注智赋能。

3.4.2 英德红茶：茶韵悠扬，香飘世界

（1）何为英德红茶

清远英德市位于粤北山区南部，温暖多雨，土壤条件优越，得天独厚的自然资源，适宜茶树生长，被誉为"世界红茶之乡"。英德产茶历史悠久，茶文化博大精深。英德红茶芽头肥壮，色泽金黄油润，具有"浓、醇、甜、香"的特点，被称为"东方金美人"。英德红茶的品种包括：云南大叶、凤凰水仙、英红九号、英红一号、五岭红、秀红及经国家和省级审定的适制英德红茶的大叶红茶品。英德红茶是国家地理标志保护产品，享有"世界高香红茶"的美誉，与云南滇红、安徽祁红并称中国三大红茶。

（2）产品特点

1）产地环境

英德茶区的喀斯特地貌为茶树提供了独特的生长条件。茶树生长土壤深厚肥沃，

---

❶ 冯飞，雍凯雯. 地标"粤字号"一路前行的秘诀是……［N/OL］. 中国知识产权报，2022 - 03 - 15［2024 - 11 - 12］. https：//mp. weixin. qq. com/s/JOYxV77nyQsAPCGwID0TSg.

主要为红壤、黄壤；土壤有机质含量较高，pH 在 5.5~6.5 之间，这为茶树的生长提供了良好的酸碱平衡。

2）加工工艺

萎凋：萎凋是茶叶加工的第一步，时间控制在 12~24 小时，目的是将茶叶中的水分含量减少至 56%~58%。

揉捻：揉捻分为三个时段进行，总时长 60~90 分钟，中间需要下机解块 1~2 次，以确保茶叶的形态和口感。

发酵：发酵时间控制在 3~5 小时，这一步骤对形成红茶特有的色泽和香气至关重要。

干燥：干燥分为毛火和足火两个阶段，毛火温度在 110~120℃，足火在 90~95℃，最终使毛茶的含水量降至 6.5% 以下。

（3）历史文化渊源

英德古属韶州，早时便是一个古老的茶区，产茶历史悠久。据历史记载，英德种茶可追溯到唐朝。唐朝陆羽所著《茶经·八之出》载："岭南生福州、泉州、韶州、象州……往往得之，其味极佳"，可见英德产茶历史之悠久。

明朝时，英德的土质茶已成朝廷贡品，这证明了英德茶叶的高品质。在清朝，英德茶叶生产已普及民间，在 19 世纪前中叶，英德茶叶在国际贸易中非常兴盛，这显示了其在国内外市场的广泛影响力。1959 年，英德红茶试制成功，以其色泽乌润细嫩、汤色明亮红艳、滋味醇香甜润、香气浓郁纯正等优异品质，享誉中外。20 世纪 60 年代初，英德市（县）茶叶局的成立，标志着英德茶叶产业的专业化和系统化管理开始，这是全国第一个县级茶叶专业职能部门。1986 年底，农业部等 5 部委批准英德建立大叶红碎茶出口商品生产基地，这一举措巩固了英德红茶在国际市场上的地位。

英德红茶的发展历程体现了其深厚的历史底蕴和不断的创新精神。从古代的贡品到现代的专业化生产，英德红茶始终保持着其高品质和独特风味，成为中国茶文化的重要组成部分，并在国际市场上占有一席之地。

（4）品牌建设措施

我国的茶文化源远流长，一个产业要提质发展，仅谈历史是远远不够的，尤其在品牌建设中，更要深入挖掘茶文化内涵，讲好茶叶故事。英德红茶不只是一种茶，更是拥有着深厚历史底蕴的文化标签，传统的制作工艺、特有的品质使其被列入广东省第七批省级非物质文化遗产代表性项目名录。英德市从"小""特"入手，探索"英德红茶"与其他地域特色相结合。作为广东旅游重镇，英德市政府鼓励茶企发展茶旅结合模式，把建设生态特色小镇、宣传山水田园风光与茶文化相结合，将人们对英德秀丽山水清新、绿色、健康的印象移情到品牌之上，赋予"英德红茶"更多文化内涵，

引导茶企逐步深化一二三产业融合发展。❶

为了推广"英德红茶"品牌，英德市立足广东面向全国，多渠道并举扩大宣传。在各类茶事活动中，积极主动通过报纸、杂志、电台、直播等渠道进行宣传。随着互联网时代的到来，英德市政府拥抱互联网新业态，将英德红茶在全国范围内进行推广宣传，积极探索各种宣传渠道，引领英德红茶走出国门。

1）红旗茶厂，英德红茶的摇篮，非遗传承的载体

2023 年以来，英德市文化广电旅行体育局通过深入挖掘红茶文化非物质文化遗产特色，支持红茶非物质文化遗产产业发展，以红旗茶厂活化利用为抓手，探索文化遗产赋能乡村振兴，推动县域经济发展，助力"百县千镇万村高质量发展工程"。例如，红旗茶厂作为英德红茶百亿产业核心展示区，被打造成为集英德红茶历史科普、研学旅行、工业忆旧、场景体验、产品销售、休闲度假、非遗保护于一体的目的地。

目前，红旗茶厂已打造成为由党建长廊、红旗厅、知青茶馆、茶叙空间、示范性生产车间、围炉煮茶、制（冲泡）茶区等体验板块组成，集英德红茶历史科普、研学旅行、工业忆旧、场景体验、产品销售、休闲度假、非遗保护于一体的目的地。通过活化利用，红旗茶厂实现老厂房的"蝶变"，展现茶乡独特魅力，助力乡村产业振兴。红旗茶厂先后入选全国百条红色茶乡旅游精品路线、广东省工业遗产、国家工业遗产、广东省工业旅游精品线路、清远市中小学生研学实践教育基地、全国"大思政课"实践教学基地（工业文化方向）、省级休闲农业与乡村旅游示范点、广东省青少年茶文化教育创新发展中心、粤港澳青少年研学基地、广东科普教育基地以及国家工业旅游示范基地等；红旗茶厂通过与英九庄园、积庆里仙湖旅游度假区等景区联动打造"红茶飘香·大美英德"茶文化游入选 2023 年全国乡村旅游精品线路"茶香萦怀"主题线路，有效发挥茶文化"非遗＋"作用，有力推进全市文旅产业发展及研学基地建设。

2）英德红茶"下地铁、进高铁、上央视、游珠江"之旅

地铁作为城市内重要的公共交通工具，在繁忙都市的地下脉络中川流不息。地铁站内一幅幅色彩斑斓的巨幅壁画，让站台的等候不再单调，充满了生命力的故事，跨越时空的界限，将古老的文化遗产与现代设计理念相融合，使奔赴下一站的追梦人在不经意间得到洗礼。英德红茶形象宣传广告于 2020 年亮相广州地铁多个站点，包括珠江新城、机场北、机场南、广州南、广州东、石牌桥、客村等多个地铁站点，多条地铁线路的站点围绕英德红茶打造沉浸式茶文化空间，引来乘坐地铁的市民拍照打卡，利用地铁作为文化传播的载体，讲述英德红茶的历史渊源、制作工艺和文化内涵，为

---

❶ 杨平平. 彰显地域特色 发挥品牌效益："英德红茶"区域公用品牌建设工作的探索与实践［J］. 中国村庄，2023（12）.

英德红茶拓展了新的市场和消费群体。这种宣传不仅为来往的人潮带来了视觉的享受，更是以独特的方式展现了品牌的魅力和价值，使得品牌形象更加深入人心。

英德红茶冠名的高铁列车是一种创新的宣传策略，通过在高铁列车上进行全方位的品牌推广，不仅提升了英德红茶的知名度，也给乘客带来了独特的旅行体验。高铁列车车身上的"英德红茶 世界高香红茶"宣传标识如同一道流动的风景，吸引着每一位旅客的目光。这趟列车从广州南站开往宣城，途经广东韶关、湖南长沙、湖北武汉、安徽芜湖等地，行程 1200 多公里。走进车厢，仿佛步入了英德红茶的世界，枕头巾、行李架、车窗、小桌板，每一处都巧妙地融入了"英德红茶"的元素。这些设计不仅为乘客提供了一个温馨舒适的旅行环境，更让英德红茶的形象深入人心。在这个封闭而专属的空间里，品牌与乘客之间建立了一种独特的联系，让旅行不再单调，而是充满了文化的气息和品牌的温度。这趟以"英德红茶"冠名高铁专列，成为英德红茶品牌的一张移动名片，伴随着高铁一路飘香。高铁时代的到来，让古老的茶香与现代速度完美融合。英德红茶，这个承载着中国传统茶文化的品牌，正以一种全新的方式，追赶着中国速度，与时代共同前进。

中央电视台作为国家级主流媒体，其覆盖范围和观众基础极为广泛。2020 年英德市在中央电视台（CCTV - 1）综合频道新闻栏目播出前的黄金广告时段投放了英德红茶形象宣传片。在央视播出品牌宣传片，能够迅速吸引全国乃至全球观众的注意，为英德红茶带来前所未有的曝光机会。此次宣传播出，为英德红茶走向世界、成为国际知名品牌奠定了坚实的基础。随着品牌知名度的提升和市场份额的扩大，英德红茶有望在未来成为更多消费者心中的首选红茶品牌。

英德红茶飘香珠江！东江、西江和北江等支流汇聚珠江，共同编织出一幅流动的自然画卷，每当夜幕降临，珠江两岸的华灯初上，璀璨的灯光与江水交相辉映，营造出一种梦幻般的氛围。2018～2020 年，珠江上的多艘游船，成为英德红茶宣传的移动平台。游船的内外屏轮番播放着英德红茶的宣传广告片，将这一传统品牌与珠江的美景巧妙地结合在一起，英德红茶的制作工艺和品质特点通过与珠江夜景的融合，传递出一种独特的文化韵味。游客在欣赏珠江美景的同时，也能感受到英德红茶的香气与魅力。这种创新的宣传方式，不仅提升了英德红茶的知名度，更让游客在旅行中有了更深的文化体验，珠江的夜色与英德红茶的香气，共同构成了一幅动人的画面，让人流连忘返。珠江的流动，见证了广州这座城市的发展与变迁；而英德红茶的宣传，则是对中国传统文化的一种传承与弘扬。这两者的结合，不仅为游客带来了视觉与味觉的双重享受，更展现了中国传统文化与现代生活的完美融合。

英德市以品牌建设为抓手，积极推进英德茶产业跨越式发展。加速提升英德红茶区域公用品牌价值，推动英德红茶产业加快融入粤港澳大湾区、走向国内国际市场，加速实现百亿元产值，努力将英德红茶打造为中国红茶第一品牌，实现经济效益与社会效益双丰收。"下地铁、进高铁、上央视、游珠江"这一系列举措展现了英德红茶在市场推广和品牌宣传方面的创新和努力，不仅提升了英德红茶的知名度和影响力，也为当地茶产业的持续发展注入了新的动力。

3）登纽约时代广场，出征巴黎奥运

2023 年，英德红茶登陆有"世界第一屏"之称的美国纽约时报广场纳斯达克大屏幕，打出"中国英德红茶，世界高香红茶"的口号，向全球展示英德红茶的魅力，向世界人民发起共品共享的邀约。这是英德着力提高英德红茶品牌知名度的又一举措。

红茶相伴，奥运同行。2024 年，英德红茶开启"巴黎奥运会之旅"，并亮相这一国际体育盛会，向全球展示独特魅力。以赛为媒，以茶会友。"让英德红茶香飘全球、走向世界"，英德市人民政府相关负责人在签约仪式上表示，英德是"世界红茶之乡"，巴黎是文化时尚之都，此次政府携手媒体搭建推广平台，让英德红茶与巴黎奥运会相遇，为英德红茶高质量发展带来了新机遇。一片小小的茶叶，承载的是厚重的历史文化底蕴和内涵，是中国向世界递出的一张闪亮名片。围绕做好茶文化、茶产业、茶科技"三茶融合"文章，英德市通过特色文化赋能，着力讲好茶故事，让世界爱上这一杯"中国茶"。

一座城市究竟可以有多国际范，清远英德已向世界证明。"世界红茶之乡"还在前行，英德红茶与世界的故事仍在继续。

（5）品牌建设成效

1959 年，第一批"英德红茶"问世就实现首次出口，其受多国元首的赞赏，标志英德红茶国际声誉的开端。

2006 年，英德红茶被认定为"地理标志保护产品"，为英德红茶品质提供法律保护。

2010 年，"英德红茶"被核准注册为中国国家地理标志证明商标，进一步巩固了其品牌地位。

2015 年，英德红茶入驻中国茶叶博物馆品牌馆，提升其文化价值和历史地位。

2019 年，英德红茶入选中国农业品牌目录，在第十五届中国茶业经济年会上获得"世界高香红茶"的荣誉，国际茶叶委员会授予英德红茶"世界高香红茶"牌匾。

2020 年，中欧地理标志协定签署，"英德红茶"被列入第一批"中欧 100 + 100"地理标志互认互保清单。

2021 年，"英德红茶"获得广东首批"粤地优品——广东高品质地理标志"称号。

2022 年，英德红茶国家地理标志产品保护示范区成功入选 2022 年地标产品保护示范区筹建名单。

2023 年，英德红茶被列入全国"土特产"推介名单，英德市政府与浙江永续农业品牌研究院签订框架协议，着力提升英德红茶品牌影响力。同年，英德红茶作为国茶代表之一，在广州松园用于接待法国外宾。

2024 年，英德市政府与广东广播电视台签订合作协议，标志着英德红茶出征 2024年巴黎奥运会，向全球展示其独特魅力。

英德红茶在海外华文传媒的广泛宣传以及在美国纽约时代广场纳斯达克大屏幕的亮相，进一步扩大了其国际影响力。此外，英德红茶获得的"中国优秀区域公用品牌""全国名特优新农产品""巴拿马世界博览会金奖"等荣誉，以及被国际茶叶委员会授予的"世界高香红茶""世界红茶之乡"称号，都是对其品质和文化价值的高度认可。

英德红茶的发展历程，不仅是一个品牌的成长史，更是中国茶文化走向世界的一个缩影。通过不断的努力和创新，英德红茶正以其独特的魅力，赢得全球消费者的喜爱和尊重。

3.4.3 清远鸡：清香溢远，鸡中凤凰

（1）何为清远鸡

清远鸡，俗称清远麻鸡，因母鸡背羽面点缀着无数芝麻样斑点而得名，是中国十大名鸡之一。清远鸡主产于广东省清远市，清远又称凤城，属珠江三角洲与粤北山区的结合地带，气候温和湿润，地势高爽、空气清新、山泉洁净、绿树成荫，多山丘和绿荫草地，虫蚁、蚯蚓繁多，适合清远鸡繁衍生长。山林间散养的清远鸡保持了与野生原鸡较相似的体形外观和嫩滑的肉质，配以清汤蒸煮，味道鲜甘，骨细酥脆。❶

清远鸡营养丰富，富含硒元素、维生素 E、OMEGA-3 不饱和脂肪酸、磷脂和风味物质肌苷酸等。与普通肉鸡相比，清远鸡的微量元素硒含量 1.8 倍以上，OMEGA-3不饱和脂肪酸及磷脂含量高，卓尔不群，独具特色。

（2）历史文化渊源

清远鸡，起源于岭南野生原鸡，原产于清远北江流域两岸，饲养历史悠久，历经千年不衰，蜚声四海，被誉为"清远名片"，位居广东四大名鸡之首（即清远鸡、封开杏花鸡、信宜怀乡鸡、惠阳胡须鸡）。

据史料记载，清远鸡最早可追溯到南宋建炎三年（公元 1129 年）。18 世纪，清远鸡随华人带到全球各地，并与当地鸡种繁育，改良当地鸡种，育成美国鹏鸪羽洛克鸡、意大利鹏鸪来航鸡等。民国时期，清远鸡已经远销我国香港地区等。

---

❶ 孙晓雨．"土鸡之王"清远鸡，如何破圈写百亿级品牌故事？［EB/OL］．［2023-11-02］．https：//mp.weixin.qq.com/s/BNxtJ67HyrtaJ277zDRZ3g.

1972 年，清远麻鸡入选国宴，因招待第一次访华的美国总统尼克松而名声远扬。此后成为"国宴用鸡"，享有"岭南第一名鸡"的美誉。

2012 年，清远鸡走进人民大会堂、钓鱼台等国家宾馆。同年 12 月，清远鸡"走出国门"推介签约仪式上，清城区畜牧水产服务中心与巴拿马龙宝集团签订了《巴拿马龙宝公司引进清远麻鸡品种与饲养技术意向书》，标志着清远鸡"飞"出国门。据公布数据显示，2023 年清远鸡出口量为 700 吨，出口总额约 2500 万元。

跨越千年的时光沉淀，清远鸡自岭南的乡野小径一步步踏上了国际舞台。"先知清远鸡，后闻清远市"，清远鸡已然成为清远市最闪亮的名片，作为知名农业品牌享誉海内外。

（3）产业发展情况

清远鸡品质好，市场潜力极大。2022 年，清远市提出打造五大百亿农业产业（清远鸡、英德红茶、西牛麻竹笋、清远丝苗米、连州菜心），着力推动农业产业高质量发展，带动生产经营主体持续增收。

清远市发布的《清远鸡产业发展行动计划》中提出，力争到 2025 年，清远市清远鸡存栏 6000 万只，年出栏 2 亿只，产值 120 亿元。

目前，清远鸡已经形成区域公用品牌、种业、标准化养殖、加工以及市场营销的一体化产业格局，着力打造中国独具魅力的清远麻鸡产业集群。据行业部门统计，清远市共有备案规模以上鸡场 1230 家，其中大型规模鸡场 257 家，如今累计创建国家级畜禽养殖标准化示范场 1 家、省级畜禽养殖标准化示范场 24 家，创建省级美丽牧场 2 家。❶

从"一只鸡"，到"一条链"，清远市实现了从种源到餐桌一条龙封闭生产经营的链条配置。目前，清远鸡的生产集家禽育种、种苗繁育、饲料生产、养殖管理、禽病监控、食品加工、产品营销、电子商务于一体，产业规模稳步扩增，全产业链稳步发展。

从"一只鸡"，到"一道菜"，以清远鸡为主食材的预制菜品持续丰富。目前，清远拥有天农、晃谷、爱健康、农一代等十余家预制菜生产企业以及 18 家农副食品加工企业，推出了如盐焗鸡、冬菇鸡、五指毛桃鸡、豉油鸡等多款预制菜产品。

从"一只鸡"，到"百亿鸡"，清远鸡产业不断壮大。近年来，清远鸡产量一直保持稳步增长。数据显示，截至 2023 年 12 月底，清远鸡出栏约 1.46 亿只，同比增长 7.35%；综合产值约 88.62 亿元，同比增长 30.32%，正朝着百亿目标大步迈进。

---

❶ 清远农业农村 . 清远鸡：品牌赋能 迈进百亿 ［EB/OL］. ［2024 - 07 - 03］. https：// mp. weixin. qq. com/ s/ Le1YW5IgXG6oZFmaU6W4Hg.

（4）品牌建设措施

1）政府高度重视品牌建设

近年来，清远市委、市政府积极组织策划清远鸡品牌建设与推广项目宣传活动，挖掘清远鸡产品文化内涵，讲好清远鸡故事，提升清远鸡品牌的影响力和渗透力，有力推动了清远鸡品牌形象的升级。与此同时，清远市加快溯源体系建设，加强种质资源保护，大力培育扶持龙头企业，引导鼓励企业主动创新求变，积极适应市场需求，共同打响区域品牌。

目前，清远市成立了五大百亿农业产业工作专班，谋划部署五大百亿农业产业发展和品牌建设，统筹各级单位资源力量，建立多方参与高效运行工作机制，形成以区域公用品牌为引领、以五大产业品牌和企业品牌为支撑的品牌矩阵发展格局，打造清远市优质农产品公用品牌，统一对外宣传推广。

同时，清远市高度重视商标品牌建设，大力推进实施商标品牌战略，深化商标注册"放管服"改革，全方位提升全市商标品牌创造、运用、保护、管理和服务水平。争取国家知识产权局商标局设立了商标业务清远受理窗口，积极推进商标注册便利化，缩短企业商标登记注册办理周期，提升企业商标品牌创造意识，推动经济高质量发展。

2）政策大力支持品牌建设

2022 年 3 月，清远市市场监督管理局（清远市知识产权局）印发《清远市知识产权事业发展"十四五"规划》，关于商标培育和保护，提出，到 2025 年，全市每万人口高价值发明专利拥有量、每万市场主体有效注册商标量显著增长。

深入实施国家商标品牌战略，支持企业培育高价值重点商标、知名商标、海外注册商标，发展一批代表优势产业、反映清远特色的知名商标品牌。深入实施地理标志运用促进工程，扶强一批区域公用品牌、提升一批企业品牌、精炼一批产品品牌。对获得认定的驰名商标、集体商标、证明商标给予奖励。

加快注册一批农产品商标和地理标志，加强原产地域农产品知识产权保护和生态原产地产品保护。大力实施商标富农、地标兴农工程，推进农户、基地龙头企业、地理标志和农产品商标紧密结合的农产品经营模式，试点建设一批市级区域品牌示范区。

加强知识产权行政保护。重点查处假冒专利、商标侵权、侵犯著作权、地理标志侵权假冒等违法行为。严格规范专利申请、商标注册和版权登记行为，依法严厉打击不以保护创新为目的非正常专利申请和不以使用为目的的恶意商标注册行为。

2024 年 3 月，清远市人民政府办公室印发《清远市促进知识产权高质量发展实施办法》，其中提到：

加快培育区域品牌。对企业新获认定的驰名商标、新入选广东省重点商标保护名录的给予资助。支持挖掘本地特色资源培育发展区域品牌，对新获准使用地理标志专用标志的企业进行资助；对新获得国家知识产权局批准的地理标志保护产品给予奖励；对围绕"五大百亿"农业等特色产业综合运用知识产权开展区域品牌创建提升的项目择优给予扶持。

严厉打击侵犯知识产权行为。深入开展关键领域、重点环节、重点群体行政执法专项行动，依法查处侵犯知识产权和制售假冒伪劣商品行为，加强行政执法与刑事司法有效衔接，及时有效地处理各类知识产权纠纷。大力推动知识产权保护社会共治，鼓励社会公众举报侵犯知识产权违法行为，举报奖励按省市有关奖励办法执行。

加强知识产权维权援助和保护。为企业提供形式多样的公益性维权援助服务。支持企业主动开展维权行动，对企业在国内外开展的专利、商标侵权案件中胜诉的给予资助。对企业开展地理标志维权和保护的项目择优给予扶持。

3）行业组织、龙头企业积极参与品牌建设

产业兴农，品牌强农。为提升清远鸡区域公用品牌影响力，清远市专门召开五大百亿农业产业区域公用品牌发布会，塑造了"麻麻鸡"代表性的 IP 卡通形象和以清远鸡为原型的公用品牌标识。目前，清远市农业科技推广服务中心成功注册"清远鸡""清远（麻）鸡""粤凤源""好风土"等多个商标，其中"清远鸡"作为区域公用品牌商标，通过授权使用，引导、支持相关企业规范使用商标，加强溯源管理，促进品牌影响力持续扩大。

品牌赋能，企业发力。在政府的支持以及政策的激励下，当地龙头企业也积极承担起清远鸡产业化、品牌化重任，通过开发区域资源，立足清远鸡特色，利用自身技术、人才、管理等优势，实现从源头到终端的有效链接，为清远鸡区域公用品牌高质量发展提供了有力支撑。如广东天农食品集团股份有限公司、广东爱健康生物科技有限公司等获准使用"清远鸡"地理标志专用标志，并且获得清远鸡区域公用品牌注册商标授权，不断提升清远鸡品牌价值和产品附加值，助力正宗清远鸡"飞"得更高更远。

此外，清远市龙头企业也很重视自身产品品牌建设，如广东天农食品集团股份有限公司已注册的商标数量为 336 件，核心商标包括"天农""凤中皇""天农食品""清水鸡""天汇""凤仪""凤中凰"等。广东爱健康生物科技有限公司已注册的商标数量为 116 件，核心商标包括"优凤""叹鸡""爱健康 LOVE HEALTH""食光鸡忆""清新凤""喜凤鸡""优凤优选"等。

（5）品牌建设成效●

经过清远市政府、各级各部门以及行业组织协会、龙头企业的不懈努力，清远鸡

● 清远农业农村. 清远鸡：品牌赋能 迈进百亿 ［EB/OL］. ［2024－07－03］. https：//mp. weixin. qq. com/s/Le1YW5IgXG6oZFmaU6W4Hg.

品牌建设成效显著，在市场上形成了强大的影响力。

2003 年，"清远（麻）鸡"注册"原产地证明商标"，成为广东首个活禽注册地理标志。

2004 年，清远鸡被授予"广东省名牌产品"称号。

2010 年，清远鸡成为"国家地理标志保护产品"，成为清远市独特的美食标志。

2017 年，"清远鸡"入选中国百强农产品区域公用品牌。

2019 年，"清远鸡"入选广东省第三届"十大名牌"农产品。

2020 年，"清远鸡"被纳入 2020 年第三批全国名特优新农产品名录。

2022 年，"清远鸡"入选农业农村部农业品牌精品培育名单，是清远市获得品牌荣誉最多的区域公用品牌之一。同年，清远市组织发动生产企业参加 2022 年首届粤港澳大湾区高价值商标培育布局大赛，广东爱健康生物科技有限公司自主商标培育案例获得银奖；推荐"清远鸡"产品申请纳入国家知识产权局地理标志运用促进重点联系指导名录；"清远鸡"地标品牌参加广东商标协会组织的 2022 年第二届"粤地优品——广东高品质地理标志"评价活动，并入选产品名单。

2022 年，白切鸡烹饪技艺还被列入了广东省非物质文化遗产代表性项目名录，也为清远鸡增添了一定的品牌影响力。

2023 年，中国地标节组委会、《品牌观察》杂志社联合发布"国家地理标志鸡品牌价值排行榜"，全国 24 个省份共 83 种鸡上榜，其中，清远鸡以品牌价值 688.13 亿元排名第一位。

2023 年，"强链条缔造强品牌，大统筹打造大布局——地理标志助力清远鸡高质量发展案例"入围国家知识产权局公布的第二批 80 个地理标志助力乡村振兴典型案例。

2023 年，广东省农业农村厅公布的 2023 年度"粤字号"农业品牌目录中，清远市有 10 个品牌入选"粤字号"农业品牌目录区域公用品牌名单，19 个基地入选"粤字号"农业品牌目录品牌示范基地名单，99 个产品品牌入选"粤字号"农业品牌目录产品品牌名单。梳理发现，10 个品牌入选"粤字号"农业品牌目录区域公用品牌名单中直接涉及清远市五大百亿农业产业占了 4 个，主要是清远鸡、英德红茶、连州菜心、西牛麻竹笋；19 个入选"粤字号"农业品牌目录品牌示范基地名单中，全部跟五大百亿农业产业有关；99 个入选"粤字号"农业品牌目录产品品牌名单中，涉及五大百亿农业产业的超过了 40 个，同样包含了五大百亿农业产业的全部内容。❶

---

❶ 清远农业农村.清远 128 个品牌入选 2023 年度"粤字号"农业品牌目录名单［EB/OL］.［2024-03-07］. https：//mp.weixin.qq.com/s/61VKr006E3dpik6QEcET5Q.

第4章 农业现代化篇

当前,高科技的迅猛发展不仅深刻改变了城市的面貌与人们的生活方式,更悄然渗透至农业生产的方方面面,为农业现代化注入了前所未有的活力与动能。这标志着一个由高科技赋能的现代农业时代已经到来,它正以前所未有的力量重塑着农业生产的每一个环节,引领着全球农业向更加高效、智能、可持续的方向迈进。

面对人口增长、资源约束、环境压力等多重挑战,传统农业模式已难以满足现代社会的发展需求,高科技的融入为农业现代化带来了勃勃生机。从生物技术、精准农业、智能农机到农产品加工,一系列高科技手段正逐步渗透到农业生产的全过程。生物技术的飞速进步,特别是基因编辑技术的突破,为改善动物品质的生产性能、抗病能力等提供了新的可能;数字技术的融合实现了对作物生长环境的实时监测与精准调控,从而大大提高了资源利用效率,减少了农药化肥的过度使用,保障了农产品的品质与安全;智能农机则借助自动驾驶、无人机等前沿技术,减轻了农民的劳动强度,提高了作业精度和效率,让"面朝黄土背朝天"的传统耕作方式成为历史。此外,农业现代化不断引入先进加工技术与设备,深化农产品的深加工与处理,推广自动化生产线和智能控制系统,提高加工效率和产品一致性,有效提升农产品附加值,促进农业产业升级,为农业可持续发展注入了新的动力。

随着人们对健康生活的追求日益增强,农产品安全与溯源体系的结合正成为推动农业转型升级、保障食品安全与品质的重要力量。农产品安全,作为食品安全的重要组成部分,直接关系到人们的身体健康与生命安全。在全球化背景下,农产品流通日益频繁,品种繁多,假冒伪劣产品也日益泛滥,严重威胁着农产品市场的安全与稳定。建立健全农产品质量安全追溯体系是确保农产品健康属性得以追溯和验证的关键,对提升农产品的市场竞争力,保障消费者的健康、安全,助力农业产业的可持续发展具有积极的推动作用。

4.1 基因编辑技术与动物育种

基因编辑技术的核心在于利用核酸酶工具对目标基因实施精准的定点修饰,包括

DNA 的定点敲除、插入及突变等操作，进而实现对基因表达水平的精细调控，旨在赋予细胞全新的表型特征。近年来，随着生物科技领域的日新月异，特别是基因编辑技术的飞跃性发展，畜牧业迎来了前所未有的变革机遇。在这一背景下，育种领域正式迈入了 4.0 时代——基因组选择育种。这一时代以高通量测序技术的广泛应用为基础，结合先进的生物信息学分析手段，研究人员能够深入探索生物群体的遗传奥秘，精准定位那些对特定性状（如生产性能、抗病能力等）起决定性作用的关键基因。基于这些发现，育种工作不再局限于传统的表型选择，而是可以直接通过转基因技术或是对后代基因型的精准筛选，快速培育出具备高效生产性能、优良抗病性等优势性状的个体。

简单而言，基因编辑技术是对关键基因进行改造的一种手段，能特异性改变基因序列，已经成为动物育种领域的研究热点和发展前沿。本节内容主要介绍基因编辑涉及的三种技术：锌指核酸酶（zinc - finger nuclease，ZFN）技术、转录激活因子样效应核酸酶（transcription activator - like effector nuclease，TALEN）技术以及成簇规律间隔短回文重复序列 - 相关核酸酶（clustered regularly interspaced short palindromic repeat - CRISPR associated protein，CRISPR/Cas）技术。

4.1.1　ZFN 技术

4.1.1.1　技术简介

锌指核酸酶（ZFN）技术是第一代基因编辑技术，是由锌指蛋白和核酸内切酶连接起来的一种核酸酶。锌指核酸酶由一个 DNA 识别域以及一个 DNA 剪切域组成。DNA 识别域为 3~4 个锌指串联结构，每个锌指约含 30 个氨基酸，被 1 个锌离子所固定，可识别并结合 1 个特异的三联体碱基，DNA 剪切域由非特异性核酸内切酶 Fok I 羧基端的 96 个氨基酸残基组成。每个 Fok I 单体与 1 个锌指蛋白相连构成 1 个锌指核酸酶。

（1）锌指蛋白

锌指蛋白作为 DNA 识别域，由一个含有大约 30 个氨基酸的环和一个与环上的 4 个半胱氨酸或 2 个半胱氨酸和 2 个组氨酸配位的锌离子构成（如图 4 - 1 - 1 所示）。锌指蛋白的第 8 位、第 13 位的半胱氨酸和第 26 位、第 30 位的组氨酸非常保守，形成 Cys2His2（C2H2）锌指，与锌离子配位。C2H2 锌指是最为经典的锌指类型，也是应用最广泛的。

（2）锌指核酸酶

Fok I 核酸酶是一种来自海床黄杆菌的非特异限制性内切酶，其只在二聚体状态时具有酶切活性。1996 年，研究人员首次将锌指蛋白和 Fok I 核酸酶融合，形成具有切割特异 DNA 活性的人工核酸内切酶。每个锌指蛋白能够识别一个特定的三联体碱基，多个锌指蛋白串联后能够识别一段特异的核苷酸片段，如 4 个锌指蛋白相连可以识别

12 个相邻核苷酸序列（如图 4 – 1 – 2 所示）。当两个锌指蛋白核酸酶位于 DNA 的正反两条链上间隔 5 ~ 7 个碱基的靶标序列后，形成二聚体，激活 Fok I 核酸内切酶结构域，导致基因组双键断裂。断裂后的 DNA 通过非同源末端连接和同源重组修复两种方式进行修复，从而产生核苷酸的插入、缺失、替换或点突变等编辑形式。

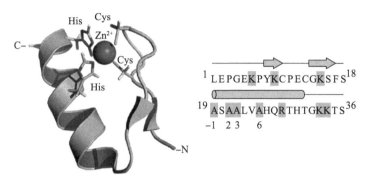

图 4 – 1 – 1 C2H2 锌指蛋白结构模型❶

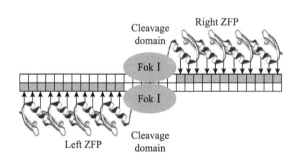

图 4 – 1 – 2 锌指核酸酶与 DNA 作用模型❷

4.1.1.2 技术特点

（1）优势

修复方式多样：锌指核酸酶技术可以与细胞内的 DNA 修复机制共同发挥作用，目前锌指核酸酶可以通过同源重组修复（HDR）或非同源末端连接（NHEJ）来修饰体细胞和多功能干细胞的基因组。

靶向结合效率高：锌指核酸酶技术通过其锌指 DNA 识别域和 DNA 剪切域，能够在特定的 DNA 序列上产生双链断裂，从而实现对基因的精确编辑。这种精确性使得锌指核酸酶在基因功能研究、基因治疗等领域具有广泛的应用前景。

❶ 上海科技大学免疫化学研究所大分子药物递呈实验室简介 ［EB/OL］. ［2024 – 10 – 23］. https：//siais. shanghaitech. edu. cn/dfzywdcsys/list. htm.

❷ MILLER J, HOLM M, WANG J, et al. An improved zinc – finger nuclease architecture for highly specific genome editing ［J］. Nature Biotechnology, （2007）25（7）：778 – 785.

（2）劣势

蛋白设计复杂：经过多年研究，人们对于锌指核酸酶与其 DNA 靶序列的相互作用仅了解到非常有限的一些关联性，因而无法直接根据所需要识别的靶序列构建相应的锌指核酸酶。为了获取一对能够有效工作的 ZFN，往往需要测试或筛选数量非常可观的锌指序列组合库，不但需要消耗相当大的人力物力，而且最终的成功率也不高。

易于脱靶：除了切割指定的靶位点，往往还会切割基因组上其他具有相似序列的位点。脱靶效应可能导致基因组的非预期改变，进而引发细胞毒性、遗传不稳定性和潜在安全问题。

4.1.1.3　技术应用

ZFN 技术为动物的基因靶向操作揭开了新篇章。尽管该技术的构建过程复杂，且靶向活性存在一定的不可预测性，但其依然为基因编辑领域带来了重要的突破。到目前为止，ZFN 已经成功应用于黑长尾猴、大鼠、小鼠、中国仓鼠、斑马鱼、果蝇、海胆、家蚕、拟南芥、烟草、玉米、猪、牛、人类 iPS 细胞。

（1）增加产品产量

肌生成抑制素（MSTN）广泛存在于动物骨骼肌内，是骨骼肌生长的负调控因子，MSTN 基因在动物胚胎发育期和成年期的骨骼肌中都有表达。研究表明，MSTN 基因含有 3 个外显子，并且在不同物种间 MSTN 基因序列高度保守。敲除 MSTN 基因会导致动物肌纤维广泛性增生和肥大，骨骼肌量显著增加。

中国农业科学院北京畜牧兽医研究所崔文涛团队利用锌指核酸酶技术介导猪的肌肉生成抑制素 MSTN 基因发生碱基缺失，造成移码突变，导致翻译提前终止无法形成 MSTN 功能蛋白，并获得了 MSTN 基因第 3781 - 3791 位核苷酸缺失的突变序列。❶ 通过试验证明，MSTN 基因第 3781 - 3791 位核苷酸缺失的猪表现明显的双肌表型，肌肉量和瘦肉率显著增加。

（2）提高产品质量

牛奶与人奶在成分上存在显著不同，比如人奶中缺乏 β - 乳球蛋白，而牛奶中则富含这种物质。对于小牛而言，β - 乳球蛋白扮演着类似免疫球蛋白的角色，对其免疫系统的发展至关重要。然而，对于婴儿来说，情况则大相径庭，因为他们的消化系统尚未完全成熟，β - 乳球蛋白未被消化直接进入体内，可能会被婴儿的免疫系统误认为是外来病原体，从而引发过敏反应。牛奶作为婴儿蛋白质的重要补充来源，其中的 β - 乳球蛋白成为潜在的健康隐患。为了应对这一挑战，科学家通过转基因技术培育出了新

---

❶ 中国农业科学院北京畜牧兽医研究所. 锌指核酸酶介导的猪 MSTN 基因突变序列及其应用：201510441242.9 [P]. 2015 - 11 - 18.

型奶牛，这些奶牛产出的牛奶中不含 β - 乳球蛋白。

中国农业大学生物学院戴蕴平团队通过锌指核酸酶技术成功培育了无外源 DNA 整合的 β - 乳球蛋白双等位基因敲除牛，并且产生无 β - 乳球蛋白的牛奶。其专利文献❶公开了一种培育生产低致敏性牛奶的牛的方法及其应用：向牛成纤维细胞导入锌指核酸酶载体 pZFN，得到基因型为双等位基因突变型的供体细胞；将供体细胞的细胞核移入除去细胞核的牛卵母细胞，发育形成重构胚胎，然后移入母牛子宫，分娩获得生产低致敏性牛奶的牛。

4.1.2 TALEN 技术

4.1.2.1 技术简介

（1）转录激活样因子（TALE）

与锌指核酸酶技术相似，转录激活因子样效应核酸酶（TALEN）也由两部分组成，一部分是 DNA 的特异性识别和结合区域，另一部分是与 ZFN 相同的 Ⅱ S 型的 Fok Ⅰ 核酸酶，通过二聚体化使目标片段产生双链的断裂。TALEN 的 DNA 结合域由转录激活样因子（TALE）构成。目前发现的 TALE 大约有 17 个，TALE 结构包括：N 端分泌信号、中央的 DNA 结合域核定位信号和 C 端的激活域。不同 TALE 蛋白中的 DNA 结合域有一个共同的特点，即由数目不同的（12~30）、高度保守的重复单元组成，每个重复单元含有 33~35 个氨基酸。这些重复单元的氨基酸组成相当保守，除了第 12 和第 13 位氨基酸可变外，其他氨基酸都是相同的，成为重复可变区（repeat variable diresidues，RVDs）（如图 4 - 1 - 3 所示）。TALE 的 DNA 特异性结合域氨基酸与 AGCT 这 4 个核苷酸碱基有一一对应的关系：腺嘌呤（A）由 NI（天冬酰胺异亮氨酸）识别，胸腺嘧啶（T）由 NG（天冬酰胺甘氨酸）识别，鸟嘌呤（G）由 NN（天冬酰胺天冬酰胺）识别，而胞嘧啶（C）则由 HD（组氨酸天冬氨酸）识别。

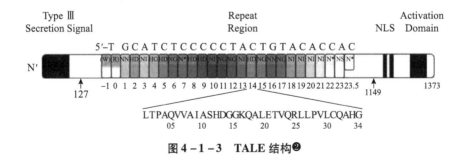

图 4 - 1 - 3　TALE 结构❷

❶ 中国农业大学. 一种培育生产低致敏性牛奶的牛的方法及其应用：201811219908.6［P］. 2019 - 02 - 12.

❷ MAK N S，BRADLEY P，CERNADAS R A，et al. The Crystal Structure of TAL Effector PthXo1 Bound to Its DNA Target［J］. Science，2012，335（6069）：716 - 719.

（2）转录激活因子样效应核酸酶（TALEN）

设定 DNA 靶序列，组装 TALE – DNA 结合域，融合 Fok I 内切酶的非特异性 DNA 切割域，组装成 TALE 核酸酶（TALEN）（如图 4 – 1 – 4 所示）。TALEN 能够靶向结合特定的 DNA 序列，Fok I 核酸酶以非特异性的方式切割该 DNA 序列，导致 DNA 双链断裂（DSB）的形成。在真核细胞环境中，这种 DNA 双链断裂会触发两种关键的 DNA 修复机制：非同源末端连接修复（NHEJ）和同源指导修复（HDR）。非同源末端连接修复是一种快速且相对简单的修复途径，它直接将断裂的 DNA 末端连接在一起。然而，断裂位点周围可能会引入小片段碱基的丢失或插入，这种变化有可能影响原有基因的功能，甚至导致基因敲除效应的产生。同源指导修复则是一种更为精确和复杂的修复方式。当同源重组载体被引入细胞时，同源指导修复能够利用这些载体中提供的相似 DNA 模板作为指导，精确地替换断裂点周围的 DNA 序列。这一过程不仅可以实现特定基因的定点突变，还能够将外源 DNA 片段精确地导入基因组中的预定位置。

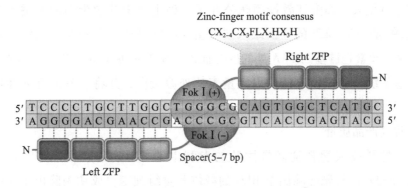

图 4 – 1 – 4 TALEN 与 DNA 作用模型❶

4.1.2.2 技术特点

（1）优势

应用范围广：通过在 TALEN 上连接重组酶或者位点特异性转座酶，就自动完成对基因组的切割和连接。该方法可用于任何细胞，即使在没有非同源末端连接修复和同源指导修复通路的细胞中也能产生作用，扩大了 TALEN 的使用范围。

较低的免疫原性：TALEN 源自植物致病菌，哺乳动物免疫系统不将其识别为外来物，因此不太可能在哺乳动物细胞中引发免疫反应。

（2）劣势

体积大：TALEN 的尺寸相对较大，这可能在递送到靶细胞方面带来挑战，尤其是

---

❶ KIM H, KIM J S. A Guide to Genome Engineering with Programmable Nucleases [J]. Nature Reviews Genetics, 2014, 15: 321 – 334.

在使用包装能力有限的病毒载体时。

操作烦琐、推广困难：将单个的 TALEN 模块进行组装需要大量的分子克隆和测序操作，十分烦琐。虽然商业公司可以提供组装好的三联密码子 TALEN 模块，甚至四联密码子 TALEN 模块，大大缩短了构建 TALEN 元件的实验周期，但绝大多数实验室都难以自行完成 TALEN 技术的完整操作，推广存在障碍。

4.1.2.3 技术应用

（1）增加产品产量

蜘蛛牵引丝是自然界中综合机械性能最优异的丝纤维之一，强度优异、阻尼性良好并且弹性突出。蜘蛛牵引丝是由序列高度重复的大分子蛋白质（分子量 > 300kDa）MaSp1、MaSp2 组成的蛋白纤维，强度近似为 4Gpa，是钢的 5 倍，有"生物钢"之称。蜘蛛丝蛋白的规模化制备是蜘蛛丝实用化的关键措施。然而由于蜘蛛的肉食习性、相互残杀等特性，人工大规模饲养蜘蛛来获取蛛丝的努力至今都没能成功。江苏科技大学谭安江教授团队公开了一种生产蜘蛛丝蛋白的家蚕的构建方法及其应用,❶ 基于 TALEN 的基因敲入技术实现圆网马达加斯加络新妇蛛蜘蛛丝基因 MaSp2 在家蚕丝素轻链基因 TAA 处的融合插入，获得一种家蚕非转基因形式的丝素轻链融合表达系统，利用该方法可以大量表达外源蛋白，并将蚕丝的延展性显著提高约 95.1%。

（2）提高产品质量

西北农林科技大学张涌教授团队的专利申请 CN104726495A 公开了一种基于 TALEN 介导的基因打靶敲除山羊 BLG 的载体及重组细胞，成功敲除山羊成纤维细胞中的 β-乳球蛋白基因，由此获得基因敲除克隆奶山羊。所构建的 BLG 敲除的克隆羊，与野生型山羊的羊奶相比，BLG +／- 山羊所分泌乳汁中，BLG 的表达量约为野生型的 71%。

4.1.3 CRISPR/Cas 系统

4.1.3.1 技术简介

CRISPR 序列由众多短而保守的重复序列区（repeat）和间隔区（spacer）组成（如图 4-1-5 所示）。重复序列区含有回文序列，可以形成发卡结构。间隔区是被细菌俘获的外源 DNA 序列，这就相当于细菌免疫系统的"黑名单"。当这些外源遗传物质再次入侵时，CRISPR/Cas 系统通过之前保留的间隔序列就会识别这些外源性入侵的核酸序列，并对其进行特异性切割，以达到抗病毒的作用。上游的前导区被认为是

---

❶ 江苏科技大学. 一种生产蜘蛛丝蛋白的家蚕的构建方法及其应用：202410363053.3［P］. 2024-06-14.

CRISPR 序列的启动子，可将重复序列和间隔序列进行转录。在前导区上游为 CRISPR 关联基因（CRISPR associated，Cas），和 CRISPR 序列转录的 crRNA 结合，共同发挥作用，具有核酸酶、解旋酶、整合酶和聚合酶等活性和各种 RNA 结合蛋白特性的结构域。在基因编辑中，研究人员设计了一个与目标 DNA 序列互补的单链 RNA 引导分子（sgRNA），可将其与 Cas9 蛋白复合体一起导入目标细胞。sgRNA 引导 Cas9 定位到目标 DNA 序列，并促使 Cas9 在该位置切割 DNA 双链。细胞修复切割产生的 DNA 断裂时，可以引入突变，从而实现基因的敲除、插入或替换。

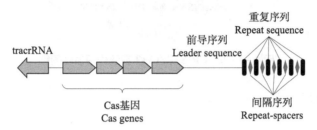

图 4 - 1 - 5　CRISPR/Cas 结构示意图[1]

目前已知的 CRISPR/Cas 系统可分为 2 个大类 6 型，[2] 每型又分为多个亚型。进一步地，第一大类系统可分为Ⅰ型、Ⅲ型和Ⅳ型 3 型，第二大类系统可分为Ⅱ型、Ⅴ型和Ⅵ型 3 型。目前第二大类的 CRISPR/Cas 系统比第一大类中的系统更简便，是生物技术应用的首选。在众多 CRISPR/Cas 系统中，迄今为止对 CRISPR/Cas9 系统的功能研究最多，对其作用原理的剖析也相对较为透彻。

CRISPR/Cas9 系统属于Ⅱ型 CRISPR/Cas 系统被广泛用于基因编辑领域。CRISPR/Cas9 包括 tarcrRNA 序列区、Cas 基因序列区和 CRISPR 序列区。当噬菌体首次侵入细菌时，Cas 基因编码蛋白识别入侵 DNA 的 PAM 区域，将其原型间隔序列裂解并将其整合到 DNA 的 CRISPR 序列 5′端。当相同噬菌体再次入侵时，CRISPR 序列在前导区的调控下转录产生 crRNA，同时产生与 crRNA 互补的 tarcrRNA，两者通过局部碱基配对组成 sgRNA（single guide RNA），sgRNA 与 Cas9 蛋白结合后引导 Cas9 蛋白识别和切割目标 DNA 序列（如图 4 - 1 - 6 所示）。人工设计这两种 RNA，可以改造形成具有引导作用的 sgRNA，可引导 Cas9 对 DNA 的定点切割。

　　[1]　严旭，蒲烨弘，王超，等.CRISPR/Cas 系统的作用原理及其在作物遗传改良中的应用 [J]. 浙江大学学报（农业与生命科学版），2018，44（3）：259 - 268.
　　[2]　高维崧，窦金萍，韦双，等.CRISPR/Cas 系统的分类及研究现状 [J]. 生物技术进展，2022，12（4）：532 - 538.

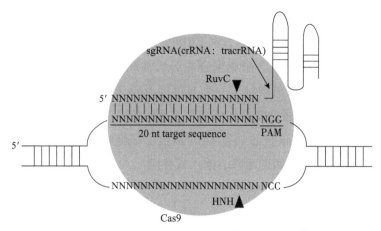

图 4 - 1 - 6　CRISPR/Cas9 系统作用原理图❶

4.1.3.2　技术特点

（1）优势

简便性：CRISPR/Cas 技术极大地简化了基因编辑过程中所需的特异性 DNA 识别能力的构建步骤。与 TALEN 和 ZFN 技术相比，CRISPR/Cas 技术利用向导 RNA（gRNA）来指导 Cas 核酸酶对目标 DNA 序列进行精确识别与切割。其 gRNA 的设计与合成工作量远远低于 TALEN 和 ZFN 技术中构建 DNA 识别模块所需的时间和精力，大大提高了基因编辑的效率和便捷性。

准确性：该系统通过 sgRNA（short guide RNA）精确引导 Cas9 蛋白对目标 DNA 序列进行切割，具有高度的准确性。尽管存在脱靶风险，但通过优化 sgRNA 的设计和实验条件，可以显著降低脱靶率，从而保持对目标基因编辑的准确性。

（2）劣势

需要 PAM 序列介导：CRISPR/Cas 系统需要目标 DNA 分子上的 PAM 序列介导，即 CRISPR/Cas 系统只能在有 PAM 的位置处进行 DNA 编辑，限制了其应用范围。

依赖 sgRNA 识别：CRISPR/Cas 系统依赖 sgRNA 来识别目标 DNA，因此，对 sgRNA 的序列有着严格的要求。对于遗传背景研究资料较少的真菌，缺乏精确定位某个启动子起始转录位点或者某个终止子终止转录位点信息，很难获得具有准确 5′ 及 3′ 边界的 sgRNA，在无法保证 sgRNA 序列准确的情况下，精确的基因组编辑无从谈起。

4.1.3.3　技术应用

（1）提高抗病性能

利用 CRISPR/Cas9 基因修饰工具可以精准地编辑猪基因组中的抗病基因，增强猪

---

❶　MA X L，ZHU Q L，CHEN Y L，et al. CRISPR/Cas9 Platforms for Genome Editing in Plants：Developments and Applications ［J］. Molecular Plant，2016，9 (7)：961 - 974 .

对某些病原微生物的抵抗能力。西北农林科技大学高元鹏等❶利用 CRISPR/Cas9 基因修饰系统在牛基因组中插入 NRAMP1 基因，证明其可以提高牛对结核病的抵抗力。密苏里大学 Whitworth 等人❷利用 CRISPR/Cas9 基因修饰工具敲除猪基因组中的 CD163 基因，使其不受猪繁殖和呼吸综合征病毒的感染，从而增强了猪抗病能力。

（2）提高产品质量

G0S2（G0/G1 switch gene 2）与脂肪甘油三酯脂肪酶结合，从而抑制脂肪水解，促进脂质聚集。首尔大学 Park 等人❸通过 CRISPR/Cas9 基因修饰工具定向编辑鸡基因组获得 G0S2 基因敲除鸡，从而生产脂肪含量低的基因修饰鸡。密苏里大学团队❹利用基因编辑技术生产出表达人源化脂肪非典型钙黏蛋白 1（fat atypical cadherin 1，Fat1）基因的猪。与野生型猪对比，基因编辑猪 omega - 3 多不饱和脂肪酸（omega - 3 polyunsaturated fatty acids，ω - 3PUFAs）合成增加，亚油酸水平升高，肉质性状得到改善。

4.2　数字技术与精准农业

数字技术（Digital Technology），是一项与电子计算机相伴相生的科学技术。它是指借助一定的设备将各种信息包括图、文、声、像等，转化为电子计算机能识别的二进制数字"0"和"1"后进行运算、加工、存储、传送、传播、还原的技术。由于在运算、存储等环节中要借助计算机对信息进行编码、压缩、解码等，因此也称为数码技术、计算机数字技术、数字控制技术等。数字技术是多种数字化技术的集称，包括区块链、大数据、云计算、人工智能等。数字技术应用的最大长处是能够大幅提高整体经济效率。

田间管理是指大田生产中，作物从播种到收获的整个栽培过程所进行的各种管理措施的总称。这些管理措施旨在为作物的生长发育创造良好条件，从而提高农作物的产量和质量。数字化田间管理可有效解决以往粗放式生产效率低、农产品附加值低等各项问题。在田间管理过程中，借助数字化技术，及时获得更加全面、准确的信息数据，并进行农业生产全过程的模拟和优化，优化资源配置，节约成本，提高生产质效，

❶ GAO Y, WU H, WANG Y, et al. Single Cas9 nickase induced generation of NRAMP1 knock in cattle with reduced off - target effects［J］. Genome Biology, 2017, 18（1）: 13.

❷ WHITWORTHK M, ROWLANDR R, EWENC L, et al. Gene - edited pigs are protected from porcine reproductive and respiratory syndrome virus［J］. Nature Biotechnology, 2016, 34（1）: 20 - 22.

❸ PARKT S, PARK J, LEEJ H, et al. Disruption of G0/G1switch gene 2（G0S2）reduced abdominal fat deposition and altered fatty acid composition in chicken［J］. FASEB Journal, 2019, 33（1）: 1188 - 1198.

❹ LAI L, KANG J X, LI R, et al. Generation of cloned transgenic pigs rich in omega - 3 fatty acids［J］. Nature Biotechnoly, 2006, 24（4）: 435 - 436.

进而提高农民收入水平。❶

4.2.1　3S 技术

4.2.1.1　技术简介

3S 技术即空间信息技术，具体指全球定位系统（GPS）、遥感技术（Remote Sensing，RS）以及地理信息系统（Geographic Information System，GIS）。

GPS 是美国于 1994 年开发成功的新一代卫星导航定位授时系统。其研制的最初目的是为美国军事运载工具实施全方位实时三维导航与定位提供技术支撑。由于 GPS 在定位、导航、测速、授时等方面具有高效率、高精度、易操作等特点，其在各领域中得到了广泛的应用。目前，GPS 的概念泛指利用卫星技术，实时提供全球三维地理坐标的系统。

RS，即遥远的感知，指不直接接触物体，通过探测仪器接收来自目标地物的电磁波信息，经过对探测信息的处理，判别出目标地物属性的技术。

GIS 是一个具有收集、储存、计算、管理、绘制、显示地理信息等诸多功能的计算机软件系统，主要功能为综合各种图形信息及数据信息并进行分析。该系统由多个用于输入、编辑、管理空间地理数据和非空间地理数据的软件工具组成，能够合理并高效地储存和管理大量地理信息，并能够为空间分析和决策制定提供不同模型。

4.2.1.2　技术特点

（1）优势

GPS 技术在获取空间信息方面有着其他技术不可比拟的优势。通过测量从卫星到接收器的信号传播时间，GPS 能够准确计算出接收器在地球上的位置，从而实现全天候、全时段、不间断的定位服务，在农业领域的精准定位、田间作业导航、地形地貌测量等方面有着重要的作用。

RS 是农业技术体系中的重要工具，不但可以被动接收地物反射的自然光，还可以接收地物发射的长波红外辐射，并能够利用合成孔径雷达和激光雷达主动发射电磁波，实现全天候的对地观测，且具有高空间分辨率、高光谱分辨率、高时间分辨率的"三高"特征 。

GIS 的技术优势在于它的地理空间数据管理、综合、模拟与分析评价及可视化展示能力，可以得到常规方法或普通信息系统难以得到的重要信息，实现地理空间过程演化的模拟和预测。GIS 技术在现代农业中的运用有效解决了农业生产过程中出现的各种动态问题，如作物农业气候区划、农业土壤评价、作物适宜性评价、农业病虫害风险

---

❶　文程亮. 乡村振兴背景下数字化推动农业经济发展的路径［J］. 河北农机，2024（8）：157 – 159.

评估、气象灾害预警评估等。

（2）劣势

利用 3S 技术指导现代化农业管理，所涉及的技术难点较多，主要体现在以下 3 个方面。

由于地域差异，以及各农田的基础属性不同，精细化农业管理模式对于农田的增产作用不够明显。这是目前急需解决的技术难点之一。

目前，市场上支持精细农业实施的决策支持系统普遍还不够完善。以目前的变量施肥决策为例，其主要是基于土壤养分测定数据和产量图，对于作物本身性状（如吸肥特性、叶面积指数、干物质积累的空间变化等）未进行考虑。另外，农田实时属性信息的获取和专家系统的指导决策是目前精准农业研究的 2 个主要难点，也是精准农业研究的主要内容和突破口。除此之外，图像分类方法、空间分析算法、航拍影像获取间期、影像分辨率提升、精细网格的科学布设也是待攻克的问题。

利用 3S 技术进行现代化精细农业管理的模式，所需的后台农业数据库建设难度非常大。管理模式需要大量的农业数据支撑，例如各类农作物生长所需的最优水分值、最适合的土壤养分区间、各地的土壤养分含量数据、地区多年降雨量、各类农作物最佳光照时长等数据，同时不同地区的数据差异性较大。因此，现代化精细农业管理模式所需的数据库建设难度非常大。❶

4.2.1.3　技术应用

3S 技术在数字农业中起着重要作用，可实现对农田的精准监测和管理，提升农业科技水平，提高农业生产效率，减少环境污染。在对农业生态环境进行监测的时候，应用 3S 技术，能够对土地的生产潜力、土地的适宜性、土地的盐碱程度等进行监测。在不同性质的土地上，种植适合的作物，将更有利于作物的生长，同时也达到合理利用土地的目的。通过 3S 技术，能够对土地资源的现状进行清楚、全面的反馈，并能够收集作物的生长状况、土壤水分的旱涝等，为作物的生长提供合适的生长环境。❷

在精准农业中，单纯地运用 GPS、GIS、RS 中的某一种技术并不能完全满足实际作业过程中的需要，有时还需要将 GPS、GIS、RS 有机结合起来，用 GPS 精确定位地面位置，用 GIS 对地面信息进行存储、分析、辅助决策，用 RS 进行宏观控制。❸

（1）土壤质量评估

3S 技术的结合在研究土壤重金属污染现状时比只使用单一技术更为有效，可提高

❶ 张小林，闫喆. 基于"3S"技术的现代化精细农业管理模式设计 [J]. 南方农业，2022，16（17）：7－10.

❷ 饶梦文. 浅论 3S 技术在生态环境监测领域中的应用 [J]. 皮革制作与环保科技，2023，4（18）：176－178.

❸ 李锁刚. 浅析 3S 技术在土地资源管理中的应用 [J]. 南方农机，2021，52（12）：108－109.

研究效率，更好地达到土壤质量监管的目的。

3S 技术在土壤重金属污染的风险评估和环境监测方面也有很大用处，如图 4-2-1 所示。张扣扣等研究宁夏常乐镇土壤重金属空间分布和来源时使用了 GIS 和 GPS 两种技术，用 GPS 对采样点精确定位，在 GIS 中用空间插值法得到土壤重金属含量空间分布。Abowaly 等评估尼罗河三角洲北部区域的土壤重金属风险时使用了 GIS 和 RS 两种技术，获取和处理研究区卫星图像，结合 GIS 叠加和分析土壤重金属的含量和空间分布。郝艺等研究辽宁省锦州市部分区域的土壤重金属 Cr 含量时使用了 GPS 和 RS 两种技术获取土壤样品光谱数据，数据处理校正后进行反演填图反映重金属空间分布。申锐莉等研究湖北省武汉市部分区域土壤重金属空间分布特征时使用了 GPS、RS 和 GIS 三种技术，以研究遥感影像与土壤重金属空间分布图叠加分析土壤重金属污染源头与潜在危害。❶

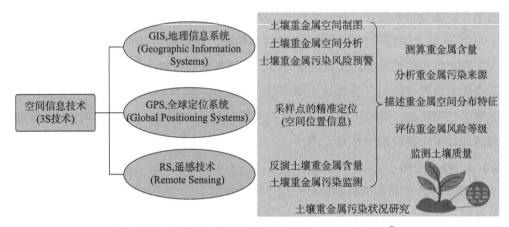

图 4-2-1　3S 技术在土壤重金属污染状况中的应用❷

（2）病虫害监测

疾病和虫害会导致农作物大幅度减产，并且降低农作物经济寿命，造成严重的经济损失。青稞是麦类作物，是重要的粮食作物。青稞的病虫害比较多样，特别是在海拔高、降水量少以及气温低的地方，病虫害发生的概率就更高。试验表明，基于 3S 技术对青稞试验田中病虫害信息进行有效的定位与采集，特别是借助高光谱遥感技术所获得的精准数据，在地理信息系统下进行的叠加分析，极大地提升了识别率，可实现对青稞病虫害的有效监测。基于 3S 技术所构建的科学、有效的青稞病虫害远程诊断体系，能够为病虫害防治提供科学的决策和指导，最大限度地降低如黑穗病等病虫害对

❶❷　田迎，赵玉敏，种世桂，等. 空间信息技术在土壤重金属污染研究中的应用 [J]. 环境卫生学杂志，2024，14（6）：520-525.

于青稞植株所造成的损害。❶

4.2.2　ABCI 技术

4.2.2.1　技术简介

　　ABCI 技术是人工智能（AI）、大数据（Big Data）、云计算（Cloud Computing）以及物联网（IoT）的合称。

　　人工智能（Artificial Intelligence），英文缩写为 AI，是新一轮科技革命和产业变革的重要驱动力量，是研究、开发用于模拟、延伸和扩展人的智能的理论、方法、技术及应用系统的一门新技术科学。人工智能的五大核心技术分别是：计算机视觉、机器学习、自然语言处理、机器人和生物识别。

　　大数据技术是一种前沿的信息提取手段，旨在从纷繁复杂、形态各异的数据海洋中迅速提炼出具有实际价值的信息。其核心处理流程涵盖数据采集、预处理、存储管理、分析及挖掘，直至最终的数据展现与应用。数据采集环节广泛吸纳来自射频识别（RFID）、传感器、社交网络及移动互联网等多源渠道的结构化、半结构化及非结构化数据，构筑了大数据知识服务的坚实基础。在预处理阶段，这些海量数据经历辨析、抽取与清洗等精细处理，以确保数据的准确性与可用性。随后，利用先进的存储技术与管理系统，将处理后的数据妥善保存并构建成高效的数据库，便于后续的管理与调用。大数据分析与挖掘是技术链条中的关键环节，致力于从庞大、杂乱、含噪且模糊的实际数据中，挖掘出隐藏其中、未知但极具潜力的信息与知识。这一过程不仅要求技术的深度，更考验着对数据本质的洞察能力。大数据展现与应用使隐藏在海量数据背后的宝贵信息得以彰显，为社会经济活动的决策提供科学依据，从而推动各领域运行效率的提升，促进社会经济整体的集约化发展。

　　云计算是分布式计算的一种高级形态，其核心在于借助"云"这一网络化的虚拟环境，将复杂庞大的数据处理与计算任务分割成众多微小的子任务。这些被分解的子任务随后被分派至一个由多台服务器协同工作的系统中进行并行处理与深入分析。通过高效的资源整合与分配机制，云计算能够在极短的时间内（甚至几秒内）完成对海量数据的处理，从而为用户提供前所未有的强大、灵活且高效的网络服务体验。

　　物联网技术利用智能传感器、RFID 技术、激光扫描设备、GPS 以及遥感等多样化的信息传感装置与系统，依托物物通信（M – M）模式的短距离无线自组织网络技术，遵循一系列既定协议，将世间万物与互联网连接起来，促进信息的自由交换与实时通

---

❶ 邵美云. 论青稞主要病虫害综合防治方法研究进展与发展方向［J］. 智慧农业导刊，2022，2（15）：56 – 58.

信，从而实现高度智能化的识别、精准定位、动态跟踪、全面监控与高效管理。

4.2.2.2　技术特点

（1）优势

ABCI 技术在优化资源配置、提高农业生产效率、提高农业生产科学决策与精准管理等方面体现出强大的技术优势。

人工智能能够实时收集并分析农田数据，如土壤湿度、温度、作物生长状况等，从而优化水肥管理、种植密度等，显著提高农作物产量和质量；结合图像识别、传感器等技术，人工智能可以实时监测农产品的生长环境、病虫害情况等，及时发现并解决问题。此外，人工智能还可以预测病虫害的发展趋势，帮助农民提前采取预防措施，减少农药的使用。

大数据技术凭借统计学原理与方法，对海量农业数据进行精细化分析、聚类与总结，揭示复杂农业事务背后的本质关系，通过跨层次、跨维度、跨时空的数据对比，提炼出规律性见解，为农业生产的科学决策与精准管理提供强有力的支持。

云计算平台为农业数据提供了强大的存储和处理能力，使得大规模农业数据的分析和应用成为可能。农民和农业企业可以基于云平台的数据分析结果，制订更加科学合理的生产计划和资源配置方案。

物联网设备如传感器、智能农机装备等，可以实时监测农田环境，实现自动化作业，如智能播种机、智能收割机等，大大降低了农民的劳动强度，提高了生产效率。同时，物联网设备也可以用于农产品的质量检测，确保产品符合安全标准。

（2）劣势

农民和相关从业人员对新兴技术的接受度和应用能力有限，而精准农业技术通常需要使用特定的软件系统来管理和分析数据并进行决策支持，农民需要学会如何操作这些软件系统，包括数据输入、分析报告生成等功能。对于一些缺乏计算机操作经验的农民来说，学习这些软件系统可能是一项挑战，因此需要加大培训力度，提高其技术水平。

在农业数据的收集、存储、处理和应用过程中，涉及大量敏感信息，如土地信息、作物生长数据等，可能存在数据安全隐患。因此需要建立完善的数据安全机制，保护农民和企业的隐私权益。

现代农业技术的应用需要完善的基础设施支持，如通信网络、智能农机装备等，加上技术的研发和推广，都需要大量的资金投入。

此外，ABCI 技术涉及多个领域和技术的融合应用，需要制定统一的技术标准和规

范，以确保不同系统之间的兼容性和互操作性。❶

4.2.2.3　技术应用

在当前科技飞速发展的时代，人工智能技术的广泛应用为解决作物育种面临的问题提供了新的可能性。人工智能技术通过大数据分析、机器学习和深度学习等手段，能够更精准地预测作物生长、疾病传播和产量水平。❷ 这为农业决策提供了更为科学和可靠的依据，为农民提供了更有效的作物管理方案。机器学习的监督学习方法在作物生长模型的构建中发挥着关键作用。监督学习方法通过使用标记好的训练数据，让算法学习作物的生长与环境因素、管理措施之间的关联。以气象数据、土壤数据、作物生长阶段标记为训练集，建立的模型能够准确地预测作物的生长状态。这为农民提供了对未来生长趋势的早期认知，有助于科学制订农业生产计划。无监督学习方法在作物育种中也展现出了巨大的潜在价值。对大规模数据的无监督学习，可以挖掘数据中的潜在模式，发现可能影响产量的因素。深度学习技术，尤其是深度神经网络，在图像识别方面取得了令人瞩目的成就。在作物生长过程中，通过图像识别技术，可以实时监测作物的生长状态、病虫害情况等。以图像为数据源，深度学习算法能够从中提取特征，为决策支持系统提供更为丰富的数据来源。❸

农业大数据已经成为现代农业新型资源要素，其发展已经成为破解农业发展难题的迫切需要。通过对农业大数据技术的应用，农民能够对农田展开精细化的管理，并结合土壤、气象和作物生长情况等数据，实现精准施肥、灌溉和病虫害防治，对于提高农业生产效率与质量有着重要意义；结合对历史数据和实时数据的分析，能够在农业生产的过程中更好地预测天气变化、病虫害爆发等问题，更加精准地应对风险，帮助农民和管理者及时采取相应的措施，减少损失；农业大数据分析能够帮助广大种植户更为科学地掌握土壤质量、水资源分布等情况，从而优化农业生产资源的配置，提高资源利用效率。综合上述各项信息，能够为农业生产提供更为全面且准确的信息基础，保证农业决策更为科学、合理地展开，进一步提高农业生产的整体效益。❹

大数据与云计算技术的融合，不仅为深度数据挖掘开辟了新径，还极大地拓宽了农情监测的时空视野，使其内容更加细致入微、精确无误。这些技术为多样化需求的农情信息提供了定制化的云服务，极大地促进了农情监测与预警技术体系的现代化升级。

物联网技术在农业领域的广泛应用，标志着现代农业生产模式的一次深刻变革，

---

❶ 刘斐. 精准农业技术在农业种植中的应用与效果评估 [J]. 种子科技, 2024, (9)：158-159.

❷ NGOZI E C, EZEAGWU C O. Applications of artificial intelligence in agriculture：a review [J]. Engineering, Technology and Applied Science Research, 9 (4)：4377-4383.

❸ 冯旗. AI 在作物育种中的决策支持系统开发研究 [J]. 分子植物育种, 2024, 22 (14)：4747-4753.

❹ 葛晓滨. 大数据技术赋能农产品电子商务运营的探究 [J]. 农场经济管理, 2022 (6)：43-45.

有效克服了传统农业中的诸多局限。在农田部署多样化的传感器网络，实现了对农作物生长环境及生长状态的精准感知。基于这些实时数据，农业生产得以根据作物实际需求进行智能化调控，如自动调节温湿环境、智能灌溉以响应土壤湿度变化等。此外，物联网还赋能自动施肥、病虫害精准防控及药物喷洒等，每一个环节都实现了资源的优化配置与高效利用，既减少了资源浪费，又显著提升了农作物的产量与品质。更重要的是，物联网技术为农业产业链的全程监控与管理提供了可能，对实现农业可持续发展目标具有深远意义。❶

（1）作物育种

一直以来，作物育种家都在寻找特定的表型，帮助作物更高效地利用水、养分，适应气候或抵御病害。要使一株植物遗传一项有益表型，研究人员必须找到正确的基因序列。但究竟哪一段序列才是正确的基因序列呢？在开发新品种时，育种家总是面临着数百万计的选择。从原始数据的不同集合中推导出结论是深度学习的特长。在获取充足信息后，机器学习能够预测哪些基因最有可能参与植物的某种有益表型，面对数百万计的排列组合数据，先进的软件可极大地缩小搜索范围。由此，科学家们能够用电脑模拟开展早期测试，以评估一个新品种在面临不同的气候环境、土壤类型、天气模式和其他因素条件时会如何表现。有了机器学习的帮助，作物育种愈发精准与高效。如孟山都旗下气候公司（The Climate Corporation）借助行业领先的作物遗传资源库进行应用预测建模和机器学习，将种子遗传学、病害胁迫、土壤构成、水分流动、历史表现等海量来源数据进行汇总，帮助农民选择"理想"的种子产品——在理想的位置播种适合的种子，以优化作物表型，并持续提高生产力。❷

（2）精准施肥

在精准施肥方面，ABCI 技术可以帮助农民作出更精确的施肥决策。贾海峰等基于云计算技术的数据存储、分析、共享的功能，运用神经网络在处理非线性问题时的突出能力，对玉米土壤养分数据进行处理，构建玉米土壤实时监控云平台，进行基于优化径向基函数网络（Radial Basis Function，RBF）神经网络的玉米土壤养分施肥模型研究，模拟施肥量与玉米产量、土壤养分含量的关系，如图 4 - 2 - 2 所示。结果表明，基于云计算与 RBF 神经网络集成的玉米精准施肥模型与传统网络相比减少了误差，节约了时间，可为玉米精准施肥提供咨询指导，促进对玉米精准农田管理的实施。❸

❶ 赵毅飞，马青松，刘拥军. 物联网技术在现代农业中的应用探讨 [J]. 河北农机，2023 (5)：49 - 51.

❷ 胡璇子. AI 技术重塑现代农业 [N]. 中国科学报，2018 - 06 - 27 (6).

❸ 贾海峰，李玥峤，黄帅，等. 基于云计算与 RBF 神经网络集成的玉米精准施肥模型研究 [J]. 玉米科学，2023，31 (6)：128 - 134.

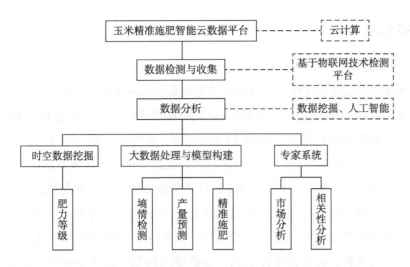

图 4 - 2 - 2 基于云计算的玉米土壤实时监控云平台系统结构

（3）精准灌溉

精准灌溉技术是现代农业的重要组成部分。为了解决传统农业大水漫灌方式耗水量大、水资源利用率不高等问题，陈兴等采用单片机技术、无线网络传感技术、物联网、大数据分析技术设计了一套能够对农作物进行按需灌溉的智能灌溉系统。田间铺设的大量传感器能够根据环境的变化，自动检测农作物的需水信息，将测得的数据传送到大数据平台，然后对获得的大量数据进行分析，建立水稻在不同生长周期中的需水量模型，最终灌溉系统根据需水信息开启电磁阀对农作物进行定时定量灌溉。[1] 该系统把物联网、大数据等新兴技术运用到农业生产，节约了灌溉用水，减少了农作物生产成本，提高了农作物的产量。

（4）农作物溯源管理

随着物联网的发展，二维码作为一种方便快捷的图形化信息传递方式，已被应用于农产品的溯源管理。以二维码为载体，把商品的生产过程、生产原料、物流信息等进行记录并录入系统中。消费者通过手机扫描二维码就能查询产品生产信息和产地信息，也可以通过手机 APP 了解产品的追溯信息。在信息时代，企业要想保证销售渠道畅通和防伪成本可控，就必须加强与消费者之间的联系。使用二维码进行营销推广，可以让企业树立良好的品牌形象，还能帮助企业加强对采购、物流和销售环节的监管力度，进而控制市场风险，提高产品质量。[2]

---

[1]　陈兴，马朋，刘芳，等. 大数据分析在物联网环境下大田农作物精准灌溉的研究与应用 [J]. 农业科技与信息，2020（11）：62 - 66.

[2]　聂晓宇. 物联网时代二维码的广泛应用 [J]. 中国自动识别技术，2024（2）：55 - 57.

4.2.3　5G 技术

4.2.3.1　技术简介

第五代移动通信技术（5th Generation Mobile Communication Technology，5G）是一种具有高速率、低时延和大连接特点的新一代宽带移动通信技术。相比 4G，5G 业务能力的提升主要体现在资源利用率（提升 10 倍以上）、系统吞吐量（25 倍提升）、频谱资源（4 倍扩展）三方面的强化。而这三方面的强化则取自以下几项关键技术。

大规模天线阵列：MIMO（多入多出）技术能使系统频谱效率与信息传输的可靠性同步获得提升。这一提升与天线的数量成正比，应用的天线越多，性能的提升程度就越高，就使得大规模天线阵列这一技术得到广泛重视。当前大规模天线阵列技术分为集中式与分布式两种，但无论哪种形式，都能够大幅提升空间分辨率，也就能够强效降低干扰及发射功率。5G 中的大规模天线阵列指的是位于基站的天线系统。据推测其频谱可能应用的是毫米波，毫米波技术的优势在于提升设备集成的简易程度，进而使得 MIMO 天线系统能够同时应用三种不同模式，也就是使波束赋形、空间分集及空间复用同时得到应用，进而使得传输的可靠性、传输容量及频谱利用率同时提升。

多载波技术：是将数据信号转换成数据流进行传输的技术。主要的 5G 无线宽带多载波传输技术有滤波器组多载波（FBMC）技术、通用滤波多载波（UFMC）技术，以及广义频分复用（GFDM）技术。滤波器组多载波的原理是在接收端输入数据经过串并变换后，通过偏移正交幅度调制来降低干扰并直接输入滤波器组，接收端逆变换，从而与快速傅里叶变换（FFT）的比特率保持一致，并提高每一个子载波的利用率。通用滤波多载波技术与滤波器组多载波技术具有较多的相同点，可以对数量较大且连续的子载波进行滤波处理。广义频分复用技术的主要应用方向是作为 5G 蜂窝系统物理层的一种备选波形方案。

全双工复用技术：全双工复用技术指的是通信双方能够在同一频率、同一时间实现相互之间的通信，因此能够在很大程度上缩短通信时延，提升频谱利用效率。

超密集网络：5G 网络中含有大量的宏站与低功率小站，当 5G 得到完全的应用与普及之后，其中低功率小站的数量将超过 4G 的 10 倍以上，进而为超密集网络的出现创造可能。超密集网络意味着网络节点相互之间的距离及距终端的距离更近，理论上可以实现单个服务节点针对单个用户，这将意味着系统容量、通信效率及频谱效率的大幅提升，但同时也会带来大量的干扰。尽管无线回传组网技术能够在很大程度上解决这一问题，然而无线回传组网技术本身具有极高的复杂度，因而该技术的应用还需要进行大量研究。

自组织网络：所谓的自组织网络也叫"网络智能化"，实现是 5G 技术中难度最大的内容。其本质是将自组织能力引入网络中，进而使网络本身具备自优化、自配置、自愈合的能力，这种能力的实现能在很大程度上节约人力成本。现行的 SON 技术并不支持多网协同，因此这部分内容就成了 5G 的重点研究工作。❶

4.2.3.2　技术特点

（1）优势

5G 无线通信技术具有信息容量大、传输速率高等特性，可以为人工智能提供海量的数据支持，实现真正的万物互联，从而提升农业的整体智能化程度，使智慧农业更加智能。

在精准农业方面，5G 技术发挥了更大的作用，例如在农作物生长的过程中进行实时监管，农作物缺少什么，就及时给它补充什么，如补充养分，5G 技术可让人对机械的命令立即被执行。在劳动力管理方面，即使劳动力和能源较少，5G 技术也能够根据信息数据为农作物提供最佳生长环境，提高农作物的产量和质量。

在 5G 网络下，云计算、人工智能、物联网、大数据等新一代技术相融合，共同对农业资源、农作物生产状况、病虫害防治、生态环境等进行天 – 空 – 地一体化监测，实现了人 – 物 – 资源利用一体化、空间化和实时化，将过去的粗放型管理转变为智能化科学管理，提高了农业生产、管理的稳定性和可控度，能科学有效地保护、利用农业持续再生资源。❷

（2）挑战

首先，一些偏远农村地区的 5G 网络覆盖仍然存在问题，这限制了 5G 技术在这些地区的推广应用。由于地理位置、经济条件等因素，偏远地区的网络建设相对滞后，难以满足农业生产的实际需求，因此 5G 在农业上的推广应用首先应解决的是 5G 网络覆盖问题。

其次，由于 5G 网络的建设和维护成本较高，特别是在农村地区，加之用户密度低、地形复杂等因素，网络建设的成本更加高昂。这增加了运营商的投资风险，也影响了 5G 技术在农业中的普及速度。

4.2.3.3　技术应用

5G 作为继 4G 之后的新一代通信技术，具有超高的速率和超低的时效性，能够重点解决无线网络和无线传输的各种问题，突破 4G 网络的容量瓶颈，从而提高数据传输分析的速度与精准度，为智慧农业各环节的提速升级提供基础。5G 技术在精准农业中的应用重点在于与其他技术的融合，典型应用在于以下几个方面。

---

❶　彭艺真 . 5G 关键技术及其在精准农业中的应用前景分析［J］. 数字通信世界，2021（5）：198 – 199.
❷　程萍 . 5G 的世界：智慧农业［M］. 广州：广东科技出版社，2022：38 – 39.

（1）农业物联网

农业物联网指的是综合利用各类传感器、RFID、视觉采集终端等感知设备，广泛采集大田种植、设施园艺、禽畜养殖、水产养殖、农产品流通等环节的信息，以实时了解一线生产经营情况，通过无线传感器网络、电信网、互联网等渠道进行传输，并将获取的信息融合、处理，为农业生产经营提供各类数据支持。在5G技术的推动之下，农业物联网设备联网数量、数据传输速度、数据量级和精度将大大提升，建立更全面、实时的物联网络。

（2）农业机器人

农业机器人是一种自动化或半自动化设备，它以农产品为操作对象、兼有人类部分信息感知能力和行动能力，能够一定程度上替代或弥补人工，进行生产、采摘、管理维护等工作。5G技术一方面可使机器人接受系统指令的速度更快，响应更加精准；另一方面可使接入的机器人数量增加，提高系统的可靠性。此外，5G技术可结合虚拟或增强现实技术，开发更多功能。

（3）农机自动化

农机自动作业主要依靠导航和控制技术的进步，定位导航系统和机器视觉是自动导航当中应用最为广泛的技术。美国、加拿大、日本等国家在农业机械智能导航方面起步较早，通过大学、实验室和企业合作，已经有成熟的商业化应用。在机器视觉、人工智能技术进一步发展之后，智能导航技术有望在全球获得更大范围的应用，并从大田作业延伸到设施农业、水产渔业等领域。农机导航和控制技术对数据传输效率要求较高，类似于道路交通场景的自动驾驶，需要实时更新地图数据和路况信息，并结合相关信息作出控制判断，5G网络能够保证数据高效、高精度传输。在大田作业领域，相比道路交通情况相对简单，环境变化较少，自动驾驶和远程控制有望抢先落地。

（4）农业航空

5G联网无人机具有超高清图传、远程低时延控制的能力，可以支持无人机进行云端智能计算，处理无人机产生的传感器数据和视频数据，提升作业可靠性。成熟的5G技术将增强无人机制造、无人机运营企业的产品和服务能力，同时拓展5G电信运营商、云服务商的业务范围。

（5）农业大数据

农业大数据是各类数字化、智能化应用的基石，通信技术、数据技术的发展能够带来更丰富多元、便捷高效的数据体系，帮助行业在智慧监管、市场信息、智能化应用、信贷保险方面进行创新。智慧茶园是典型应用之一，利用5G网络、高清摄像头、气象数据采集设备等，对茶园的生长环境进行实时监测，实现茶叶生产全过程的数字化管控。例如，信阳市浉河区的"数字茶园"平台通过实时监测茶叶的生长情况，及时通知茶农进行采摘和销售，提高了茶叶的产量和质量。

4.3 智能农机与农业生产

自 2004 年《中华人民共和国农业机械化促进法》（以下简称《农业机械化促进法》）正式颁布实施以来，我国农业机械化进程显著加速。人类运用各类农业机械，如播种机、灌溉机、收割机、农药喷洒机等进行农业生产作业，大幅度减少了人工耗时，降低了人力资源成本投入，显著提高了农业生产效率，从而推动农业现代化高速发展。随着科学技术的发展，在机械化农具基础上，将自动化控制技术融入其中，实现生产自动化、智能化，形成新型的农业自动化技术。农业自动化技术可以实现一个人精细化管理，生产效率更高，更加精准。❶

随着农业历史的演进，从传统的耕作方式，历经机械化、自动化的变革，现代农业已迈入一个更高级的发展阶段。2019 年，农业农村部携手中央网信办共同发布了《数字农业农村发展规划（2019—2025 年)》，这一规划深刻体现了党中央、国务院关于"数字经济繁荣"、"数字中国建设"及"数字乡村战略实施"的决策部署，旨在深度融合信息技术与农业农村发展，为乡村振兴注入强劲动力。当前，信息技术的浪潮正席卷农业领域，标志着农业领域一场前所未有的"数字革命"已经到来。数字农业，这一新兴业态，以现代工业生产模式、先进管理理念和技术创新为基石，其核心特征在于"信息＋知识＋智能装备"的深度融合，彻底颠覆了传统农业"土地＋机械"的单一模式。全球范围内，主要国家和地区纷纷响应这一趋势，制订并实施了各自的数字农业农村发展计划。美国构建了人工智能战略图，启动了智慧农业研究计划；欧盟通过《地平线 2020》科研规划，利用对地观测技术助力小农户接入智慧服务平台；欧洲农机协会则提出了农业 4.0 概念，强调现代信息技术与先进农机装备的融合应用；德国依据"工业 4.0"理念，发布了智慧农业发展战略；荷兰的《数字化战略》详细规划了数字化技术在农业生产各环节的广泛应用；日本启动了"机器人新战略"，致力于智能机械与信息技术融合下的农林水产业创新；韩国则通过信息化村计划，加速农村信息化建设，以缩小城乡差距并提升农民收入水平。❷

智能农机是指利用大数据、云计算、物联网和人工智能等现代信息技术对农业生产进行智能化管理和控制的新型农业装备，是推进农业现代化的重要手段和载体。未

---

❶ 陈智保. 农业机械化对现代农业经济的影响 [J]. 现代农业科技, 2024 (13): 165 – 167, 172.

❷ 赵春江. 农业的数字革命已经到来 [J]. 农业工程技术, 2020, 40 (15): 25 – 26.

来农业将步入一个全面自动化的无人生产时代，其中农业生产工具经历了根本性的变革，从依赖传统农具与机械作业的模式，跃升至以物联网技术为核心，深度融合智能感知、精准识别、高效传输及智能决策控制功能的综合性智能网络系统。这一系统不仅实现了农业生产全链条的智能化升级，还极大地提高了生产效率、资源利用率与作物品质，引领农业进入一个前所未有的智慧化发展阶段。智能化的设施装备具备了自动驾驶、智能识别、精准施肥、无人植保等功能，能够实现全流程、全天候、无人化的农业作业。❶

4.3.1　自动驾驶农机

2021年，农业农村部正式发布了《"十四五"全国农业机械化发展规划》，鲜明地提出了推动农业机械化向高端化、智能化转型的战略方向；强调要积极引导并促进高端智能农机装备在农业生产中的广泛应用，以显著提升农机装备在"耕、种、管、收"全生产周期的作业质量与效率；大力倡导并推广基于北斗卫星导航系统与5G通信技术的创新应用，如自动驾驶、远程监控及智能控制等功能，在大型拖拉机、水稻插秧机、联合收割机等关键农机具上的应用。这一系列举措旨在加速推动高端智能农机装备的快速发展，为农业现代化注入强劲动力。

4.3.1.1　技术简介

自动驾驶农机具有精准化定位、数字化感知、智能化决策、精细化作业的特点，能提高作业效率、作业精度、土地资源利用率，是实现农业机械化向智能化、自动化、信息化转变的重要途径。❷自动驾驶农机通常集成了高精度的定位系统和先进的传感器技术，如北斗卫星导航系统、激光雷达和视觉识别系统。这些技术的结合不仅实现了农机在田间的精准定位，还能够进行自我导航和避障，极大提高了作业的精度和效率。

智能农机自动驾驶系统具备高精度位置解算能力及环境感知能力，可根据接收到的指令精准控制农机装备，并通过通信单元与管理平台进行数据交互，主要由定位单元、传感单元、控制单元、计算单元、通信单元、人机交互单元、管理平台组成。定位单元实现对自动驾驶农机的高精度定位，包括北斗/卫星导航系统（GNSS）定位模块、北斗/GNSS卫星信号接收天线、差分信号接收模块等。传感单元实现对自身、周围环境及作业状态感知，一般分为主机内置传感单元及外置传感单元。控制单元实现无人驾驶农业机械转场及作业的控制，一般包括电控转向、电控速度、电控制动、电

---

❶ 刘利永，张彦军，李道亮.基于六个维度的农业4.0理论体系构建［J］.农业工程技术，2021，41（18）：20–24.

❷ 冯汝广，胡建平，王梦娇，等.智能农机自动驾驶关键技术及应用分析［J］.农业装备与车辆工程，2024，62（7）：15–18.

控作业等。计算单元是实现对采集到的信息进行处理的硬件单元。通信单元实现车辆内部以及车辆与外部的通信。人机交互单元实现农机与人的信息交互的设备，包括显示器、模式切换按钮、紧急停止开关、语音设备等。管理平台提供软件升级、数据更新、信息安全控制、农机数据收集等各种服务。❶

（1）精准定位与导航技术

定位技术的发展使得世界各国的农业自动化水平都得到了显著提高，特别是在精准农业领域，利用不同传感器实现智能农机设备的自动驾驶和精准定位已成为农业生产者提高生产效率的重要手段。GNSS 能提供全天候、全天时、高精度的定位和导航服务，理想状态下可满足农机的定位需求，但有时会存在高压线下信号丢失、抗扰性差等影响自动驾驶作业安全等问题。惯性导航系统（INS）在农机自动驾驶领域同样得到了广泛应用，具备抗干扰性强、传输速率快等优点，但惯性导航的误差随时间传播增大，长期使用会产生累计误差，进而影响定位精度。

相关科研机构对组合导航在自动驾驶农机上的实现方式进行了深入研究，并取得了一定进展。中国科学院国家授时中心研发了一套专为自动驾驶农机设计的多传感器融合导航定位系统及其实现方法。该系统创新性地融合了卫星导航、惯性导航与视觉导航三大技术，构建了一个协同工作的智能导航体系。此系统巧妙地利用了卫星导航的稳定性和高精度绝对定位能力，有效缓解了惯性导航随时间累积的误差增长问题，并克服了视觉导航易受外界动态物体干扰的局限性。同时，视觉导航与惯性导航的高精度特性，则能在卫星信号受干扰或遮挡时，弥补其误差增大或信号丢失的不足。通过这种多传感器优势互补的融合策略，该系统显著提升了自动驾驶农机的导航定位精度与稳定性，有效地提高了农业生产效率。❷

（2）行驶路径自动规划技术

在农机自动驾驶的复杂技术体系中，行驶路径的自动规划占据着尤为关键且具挑战性的地位。针对特定农田的作业任务，农业机械需遵循高效且合理的行进路线。这一过程始于地理信息系统（GIS）对农田边界、地形特征、内部障碍物等关键信息的精准采集；随后，计算机系统运用先进的算法，综合考虑不同的农业生产流程需求与机械自身特性，智能生成最优化的行驶路径规划图。该规划以最小化作业成本为核心目标，同时精细考量农机的具体技术参数，旨在目标作业区域内规划出一条既无障碍物阻挡，又无遗漏区域，更无重复路径的高效行驶路线。为确保规划路径的科学合理，

❶　全国北斗卫星导航标准化技术委员会. 农业机械北斗导航无人驾驶与自主作业系统：第一部分 系统要求：BD440088. 1—2022［S］. 北京：中国卫星导航系统管理办公室.

❷　中国科学院国家授时中心. 适用于自动驾驶农机的多传感器融合导航定位系统及方法：202311402731. 4［P］. 2023 – 11 – 28.

还需将农作物的种植方向、实时天气状况、地形坡度变化，以及障碍物具体位置等多维度因素纳入考量范畴。通过这一系列精细化的规划与调整，农机自动驾驶技术能够显著提升作业效率，保障农业生产活动的顺利进行。●

洛阳智能农业装备研究院有限公司设计了一种针对自动驾驶农机作业路径的收边规划策略。该方法首先依据农田模型中的精确边界数据，对农田进行细致分类；随后，结合农田边界信息与农田类型特征，精准确定农机在田间作业的主轴行进方向，进而对农田边界实施智能化分割，巧妙地将农田划分为作业区域与待转区域。在作业区域内，该方法实施全覆盖式的作业路径规划，并精确记录每条全覆盖路径的起始与终止位置，确保作业无遗漏。接下来根据农田分割的具体结果，智能匹配相应的收边作业模式，在待转区域内精心规划收边路径，以实现农田边缘区域的精准作业。这一整套流程不仅为自动驾驶农机提供了从始至终的自动化行驶路径解决方案，显著提升了农机作业的精确度与效率，还推动了农田数据的全面数字化进程，增强了农田模型的精细度与分类判断的准确性。通过对农田模型进行深入分析，并引入科学的判断标准，该方法进一步优化了农田分类，从而确保了自动驾驶农机在田间作业时能够最大限度地扩大覆盖面积。❷

（3）自动转向控制技术

农机自动驾驶技术的核心在于对转向系统的精准控制，以实现预设路径的紧密跟踪。这一控制性能的高低，直接且显著地影响着自动驾驶农机在田间作业时的行驶精确度。从转向驱动单元看，常见的农机转向驱动执行机构有电机式和液压式两种；从转向控制手段看，现阶段的自动转向控制手段有两种形式，分别为自动控制方向盘转向和直接驱动车轮转向，这两种控制方式的控制逻辑大致相同。当控制系统向农机发出具体的驾驶方案指令后，转向控制装置随即启动，通过高效的角度传感器即时捕捉当前转向轮的精确角度信息。基于这一实时数据，装置迅速计算出所需的转向角度调整量，并相应地驱动方向盘或转向轮进行转动。为了确保转角的准确性，系统会进行验证步骤，检查调整后的转角是否符合预期，以此实现转向的精准自动控制。值得一提的是，此转向控制技术还集成了直线行驶的稳定保持功能。在行驶过程中，系统能够自动监测并通过小范围的行驶方向微调，来校正并维持车辆的直线行驶状态，从而确保行驶轨迹的精确无误。❸

无锡卡尔曼导航技术有限公司设计了一种基于 EPS 的农机自动驾驶系统，采用

---

❶ 董振振. 基于多数据融合的农机自动驾驶路径追踪控制技术研究［D］. 青岛：青岛理工大学，2019.

❷ 洛阳智能农业装备研究院有限公司. 用于自动驾驶农机作业路径规划的收边规划方法：202010225665.8［P］. 2020 - 06 - 09.

❸ 陈治瑀. 基于卫星导航的农机自动驾驶控制技术研究［J］. 农机使用与维修，2022 (4)：38 - 40.

EPS 代替传统的液压阀或者力矩电机作为转向控制执行机构，并采用 ECU 控制器、平板计算机以及电动推杆等构成了一套完整的农机自动驾驶系统，同时还提供了一种预瞄加级联 PID 的跟踪算法，实现农机的自动驾驶。该控制跟踪算法运算量小，自动驾驶精度和算法鲁棒性都很好。❶

4.3.1.2 技术特点

随着自动驾驶技术的日趋成熟，自动驾驶农机受到各国农业部门的青睐。相比于传统农机，自动驾驶农机具有以下优势：

①工作效率高。传统农机需要人工进行操作，受到工作时间和疲劳程度的限制，生产效率相对不高。而自动驾驶农机能够通过预设的程序执行农田操作任务，实现全天候持续作业，不仅减轻了农民的体力劳动负担，还提高了生产效率。

②安全性强。自动驾驶农机的另一大优势是远程监控与管理的能力。通过互联网技术，农民可以远程操控农机和监控其工作状态，调整作业计划，不需要人工现场操作作业机械，降低了风险。

③经济效益高。自动驾驶农机能够按照预设的程序自动执行各种操作，精确计算，精准把控，实现了对农业资源的智能利用。这种自动化操作既节省时间和人力成本，也能有效地利用资源减少投入，增加农户的经济收益。

经过十余年的发展，自动驾驶农机在技术方面取得了巨大的进步，应用场景也越来越多，但在发展过程中也存在以下一些不足：

①自动驾驶技术不够成熟。在地头转向和自动避障等方面还不够成熟，有时需要人工参与，难以实现完全的无人驾驶。在多机协同作业方面，还处于研究阶段，协同作业路径规划与控制技术还未得到有效解决。

②推广应用范围较小。很多农业从业者未经过系统的培训，对自动驾驶技术了解较少，对其功能和性能没有清晰的认识，不能熟练地进行操作。在农业生产各环节中，应用范围及场景较少，还未实现大范围的市场化普及应用。❷

4.3.1.3 技术应用

（1）自动播种

装备了高效液压阀、卫星接收天线、精密行车控制器、车载先进导航终端等高科技组件的智能谷物精量播种无人驾驶拖拉机，在北斗卫星导航系统的强大支持下，显著提升了农业生产的作业效率与智能化水平。操作员仅需通过拖拉机上的人机交互界

❶ 无锡卡尔曼导航技术有限公司．一种基于 EPS 的农机自动驾驶系统及控制方法：202010945575.6 ［P］．2020 - 12 - 29．

❷ 冯汝广，胡建平，王梦娇，等．智能农机自动驾驶关键技术及应用分析 ［J］．农业装备与车辆工程，2024，62（7）：15 - 18．

面，便能精确调控每亩地的播种量，实现种子使用的最优化，平均每亩可节省约 2.5 千克种子，有效助力农户降低成本并提升收益。此外，该技术的引入还大幅减少了播种过程中的错行与漏行现象，进一步提升了土地资源的利用率。得益于农用北斗导航系统的卓越性能，该无人驾驶播种拖拉机的直线定位精度高达 2.5 厘米，整体作业误差控制在 3% 以内，展现了极高的精准度。在北京顺义区赵全营镇忻州营村的基本农田保护区内，农机手通过便捷的人机交互界面轻松设定播种作业的各项参数后，两台装备了农用北斗终端的智能谷物精量播种无人驾驶拖拉机便自动按照预设路线匀速行进，从施肥、播种到覆土，整个作业流程流畅而高效，展现了现代农业科技的强大潜力。

（2）自动插秧

2023 年，沈阳辽北七星米业有限公司引进了智能插秧机辅助导航系统。经过一年的实际应用后，当地许多农民尝到了人工智能导航带来的甜头，引入插秧机智能辅助导航系统后，直线行驶时可以腾出至少半个人手，地块越大插秧效率越高，走线直，插秧质量高。2024 年兴隆台街道 10 万亩水田中将有两三成能用上这套系统。它能支持低速自动驾驶，实现自主打点转向，支持直线、曲线多种作业模式，还可进一步升级至全无人操作。实践检验证明，装备该辅助导航系统的插秧机工作效率提高 50% 以上。由于天气因素，2024 年辽宁省大部分地区插秧时间比往年晚 3～5 天，人工智能辅助驾驶插秧机的推广使用为各地水稻种植抢农时、提高插秧作业效率起到了积极的促进作用。

（3）自动收割

在小麦收割的时候，不用人工定位地块位置，也不用让收割机在地块上走个来回并定位行驶路线，在收割机驾驶室里的北斗卫星导航系统屏幕上，只需要选中该地块信息，并按下启动键，自动驾驶收割机便立即启动进行收割。沧县鑫翰种植专业合作社对旗下的 107 台农业机械设备进行了全面升级，为每一台都集成了北斗卫星导航系统，共享了流转和托管农田的所有信息，在北斗卫星导航系统录入了农田地块信息，对农田位置进行了定位，并定位好行驶路线，通过这一举措实现了平整地块、播种、植保、收割等环节的无人化和自动化。

4.3.2 农用无人机

作为《中国制造 2025》规划中的核心发展领域之一，农业机械装备制造业正紧抓这一历史机遇，致力于解决高端农业装备领域面临的高安全性、高可靠性及高适应性技术挑战。该行业正积极推动农业生产模式的转型升级，推动数字化、智能化技术与农业装备的深度融合，以实现农业生产的自动化、智能化与专业化。随着精准农业技术的飞速发展，一系列现代化设备以及前沿技术正日益广泛地渗透至农业生产的各个环节。其中，农用无人机凭借其高效作业、精准控制及操作便捷等显著优势，成为推动农业精准化、智能化发展的关键力量。它们不仅极大地提升了农业作业的效率与精准度，还为提升我国整体农业生产能力，促进农业可持续发展作出了重要贡献。

4.3.2.1　技术简介

无人机，作为一种先进的无人驾驶飞行器，通过远程操控技术，在农业领域内展现出巨大潜力，通过预设程序与无线电遥控技术，辅助农民高效完成多种生产任务。当前，无人机在农业中的应用主要聚焦于两大核心功能：信息获取与农事操作。

在信息获取方面，无人机如同农业生产的"空中之眼"，能够精准采集农田中农作物的生长状态、病虫害情况、土壤质量等关键信息，为农业生产决策提供科学依据，助力农民精准施策。

而农事操作则是无人机在农业领域的另一大亮点，它替代了传统的人力作业，显著提升了作业效率与质量，尤其适用于现代农业的规模化生产需求。无人机上搭载的智能设备，能够实时监测农田状况，确保生产管理者能迅速响应，采取针对性措施，推动精准农业的实现。❶农用无人机依据不同的分类标准，展现出多样化的形态与功能。按动力来源可分为油动型、电动型及油电混合型；按机型结构可分为固定翼、单旋翼与多旋翼；按起飞方式则涵盖助跑起飞、垂直起降等多种模式。

从结构组成来看，农用无人机主要包含四大核心部分：飞机平台，作为无驾驶室的单旋翼直升机载体；机载系统，集成高度、方向、位置、速度等多重感知功能的综合辅助体系；作业系统，为执行农业任务而设计的系统；以及遥控操作系统，通过机载装置与地面控制的紧密协作，实现对飞行参数与作业过程的全面掌控。其中，机载装置负责收集并传输飞行状态信息，而地面控制则负责接收这些信息并发出控制指令，两者相辅相成，共同保障无人机作业的安全与高效。❷农用无人机主要包括以下关键技术。

（1）低空飞行技术

无人机在精准农业领域展现出了巨大的作用，特别是在精准施肥、智能灌溉、病虫草害综合防治、高效植保以及农作物精细检测等方面。这些高精度农业操作，依赖于海量数据的支撑。为了精确获取地表农作物的详尽信息，无人机需要执行长时间的低空飞行任务，以实现对作物生长环境的全面扫描与分析。然而，农田环境的复杂多变性，如地形起伏、障碍物密布等，对无人机的稳定飞行构成了挑战。为确保无人机能够安全、高效地穿梭于复杂农田上空，完成既定任务，先进的导航系统成为关键。

❶ 孙铁波. 无人机在精准农业中的关键技术及应用 [J]. 湖北农机化, 2020（1）：51-52.
❷ 梁柱, 徐斌锋, 张列. 基于农用无人机的应用与研究 [J]. 自动化应用, 2018（8）：137-138, 140.

此外，针对超低空飞行中常见的强地效影响及紊乱气流干扰，无人机还需配备先进的飞行控制系统。该系统能够实时感知并调整飞行姿态，以应对复杂多变的低空环境，确保无人机在复杂地形中稳定飞行与精准作业，为精准农业的实践提供坚实的技术保障。

北京绿富隆农业科技发展有限公司开发了一种室内智慧农业作业无人机应用系统，作业无人机通过数据采集模块采集农田内的情况，并将农田情况通过机载无线传输模块传递给地面无线传输模块，地面工作站通过地面无线传输模块获取农田影像进行航点规划并控制农药喷洒系统对农田进行喷药处理。该作业无人机能够适应农业大棚的复杂空间和电磁环境，具备防潮、低空精准定位、主动避障、异常情况下具有安全降落或者返航功能，且能够实时掌握农作物的生长情况以及病虫草害问题，喷药效率高且省时省力。❶

（2）航迹规划与施药量分析技术

农田地势差别会造成喷洒误差。为了避免药物喷洒对作物的不良影响，有效防治病虫害并有效发挥农田的土地价值，需要做到精准施药。农用无人机在工作时，往往会面临多种不同的应用场景。为了提升农用无人机工作效率，需要提高农用无人机的智能化程度，使其能够智能识别不同场景类型。针对不同的环境与农作物，无人机控制器进行航迹的规划，匹配相应的喷洒流量和飞行速度。当前，通过遥感技术进行田地面积测算、作物识别分类、病虫害状况评估、长势监测和产量评估，以及基于实时传感器的喷雾决策系统，获取田间作业数据，对喷药量进行实时调整，已经得到广泛应用。

广东省农业科学院植物保护研究所研究出一种基于植保无人机的纳米农药施药方法，通过获取施药区域的农作物类型，并通过大数据网络获取农作物类型在各种施药量之下的作物冠层农药历史沉积数据信息；基于神经网络建立作物冠层沉积量预测模型，并将作物冠层农药历史沉积数据信息输入作物冠层沉积量预测模型中训练，得到训练完成的作物冠层沉积量预测模型；获取施药区域的纳米农药施药量，并将当前施药区域的纳米农药施药量输入作物冠层沉积量预测模型中，以得到当前施药区域的作物冠层农药沉积数据信息；若当前施药区域的作物冠层农药沉积数据信息大于预设作物冠层农药沉积数据信息时，生成当前施药区域的土壤改良方案以及修正当前施药区域的施药量。这种方法能够根据实际的场景类型来调整施药过程中的施药航线以及施

---

❶ 北京绿富隆农业科技发展有限公司．一种室内智慧农业作业无人机应用系统：202211579782．X［P］．2023－05－23．

药量，优化植保无人机作业工况。❶

（3）防漂移施药技术

农用无人机进行作业时受气象条件影响或限制比较大，尤其是大风天气对施药雾滴沉积和雾滴飘移的影响巨大，雾滴的沉积规律往往对航空植保的作业效果起了决定性的作用。药物雾化过程受到喷头的影响，喷头性能的好坏直接影响喷雾的质量。目前，国内外公司设计并制造出多种防飘喷头，有效降低雾滴漂移量，使雾滴覆盖更加均匀。另外，静电喷雾、低容量喷雾、变量防飘喷雾技术也是国内外研究的重点方向。

华南农业大学研发了一种集成了雾滴漂移检测与自动补偿功能的农用植保无人机喷洒系统，结合了图像采集与智能分析技术。该系统定期通过图像采集单元捕获作业区域的图像，并即时传输至图像分析单元进行处理。在图像分析阶段，系统运用先进的图像分割技术，精准提取雾滴分布的通道图，随后对图像进行锐化及边缘检测操作，以精确识别雾滴的扩散方向并进行线性化处理。这一过程能够明确标识出雾滴漂移方向的中轴线，并将其与理想的垂直线进行对比，从而计算出雾滴漂移的具体差额角。基于上述计算结果，系统进一步将差额角转换为喷洒单元喷头所需的偏转角度，实现了对雾滴漂移现象的即时响应与自动补偿。喷洒单元的喷头被巧妙地安装在可灵活调节方向的喷杆上，喷杆则由精密的舵机驱动，根据计算出的偏转角度进行相应调整，确保雾滴能够准确无误地覆盖目标区域，有效减少因漂移导致的重喷或漏喷现象。此系统不仅显著提升了无人机植保作业的精准度，还大大增强了其对天气变化及其他环境因素的适应能力。通过实时监测与反馈调节机制，该系统不仅优化了农药和化肥的使用效率，还显著提高了植保无人机的作业效率与整体使用率。❷

4.3.2.2　技术特点

无人机广泛应用于农业、种植业、林业等行业，可用于种植、施肥、喷洒农药等。相比于传统农业机械，农用无人机具有以下优势。

①适用面广。农用无人机体积小，方便携带和使用，既能满足不同的作物，又可以适应不同的地形。在用途方面，农用无人机可以对农作物进行监测，为施肥提供依据；也可以对土壤状况进行监测，为灌溉提供数据支撑；还可以对病虫草害进行监测，并喷洒农药进行防治。

②安全性强、效率高。农用无人机作业为远程操控，在进行喷药过程中可以避免农业工作人员受到药物的侵害，防止施药人员出现农药中毒。农用无人机作为智能化

❶　广东省农业科学院植物保护研究所 . 一种基于植保无人机的纳米农药施药方法及系统：202211247468.1［P］. 2022 – 11 – 11.

❷　华南农业大学 . 一种带雾滴漂移检测自动补偿的农用植保无人机喷洒系统：201810612572.3［P］. 2018 – 08 – 17.

机械，降低人力成本，还可以夜间操作，不受工作时限限制；同时喷洒效率远高于人工喷洒效率。

③节能环保。农用无人机在进行喷洒作业时，展现出了卓越的自动化与精准控制能力。它能够根据预设参数实现农药的自动定量与精确控制，确保每次喷洒都仅释放作物所需的最少量农药。这一特性不仅避免了过量喷洒带来的浪费，还显著提升了农药使用的效率，对于缓解农业生产对土壤及周边环境的潜在污染具有积极意义。

虽然农用无人机具备诸多的优点，应用场景也越来越广泛，但在发展过程中也存在一些不足：

①相关法律不完善、专业人员缺失。在农用无人机的发展过程中，我国已经初步制定了相应的管理办法对其进行明确，但对于农用无人机的飞行许可证以及其办理流程仍然不完善，一些无人机团队缺乏资质，同时市面上的农用无人机的质量具有一定的差异性。无人机所使用的农药也缺少相应的法律法规对其进行规范。目前市面上的无人机作业团队基本都是以飞行操作人员为主，农业知识较少，农业事故时有发生。

②受气象条件影响大。农用无人机都是低空飞行作业，雷电、雨雾等天气因素容易引发故障。无人机本身重量轻，抗风能力弱，遇到大风天气存在飞行风险。另外无人机喷洒的药液雾滴极小，在大风天气时，药液容易发生漂移，影响作业效果。目前，绝大多数无人机采用的都是锂离子电池，高温天气容易导致电池停止工作，甚至损毁。

4.3.2.3　技术应用

（1）无人机播种

机械化作业的优势显著，它不仅极大地节省了人力物力，在播种过程中种子分布的均匀性远也超人工操作，有效提升了种植的整体质量。而无人机播种技术更是将这一优势推向了新的高度，不仅实现了更高的均匀度，还大幅度提升了生产效率，既节省了时间又降低了成本。更重要的是，无人机飞播技术突破了地形的限制，作业补给便捷，精准高效的播撒能力实现了作业的智能化与自动化，极大地减轻了农民在水稻种植过程中的劳动强度。2021年，云南蒙自市积极引进无人机播种与施肥技术，旨在构建一条高效、优质的水稻全产业链，通过降低劳动力成本、提升产品价值，助力农户增收，并加速当地现代农业的发展进程。在蒙自市雨过铺街道的安南邑水稻旱种连片规模化种植项目现场，技术人员将精心挑选的种子装入农用无人机，随着操作员轻点遥控器，无人机便腾空而起，在旱地间灵活穿梭，精准地完成播种任务。为确保种子均匀撒布，无人机飞行高度被精确控制在2～2.5米，飞行速度稳定在每秒5米左右。短短10分钟内，无人机便高效完成了10亩地的播种作业，展现了其惊人的工作效率。雨过铺街道的200亩土地全面采用了机械化作业模式，从无人机施肥、播种到喷洒农药，再到机械化的覆土覆盖，每一个环节都实现了高度自动化与智能化。

（2）无人机追肥

北京市农业技术推广站联合中国农业大学组织小麦无人机撒肥"三新"技术观摩，指导农户做好麦苗返青期施肥管理。在没有水肥一体化条件的麦田，北京市农业技术推广站正高级农艺师曲明山建议可选用无人机施肥技术。与传统人工施肥相比，无人机施肥技术更安全、高效、便利、环保，轻简省工。搭载小麦生长模型传感器的无人机能够根据小麦生长发育状况，实现精准变量追肥，实现一地一策施肥，苗情差的地块增加施肥，过旺地块减少施肥，避免过度施肥和不足施肥的问题，提高肥料利用率；在选择尿素、脲铵氮肥、氮钾型复合肥料等肥料的基础上，有条件农户建议选择添加 DMPP、NBPT 硝化抑制剂的肥料，可减少用量，延长肥效，提高化肥利用效率。一架架满载肥料的无人机在通州潞城林场的麦田施肥作业，整个过程快捷、高效。这种用来施肥的无人机载重 70 千克，每小时可施肥 100 余亩，每天作业量达 1000 余亩，而且施肥均匀，对种植户来说非常便捷高效，节约了成本。

（3）无人机植保

珍珠泉乡地处北京市延庆东北部山区，全乡地势西高东低，坡陡沟深，森林覆盖率 76.98%，林木绿化率 91.28%，林业资源丰富。高山峡谷，溪水潺潺，良好的生态环境造就了独特的珍珠山水风光。近年来，珍珠泉乡大力推动特色产业提质升级，坚持科技和改革双轮驱动，全面加强与中国林科院、北京农学院等专家团队合作力度，积极对接中关村延庆园无人机团队，探索无人机授粉、施肥、防治等新技术、新手段一体化场景应用。2023 年，珍珠泉乡通过无人机场景应用项目，在中国林科院榛子专家的技术指导下，开展了国内首次榛子无人机授粉尝试，授粉面积 500 亩，已完成 3 次榛园无人机植保作业，多次尝试后发现，无人机植保喷洒效率高，防治效果非常好。入冬以后，中国林科院榛子专家计划继续通过无人机喷洒的方式，开展喷施树体防冻液和营养液的实验示范，以减轻冬寒春旱对榛子树产生的抽条影响。

4.3.3　农业机器人

2021 年，农业农村部等十五部门联合印发了《"十四五"机器人产业发展规划》，对"十四五"时期机器人产业发展作出了全面部署和系统谋划，明确指出面向制造业、采矿业、建筑业、农业等行业，重点推进工业机器人、服务机器人、特种机器人重点产品的研制及应用，拓展机器人产品系列，提升性能、质量和安全性，推动产品高端化智能化发展。

2023 年，农业农村部等十七部门联合印发了《"机器人 ＋"应用行动实施方案》，明确指出在农业领域，研制耕整地、育种育苗、播种、灌溉、植保、采摘收获、分选、巡检、挤奶等作业机器人，以及畜禽水产养殖的喂料、清污、消毒、疫病防治、环境控制、畜产品采集等机器人产品。开发专用操控系统、自主智能移动平台及作业部件，推动机器人与农田、农艺、品种相适应，实现信息在线感知、精细生产管控、无人自主作业、高效运维管理。打造丘陵山区、大田、设施园艺、畜牧水产、贮运加工等农业机器人应用场景。加快农林牧渔业基础设施和生产装备智能化改造，推动机器人与农业种植、养殖、林业、渔业生产深度融合，支撑智慧农业发展。

4.3.3.1 技术简介

农业机器人，作为智能机器人在农业领域的创新应用，通过灵活运行不同的程序软件来适应多样化的农业作业需求。它们不仅具备感知作物种类及环境变化的能力，还融入了视觉检测等先进的人工智能技术，能够进行精准的数据采集与智能演算。智能机器人以其卓越的适应性和智能化水平，为现代农业的精准化、高效化生产开辟了新的道路。首先，智能机器人在自动化种植与收获系统方面发挥着关键作用。其配备先进的导航系统和机械臂，可以实现精确地种植和收割，减少浪费，提高产量。例如，自动化收获机器人可以在无人监督的情况下识别和采摘成熟的水果，提高了水果的质量和生产效益。其次，农田监测与数据采集是智能机器人在现代农业中的另一个重要作用。智能机器人配备各种传感器，能够实时监测气温、农田土壤湿度、作物生长状态等信息，并将这些数据传送给农民或决策者。这有助于农民更科学地制订种植和灌溉计划，提高资源利用效率，降低生产成本。最后，智能机器人还在畜牧业和渔业领域展现了巨大的潜力。在畜牧业中，智能机器人可以用于自动喂养、牧草收割和动物健康监测，提高畜牧业的生产效益。在渔业中，智能机器人可以用于鱼群监测、捕捞和海洋环境监测，有助于可持续渔业管理。❶

农业机器人是一种智能农业机械，集传感技术、检测技术、人工智能技术、通信技术和图像识别技术于一体，具备了自主感知、自主决策和自主控制能力，具有先进的人工智能系统和内置分析系统。其特点在于通过机器视觉进行识别，通过环境建模进行路径规划，通过导航系统进行避障和自主导航，通过控制程序实现控制。

（1）机器视觉与识别技术

准确识别目标是农业机器人在复杂的作业环境中实施精准作业的基础，目标识别技术是利用机器视觉系统对目标进行采集，并利用图像处理算法进行处理。目前，目标识别方法主要有两种：一种是基于传统图像处理和机器学习算法的目标识别方法；另一种是基于深度学习的目标识别方法。

---

❶ 郭胜君. 智能机器人在农业领域的应用与发展 [J]. 河北农机，2024（10）：42-44.

合肥工业大学智能制造技术研究院设计了一种基于机器视觉和人工智能的蔬果采摘机器人系统，通过设计具有机器视觉和人工智能的蔬果采摘机器人，能够准确识别蔬果的成熟程度和位置，并使用机械爪进行采摘，从而避免机器人采摘未成熟的蔬果，提高采摘效率和收成。同时，通过算法设计目标对象的结构类型和操作方式，将关节空间操作和平面操作空间的正逆运动学建模结合，有效提高机械臂机构的可操作性并降低了操作难度，实现蔬果的精准采摘。❶

（2）路径规划与导航技术

定位与导航技术是农业机器人实现自主作业的关键。农业机器人在自主行走和自主作业的过程中，难免会遇到树枝、柱子等障碍物，因此农业机器人需要通过自身携带的传感器，感知周边的环境信息，通过收集信息并进行数据处理，构建模型，以此得到在作业中的位置信息、道路信息和障碍物信息，通过智能算法规划路径，实现自主定位和导航。由此可见，农业机器人实现自主定位导航的三个要素是环境建模、定位和路径规划。其中，路径规划是最重要的一项技术。农业机器人在进行路径规划时，需要结合作业区域、行走环境，规划出一条运行时间短、路径短、躲避障碍物且覆盖整个作业区域的路线。因此，智能的路径规划技术对于农业机器人精准、高效的作用十分重要。

云南农业大学研究了一种农业机器人导航系统，根据环境感知模块获取外界环境与自身状态，利用激光雷达数据构建局部地图，通过定位模块北斗导航差分系统输出高精度的定位数据构建全局地图。获取的数据传递给数据处理模块，数据模块中采用卡尔曼滤波算法融合全局地图和局部地图，对其数据处理，并对机器人进行动态路径规划，实现大田环境下的自主导航、执行数据采集等任务，提高系统的导航精度与稳定性。❷

（3）作业控制技术

作业控制技术是农业机器人实现自主作业的核心，目前农业机器人主要包括采摘类机器人和管理类机器人两种。采摘类机器人通过控制机械臂和机械手实现对作业对象的操作；在作业的过程中除了需要对其整体移动进行控制，还需要控制机械臂及末端执行器。而管理类机器人，如施肥机器人、巡检机器人和喷药机器人，是不需要搭载机械手和机械臂进行作业的机器人，主要是对其行走机构进行控制，包括对转向、运行速度、平稳性等参数进行调整，确保管理类机器人的精准定位和精准作业。由于

❶ 合肥工业大学智能制造技术研究院. 一种基于机器视觉和人工智能的蔬果采摘机器人系统：202310846451.6［P］. 2023 − 09 − 05.

❷ 云南农业大学. 一种农业机器人导航系统：202211591347.9［P］. 2023 − 05 − 30.

农业机器人作业环境复杂、作业对象多样，要实现农业机器人在作业过程中自主行走、机械臂准确达到目标点、末端执行器自主动作三者有机协调，对农业机器人的控制技术要求极高。目前，控制系统主要分为基于视觉的控制、基于传感器的控制、基于SLAM 的控制。

北京市农林科学院智能装备技术研究中心研发了一种用于农业机器人机械臂的作业装置，通过对目标植物枝干形态进行拟合，形成了以目标植物枝干的分布形态为引导的作业模式，并且通过定向和定位步骤控制机械臂对作业目标进行作业，减少了机械臂在作业过程中的碰撞风险，有效地提高了农业机器人的作业效率。●

4.3.3.2　技术特点

农业机器人通过配备各种传感器、执行单元和控制单元，能够执行农业生产中的各种作业，具有以下优势：

①减少劳动力成本。农业机器人具有先进的人工智能系统和内置分析系统，配置不同的执行机构，可以代替部分人工实现播种、除草、采摘等各种生产作业，减少农民的体力劳动负担，并降低劳动力成本。

②工作效率高。农业机器人作业速度远高于人工作业速度，同时克服了传统人工操作受工作时间和疲劳程度限制的问题，实现全天候持续作业，不仅减轻了农民的体力劳动负担，还提高生产效率。

③精确管理。农业机器人配备了各种传感器和监测技术，能够实时监测土壤条件、作物生长状况、病虫害情况等。这有助于农民精确控制灌溉、施肥、病虫害防治等措施，提高农作物的品质和产量。

尽管农业机器人具有较多优点，在农业生产领域具有巨大潜力，但也面临着诸多技术挑战和推广难题：

①技术不够成熟。农业机器人在自主感知、自主决策和自主控制方面仍然存在局限性，许多机器人目前仍需要一定程度的人工干预，无法充分满足复杂多变的农业生产需求，农业机器人的自动程度和智能程度有待进一步提高。

②研发、制造和使用成本高。农业机器人的研发与制造涉及机械、电子和控制等多个领域，研发和制造成本较高，且目前市面上的农业机器人通常是根据特定的农业任务和环境需求进行定制的。这导致了农业机器人的利用率相对较低，从而间接地增加了研发、制造和使用成本。

● 北京市农林科学院智能装备技术研究中心.一种用于农业机器人机械臂的作业方法及装置：202111403396.0〔P〕.2022-03-01.

4.3.3.3　技术应用

（1）智能采摘

北京朝来农艺园，作为国家数字农业创新应用基地的重要组成部分，自 2021 年 9 月起，全面启动了园区的智能化转型与全链条智能化升级工程，旨在加速农业向数字化、精准化、智慧化时代的跨越。在这一进程中，智能化设备逐渐成为农业管理的核心力量，引领着北京朝阳地区农业现代化探索的新征程。完成智能化改造后的朝来农艺园，智能机器人成为园区内不可或缺的"明星"角色。在番茄生产区域，药物灌溉机器人沿着预设轨道自主穿梭，精准地将农药均匀喷洒至两侧的番茄植株上，确保了病虫害的有效防控。同时，采摘机器人也在技术人员的辅助下，紧锣密鼓地"学习"如何精准识别并采摘成熟的番茄。为了实现这一目标，技术人员首先利用电脑软件建立了成熟西红柿的详尽数据库，包括其图片、模型、形状、颜色等平面与立体信息，并通过多层神经网络算法，赋予采摘机器人强大的图像识别与数据分析能力。当技术人员在电脑上调整参数时，采摘机器人的摄像头立即启动，开始捕捉并分析现场影像。其内置的"大脑"则负责处理坐标、路径等关键信息，并指挥两个摄像头进行精确识别。一旦锁定目标，机器人便通过其灵活的机械臂与特制的柔性"手指"，轻柔而准确地摘下成熟的番茄，避免了任何可能的损伤。这一系列智能化操作不仅大幅提升了农业生产效率与品质，更为北京朝阳地区的农业现代化发展开辟了一条全新的道路，展现了智能科技在推动传统农业转型升级中的巨大潜力。

（2）智能检测

山东寿光农业正迈向智慧农业，将智能化设备融入蔬菜大棚管理，实现了从"田间"到"云端"的飞跃。近年来，寿光积极响应潍坊国家农业开放发展综合试验区建设的号召，加速蔬菜产业的数字化转型步伐，推动传统农业设施向数字化、智能化深度迈进。目前，寿光已成功构建并投运了包括现代农业高新技术试验示范基地、丹河设施蔬菜标准化生产示范园在内的多个数字农业标杆园区。这些园区全面集成了大型水肥一体化系统、智能温控技术、自动补光装置等前沿科技，使得农业生产更加精准高效。寿光已有 5 万个蔬菜大棚配备了物联网技术，而智能化装备更是覆盖了 80% 的大棚，将昔日的蔬菜大棚升级为现代化的"绿色智能工厂"。在寿光现代农业高新技术试验示范基地内，智能机器人成为生产管理的得力助手。其中，多功能作业机器人能够灵活执行预设程序及即时指令，高效完成采摘、授粉、物料运输等多项复杂任务，展现了强大的自动化作业能力。而测量检测机器人则以其高精度著称，能够准确测量作物的生长参数，如高度、叶片尺寸、果实大小及成熟度等，为科学管理提供精准数据支持。此外，巡检机器人更是集多功能于一身，能够执行温室结构监测、病虫害智能识别、叶片温度成像等超过 10 项任务，确保大棚环境的持续优化与作物的健康生长。这一系列智能化举措，不仅提升了寿光蔬菜产业的竞争力，更为智慧农业的发展树立了新的标杆。

（3）智能除草

北大荒集团黑龙江红星农场第一管理区的有机大豆种植基地已进入了机械除草的关键时期，装配有北斗导航系统和"智能除草机器人"的大马力机车在田间所过之处，杂草清除得干干净净。近几年，农场陆续引进了 8 台智能除草机，可以 24 小时不停机连续作业，每天作业量相当于 400 ~ 500 个人工的作业量。同样是除草机器人，黑龙江鹤山农场第四管理区用在了大田杂草的清除上。除草机配置的高精度智能摄像头精准区分豆苗和杂草，通过传感器系统把收集到的数据绘制成"作业地图"，除草翼型尺剔除垄台、垄侧和垄底杂草，旋转指轮剔除苗下小草。机器末端还加装犁铧，可对已经清除的杂草进行覆土，杂草除净率高达 95% 以上。

4.4　自动化与智能加工

农产品自动化与智能加工指利用现代信息技术、自动化设备和智能化管理系统，对农产品进行高效、精准、环保的加工处理，以提高加工效率、农产品质量、农产品的附加值和市场竞争力以及安全性，降低加工成本和环境污染。其中包含有植物产品智能加工、禽畜产品智能屠宰加工、水产品智能加工等三大部分。

4.4.1　植物产品智能加工

植物产品智能加工是指通过集成现代信息技术、自动化技术和智能控制技术，对植物原料进行清洗、切割、分级、包装、储存等一系列加工，实现加工过程的智能化、自动化和精准化。这一过程不仅提高了加工效率，还确保了产品质量的稳定性和一致性，同时降低了能耗和环境污染。

4.4.1.1　技术简介

植物产品智能加工包含了分拣、清洗、干燥、包装、检测等过程。

（1）智能分拣

应用图像识别、机器视觉等技术，实现农产品的外观、大小、颜色、形状、瑕疵等特征的高精度检测和分级。基于农产品的质量、新鲜程度、成熟度等指标，进行智能化分拣，提高分拣效率和准确性。

（2）智能清洗

利用智能清洗设备，根据农产品的不同特性和污染程度，选择合适的清洗方式和参数，实现清洗过程的自动化和智能化。

（3）智能干燥

采用真空冷冻干燥、超高压处理等先进技术，在保持农产品营养成分和风味的同时，实现快速干燥，延长保质期。

（4）智能包装

利用智能包装材料和技术，实现农产品的保鲜、保质，延长农产品的货架期。应用 RFID、二维码等技术，实现农产品包装信息的数字化，方便产品追溯和防伪。

（5）智能检测

应用传感器技术、光谱分析技术、核磁共振技术等，实现农产品质量指标的快速、准确检测。利用大数据分析技术和人工智能技术，建立农产品质量评价模型，实现农产品质量的智能化评估和分级。

4.4.1.2　技术特点

植物产品智能加工相对传统加工模式，有以下优势：

①精细处理：着重对植物原料的精细处理，如清洗、分级、切割、包装等。

②营养保持：加工过程中注重保持植物的营养成分和口感。

③加工自动化：在加工环节，采用自动化生产线、智能控制系统等技术，提高加工效率和产品质量。

④降低人工操作失误率：自动化设备能够持续稳定精细地工作，减少人工操作时间和误差。

植物产品智能加工模式也有其缺点：

①成本高昂：通常涉及引入高端的智能化设备和自动化系统，这些设备的购置、安装和维护成本较高，可能增加企业的初期投资压力和运营成本。

②维护与更新难度大：智能化设备往往技术复杂，需要专业技术人员进行日常维护和定期更新升级，以确保设备的稳定运行和性能的持续优化。这要求企业具备强大的技术团队或外部技术支持。

③安全性问题：虽然智能化设备能够提高生产效率和产品质量，但也可能带来一定的安全隐患，如操作不当可能引发设备故障或人身损害。

④技术更新迅速：随着科技的快速发展，智能化设备和加工技术更新换代迅速，企业可能面临技术过时和设备淘汰的风险。

4.4.1.3　技术应用

（1）丝苗米智能加工

清远穗源现代化丝苗米智能加工中心通过引进全自动智能加工线，实现了丝苗米加工的高效、智能化。穗源智能加工中心采用全自动智能加工线，从湿稻谷进来到包装好的大米出去，整个过程实现了自动化操作。通过中央控制系统，工作人员可以实时监控整个加工生产过程，确保生产流程的顺畅和产品质量的稳定。穗源智能加工中心还配备了全自动稻谷烘干中心和多功能冷库，年烘干量可达数万吨，冷库则用于农产品及各种冻肉的低温保鲜和冷链物流。

（2）预制菜加工

清远市农一代农业有限公司推出的清远鸡预制菜产品，通过智能化生产线，实现了从原料处理、烹饪、包装到成品的全自动化流程。这种智能化生产方式不仅提高了生产效率，还保证了产品的一致性和品质稳定性。预制菜产品如中宿麻鸡、五指毛桃手撕鸡、咸香鸡、玫瑰酱油鸡等，均采用了先进的加工技术和保鲜技术，确保消费者能够品尝到地道的清远鸡风味。

4.4.2 禽畜产品智能屠宰加工

禽畜产品智能屠宰加工可以利用现代信息技术、自动化设备和智能化管理系统，对禽畜进行高效、精准、安全的屠宰和加工处理，以生产出符合卫生标准和市场需求的高质量肉类产品。这一过程不仅提高了生产效率，还确保了食品安全和质量的全面管理。

4.4.2.1 技术简介

禽畜产品智能屠宰加工是指利用自动化、智能化技术和设备，对生猪、牛、羊、鸡鸭等禽畜进行高效、精准的屠宰加工处理。这一过程主要包含屠宰生产流水线、物料管理等技术应用，涵盖了从动物进场、屠宰、分割、包装到副产品利用等各个环节，集成了现代科技与传统屠宰工艺的优势，旨在提高生产效率、保证产品质量、降低人力成本，并增强食品安全监控能力。

屠宰生产流水线，是肉类加工行业的核心环节。它集成了不锈钢滚筒输送机、悬挂链等输送设备，将生猪、牛、羊等动物从进场到屠宰、分割、包装等各个环节紧密相连，形成一条高效运转的生产线。输送设备作为屠宰生产流水线的关键环节，发挥着举足轻重的作用。不锈钢滚筒输送机能够平稳、高效地运输生猪、牛、羊等动物，确保其在运输过程中的安全与卫生。悬挂链和悬挂线布局则实现了肉品的自动化悬挂和移动、提升，不仅提高了生产效率，还减少了人工操作带来的污染风险。

此外，全自动生产线和物料管理的应用，也极大地提升了屠宰生产的智能化水平。全自动生产线能够减少人工干预，降低操作误差，提高生产效率。而物料管理则通过精准的数据分析和预测，确保生产过程中的物料供应充足且及时，为生产线的稳定运行提供了有力保障。

4.4.2.2 技术特点

禽畜产品智能屠宰加工相对传统加工模式，有以下优势。

①自动化屠宰与分割：利用机器视觉、激光扫描、机器人等技术，实现动物胴体的自动屠宰、分割和分级。

②品质检测：通过光谱分析、近红外光谱等技术，对动物产品进行快速、准确的品质检测。

③卫生安全：加工过程注重卫生和安全，确保无交叉污染，防止出现禽流感等重大安全问题。

④产品形式多样：产品包括鲜肉、冷冻肉、熟肉制品、罐头等。

⑤产品质量高：注重产品口感和营养价值。

随之而来，禽畜产品智能屠宰加工也有其相应的缺点：

①成本高昂：智能屠宰加工设备的购置、安装、维护及升级成本较高，对于中小企业而言可能构成较大的经济负担。

②技术复杂性与维护难度：智能屠宰加工设备技术复杂，需要专业技术人员进行日常维护和管理，一旦出现故障，可能影响生产进度和产品供应。

③安全性问题：虽然智能化设备能够提高生产效率和产品质量，但也可能带来一定的安全隐患，如操作不当可能引发设备故障或人身损害。

④生产效率稳定性问题：虽然智能屠宰加工设备能够提高生产效率，但受设备性能、原料质量、操作水平等多种因素影响，可能存在生产效率不稳定的问题。

4.4.2.3　技术应用

（1）生猪智能屠宰

全国共 25 家企业入选 2023 年农业高质量发展标准化示范项目（生猪屠宰标准化建设）示范单位名单。清远市万安食品有限公司作为广东省唯一一家入选企业，在智能屠宰方面，通过引入先进的屠宰设备和技术，实现了生猪屠宰的自动化、智能化和高效化。

利用自动挂猪机、电麻机、浸烫脱毛机、自动分割机、预冷机等组成的自动化屠宰生产线集成处理屠宰、去毛、去内脏、分割、清洗、包装等多个环节，实现了从活畜到成品肉的全程自动化处理。自动化屠宰生产线的高精度传感器和智能控制系统协同工作，确保屠宰过程的稳定性和产品质量的一致性。

在屠宰过程中产生的污水和废弃物通过污水处理系统、废弃物分类处理设备等进行处理，以确保屠宰过程产生的污水和废弃物得到有效处理和利用，减少对环境的污染。

（2）鸡鸭智能屠宰

湖南湘佳牧业股份有限公司是农业产业化国家级重点龙头企业，也是华中地区最大的黄羽肉鸡生产企业、国内黄羽冰鲜产品行业龙头企业。其拥有全封闭的自动化家禽屠宰冷链配送生产线，能够日加工大量鸡鸭。该公司使用包括自动抓取、输送、宰杀、脱毛、分割、包装等环节的自动化屠宰设备，提高屠宰效率，减少人工操作，降低劳动强度；同时运用物联网、大数据、人工智能等技术，对屠宰过程进行智能化管理。通过实时监控生产数据、分析生产状况，该公司可以及时调整生产计划，提高生产效率和质量。在屠宰过程中，采用先进的污水处理技术和节能减排设备，减少废水、废气、废渣等污染物的排放，降低能源消耗，实现绿色生产。

4.4.3 水产品智能加工

水产品智能加工是指利用现代信息技术、自动化设备和智能化管理系统，对水产品加工过程进行智能化改造和升级。随着消费者对水产品质量和安全性的要求不断提高，并且水产品加工行业面临劳动力成本上升、生产效率低下等问题，水产品智能加工技术逐渐成为行业发展的重要趋势。

4.4.3.1 技术简介

水产品智能加工主要涉及自动化设备、智能控制系统、物联网与大数据技术等环节，其中具体介绍如下：

（1）自动化设备

①去头去骨设备：如锯骨机、专用去鱼头机器等，用于自动化去除鱼头和主骨。

②去刺设备：自动去鱼刺机器，能够将鱼肉中的细刺和鱼皮去除，分离出纯净的鱼肉。

③制浆成型设备：带制冷效果的打浆机，确保鱼浆在高速打浆过程中不会因高温而变质；全自动鱼丸成型机，用于将鱼浆制成鱼丸等制品。

（2）智能控制系统

①通过可编程逻辑控制器（PLC）或工业电脑等智能控制设备，对加工过程进行精确控制，包括温度、时间、速度等参数的设定和调整。

②引入机器视觉技术，对加工过程中的原料、半成品和成品进行质量检测，确保产品符合相关标准。

（3）物联网与大数据技术

①利用物联网技术，实现设备之间的互联互通，实时监测设备的运行状态和生产数据。

②通过大数据分析，对生产数据进行深入挖掘和分析，发现潜在的问题和优化空间，为生产管理提供决策支持。

4.4.3.2 技术特点

水产品智能加工相对传统加工模式，有以下优势。

①提高生产效率：自动化设备能够持续稳定地工作，减少人工操作时间和误差。

②品质检测：通过光谱分析、化学分析等技术，对水产品进行快速、准确的品质检测；智能控制系统能够精确控制加工过程中的各项参数，确保产品质量的一致性。

③口感风味保持：加工过程注重保鲜和去腥，确保水产品的口感和风味。

④营养与安全：加工过程中能够严格控制温度和时间，避免营养损失和微生物污染。

⑤产品类型丰富：包括新鲜水产品、冷冻水产品、水产品罐头等丰富多样的产品。

水产品智能加工也有其相应的缺点。

①成本高昂：水产品智能加工设备和技术通常较为先进，其购置、安装、调试及后期维护成本较高。

②技术复杂性与维护难度：水产品智能加工设备技术复杂，需要专业技术人员进行日常维护和操作，一旦出现故障，可能影响生产进度和产品供应。

③安全性问题：虽然智能化设备能够提高生产效率和产品质量，但也可能带来一定的安全隐患，如操作不当可能引发设备故障或人身损害。

④生产效率稳定性问题：虽然智能屠宰设备能够提高生产效率，但受设备性能、原料质量、操作水平等多种因素影响，可能存在生产效率不稳定的问题。

4.4.3.3　技术应用

浙江明珠海洋食品有限公司作为水产品加工企业，建立了全自动化的水产品加工生产线，包括原料接收、解冻、清洗、切割、调味、包装到成品入库等多个环节。这些环节通过先进的自动化设备和智能控制系统实现无缝对接，大幅提高了生产效率和产品质量一致性。在生产线上，自动称重包装检测一体机能够准确地对产品进行称重和包装，同时检测产品质量，确保每批次产品都符合标准。在切割环节，采用了智能切割机，能够根据预设的参数自动完成鱼片的切割，不仅提高了切割精度，还减少了原料浪费。

中国水产舟山海洋渔业制品有限公司作为舟山市首批水产品精深加工全流程自动化（智能化）示范项目之一，示范项目包含3条全流程自动化生产线、8个舟山市内首套（首批次）关键智能化装备，以及1个共性装备研发项目。以其中鱿鱼产品为例，在其冻品车间内，鱿鱼投放、解冻、清洗、加工到最终的成品包装，均通过输送带无缝衔接，实现了全流程自动化。该企业使用智能鱿鱼切片机等先进设备，实现了鱿鱼白片定重定尺寸的智能化切割；应用低温干燥等先进工艺技术，不仅有助于保持产品的营养成分和口感，还实现了节能降耗50%以上；通过MES系统、车间数字采集系统、仓储管理系统等数字化技术，提高了数字化管理水平。该企业在水产品智能加工技术方面展现出了高度的自动化、智能化和数字化水平。这些技术的应用不仅提高了生产效率和产品品质，还为企业带来了显著的经济效益和社会效益。

4.5 产地溯源与农产品安全

产地溯源机制是维护农产品原产地信息真实性、防范假冒伪劣产品泛滥的关键防线，对于保障农产品安全具有重要意义。精确鉴别农产品的生产地，不仅能够切实维护消费者的合法权益，确保他们购买到的是货真价实的产品，同时也能为合法合规的食品生产者提供强有力的支持，有效遏制非法假冒食品的生产与流通。农产品产地溯源的核心在于深入剖析并识别出能够表征不同地域来源农产品的特征性指标。这些指标如同农产品的"身份标签"，蕴含着丰富的地域信息。当前，为了构建高效、准确的产地溯源体系，科学家们广泛采用了质谱、光谱及分子生物学等尖端技术。这些技术能够深入解析农产品的有机成分结构、挥发性化合物组成、同位素含量及其比例等关键特征，进而结合化学计量学的先进方法，绘制出能够精准区分农产品产地来源的特征性指纹图谱。

4.5.1 稳定同位素技术

4.5.1.1 技术简介

稳定同位素技术是质谱技术中的一种，基本原理是依据生物体间稳定同位素分馏效应产生的丰度差异，这种差异可作为生物体的"自然指纹"。生物体在生命活动过程中受地理环境等（气候、环境、生物代谢类型）因素的影响，导致同位素在其体内发生分馏产生同位素差异。生物体内 C、N、H、O、S、Sr、Pb 等同位素组成和丰度呈现显著的地域特征，是生物体本身固有属性，故可被用于判断生物体产地来源。[1] 因而，稳定同位素分析技术被认为是目前最有效的食品产地溯源判别技术手段之一。

稳定同位素按照原子序数（Z）的大小被分为轻稳定同位素（Z < 20）和重稳定同位素（Z > 20）。[2] 轻稳定同位素包括 C、H、N、O、S 等，它除了易受季节和气候的影响，在农产品加工运输途中还会造成有机物的挥发从而产生分馏效应，导致不能真实地反映原产地信息；重稳定同位素包括 Sr、Pb 等，由于不受生物代谢以及周围环境的影响，因而近几年逐渐发展开来。农产品中稳定同位素溯源技术也正从单一轻稳定同位素的测定，逐渐发展为多种分析技术融合鉴别，例如稳定同位素结合多种金属元素以及多种脂肪酸等。

---

[1] 赵汝婷，杨曙明，赵燕. 利用稳定同位素进行农产品溯源研究进展［J］. 核农学报，2020，34（S1）：120-128.

[2] 洪赫阳，田秀慧，温丰功，等. 利用稳定同位素进行农产品产地溯源和真伪鉴别研究进展［J］. 食品安全质量检测学报，2022，13（21）：6889-6897.

4.5.1.2　技术特点

稳定同位素技术以其广泛的适用性、操作简便性及对地理环境的敏感性，成为产地溯源的一种有力手段。然而，该技术仍面临诸多局限。首先，生物体内同位素分馏机制尚未完全明晰，这直接影响了溯源的精确性。其次，长期动物饲养过程中的饲料添加、植物所处的复杂生长环境等因素对同位素分布的潜在影响尚未阐明，进一步降低了仅依赖单一同位素进行溯源的准确性。此外，为确保溯源的准确性，往往需要同时分析多种同位素。这不仅增加了实验室的工作量与一次性投入成本，也对检测设备的精密度和灵敏度提出了更高要求。尤其是对于地理位置相近、生态环境相似的区域所产出的同类产品，难以有效区分，成为其在实际应用中的一大挑战和局限。

4.5.1.3　技术应用

（1）禽畜产品

意大利 IASMA 研究中心 Camin 等人通过检测欧洲不同地区羔羊肉中 C、H、N 和 S 同位素进行溯源分析，研究发现不同地区羊肉脱脂蛋白中的多个同位素值均有显著性差异，其 ^{2}H 值与当地环境水源 δ^2H 呈显著相关，δ^{13}C 值和 δ^{15}N 值与饲料和气候相关，δ^{34}S 值与地质条件相关，从而实现不同产地羊肉的溯源判别。浙江省农业科学院聂晶团队公开了一种牦牛肉产地的鉴别方法，通过测定牦牛肉中 δ^{13}C、δ^2H 与 δ^{18}O 三种稳定同位素比率，再根据判别模型，能够快速精准判断出样品产自哪个产地。中国肉类食品综合研究中心王守伟团队公开了一种鉴定羊肉产地的方法及其应用，通过检测稳定同位素比值 δ^{13}C、δ^{15}N、δ^{18}O 和 δ^2H，并结合 Fisher 判别分析，建立了一种羊肉产地判别模型，在不同产地间的正确判别率为 100%，交叉验证判别率为 100%。❶

（2）水产品

大连海事大学刘瑀团队对我国北方沿海 7 个地区种养殖扇贝产地溯源的可行性进行了分析，利用 δ^{13}C、δ^{15}N 值对扇贝的捕捞季节、品种和产地进行表征。❷ 结果表明，不同捕捞季节、品种和产地的稳定同位素比值存在差异，利用 δ^{13}C、δ^{15}N 值可进行扇贝的品种和产地鉴别，判别模型正确率分别为 98.3% 和 92%。❸ 中国水产科学研究院黄海水产研究所赵艳芳团队公开了一种基于铅 Pb 稳定同位素的刺参产地溯源模型构建及鉴别方法，分别对山东、辽宁和福建 3 个产地的刺参进行 Pb 同位素的测定，结合 Pb

❶ CAMIN F, BONTEMPO L, HEINRICH K, et al. Multi - element（H, C, N, S）stable isotope characteristics of lamb meat from different European regions［J］. Analytical and Bioanalytical Chemistry, 2007, 389（1）: 309 - 320.

❷ 张旭峰，刘瑀，李颖，等 . 中国北方沿海 3 种养殖扇贝碳、氮稳定同位素的组成特征［J］. 海洋科学, 2017, 41（2）: 111 - 116.

❸ ZHANG X F, CHENG J P, HAN D M, et al. Geographical origin traceability and species identification of three scallops（Patinopecten yessoensis, Chlamys farreri, and Argopecten irradians）using stable isotope analysis［J］. Food Chemistry, 2019, 299: 125107.

同位素的比值，对其进行判别分析和交叉验证，确定不同产地刺参溯源识别模型建立方法，对刺参产地来源的整体判别率达到91%以上。❶

（3）植物产品

在植物源性农产品方面，安徽农业大学茶树生物学与利用国家重点实验室彭传焱等利用同位素比值质谱法对安徽祁门、东至和贵池3地的祁门红茶中的 $\delta^{13}C$ 值和 $\delta^{15}N$ 值进行检测。❷ 结果表明，通过 $\delta^{15}N$ 的含量能准确地对3个产地的祁门红茶进行区分，所建立的k–近邻法模型的交叉验证的准确率高达91.6%，成功利用同位素指纹技术实现了对祁门红茶的产地判别。大连海事大学刘瑀团队发明了一种基于大米淀粉碳稳定同位素指纹特征产地溯源的方法，通过对稻谷样品进行淀粉碳稳定同位素指纹分析，能够准确地辨别大米的原产地。❸ 南京中医药大学郭盛团队公开了一种基于多类型权重元素的干姜药材产地溯源方法，通过测定不同产地干姜的稳定同位素比值和多元素含量，采用化学计量学手段，构建基于稳定同位素比值联合多元素含量的干姜药材产地溯源数据集和产地判别模型，筛选影响产地区分的多类型权重元素作为干姜产地溯源的特征性指标，以实现道地药材川干姜的产地精准识别。❹

4.5.2 矿物元素指纹图谱技术

4.5.2.1 技术简介

矿物元素溯源技术是一种根据不同地区生长作物体内矿物质元素含量的不同来实现农产品产地溯源的一种技术。由于受气候和温湿度等环境因素的影响，不同地域的土壤中矿物元素含量及组成等有其典型特征。生物体自身不能合成矿物元素，需要从周围环境中摄取，不同地区矿物质元素差异很大，从而导致不同地域生长的生物体内形成各自的矿物元素指纹特征，所以矿物质元素的含量和种类可以作为一个重要的溯源指标。

根据矿物元素的含量，可将其分为3类：常量元素、微量元素及痕量元素。矿物元素指纹图谱技术通过分析不同来源生物体中矿物元素的组成和含量，再利用方差分析、聚类分析和判别分析等数理统计方法筛选出有效指标，进而建立判别模型和数据库，实现食品产地溯源和确证。矿物元素的分析主要是利用无机质谱进行定量分析，

❶ 中国水产科学研究院黄海水产研究所. 基于铅Pb稳定同位素的刺参产地溯源模型构建及鉴别方法：201911365560.6［P］. 2020–04–17.
❷ PENG C, ZHANG Y, SONG W, et al. Using stable isotope signatures to delineate the geographic point – of – origin of Keemun black tea［J］. Journal of the Science of Food and Agriculture, 2019, 99（5）：2596–2601.
❸ 大连海事大学. 基于大米淀粉碳稳定同位素组成的产地溯源方法：202310660286.5［P］. 2023–09–29.
❹ 南京中医药大学. 一种基于多类型权重元素的干姜药材产地溯源方法：202211484566.7［P］. 2023–04–21.

在数分钟内即可得到大量的元素信息。常用的有电感耦合等离子发射光谱仪（CP - AES）、火焰原子吸收光谱仪（F - AAS）、电感耦合等离子体质谱仪（ICP - MS）和石墨炉原子吸收分光光度法（GF - AAS）。与其他方法相比，电感耦合等离子体质谱仪，特别是多接收电感耦合等离子体质谱仪（MC - ICP - MS），因其操作简便、检测限低（$10^{-12} \sim 10^{-9}$ 级别）、测定范围广，具备同位素分析能力等优点，也逐渐成为矿物元素指纹图谱分析的首选仪器。

4.5.2.2　技术特点

矿物元素指纹图谱技术已被广泛应用于农产品产地溯源之中，具有其他产地溯源技术所不能比拟的优势。一是该技术灵敏度高、分析速度快、定量性好、测定高浓度元素时干扰小、操作简单、信号稳定等；二是选择性好，几乎可分析地球上所有元素，线性检测范围宽、检出限低，并且可进行多元素分析等；三是适用于液体、固体等各类样品的分析，分析的结果准确性好、基体效应小，还能进行无损分析等。[1]

但食品中的矿物元素含量受诸多因素的影响，如牛在育肥期间往往会更换场所，得出的结论不一定具有说服力，因此对农产品产地来源的判别应综合多个元素。此外，该技术前处理复杂费时，花费较高，常需要专业人员进行操作。

4.5.2.3　技术应用

（1）禽畜产品

青海大学畜牧兽医科学院项洋采用电感耦合等离子体质谱仪分析了 4 个地域 40 个牦牛肉样品中 50 多种矿物质的含量，通过显著性分析（$P < 0.05$），选择 8 种元素（Na、Fe、As、Se、Mo、Cd、Cs 和 Ti）用于进一步分析，最终选择 3 种矿物元素（Cd、Cs、Ti）建立牦牛肉产地可追溯性的判别模型。经线性判别分析得出的整体正确分类率为 70%，交叉验证率为 67.50%，表明将矿物质多元素指纹作为鉴定牦牛肉产地起源的指标是可行的。[2] 宁夏大学李亚蕾团队提供了一种基于矿物元素指纹鉴别滩羊肉产地的方法，通过对不同产地滩羊肉中的 Ca、P、Cr、Mn、Ni、Cu、Se、Rb、Mo 和 Sn 的研究，使用 10 种不同的矿物元素建立判别模型，实现了滩羊肉的产地溯源判别。[3]

（2）水产品

中国水产科学研究院黑龙江水产研究所覃东立团队[4]采用电感耦合等离子体质谱仪

　　[1] 马楠，鹿保鑫，刘雪娇，等. 矿物元素指纹图谱技术及其在农产品产地溯源中的应用 [J]. 现代农业科技, 2016 (9)：296 - 298.
　　[2] 项洋. 基于矿物质元素指纹特征的牦牛肉产地溯源研究 [J]. 青海畜牧兽医杂志, 2022, 52 (6)：12 - 17.
　　[3] 宁夏大学. 一种基于矿物元素指纹鉴别滩羊肉产地的方法：201910269853. 8 [P]. 2010 - 06 - 21.
　　[4] 白淑艳，王鹏，陈中祥，等. 北方稻蟹共作模式下中华绒螯蟹产地的判别 [J]. 中国食品学报, 2022, 22 (12)：303 - 312.

对黑龙江省、吉林省和辽宁省共36个中华绒螯蟹样本中的V、Cr、Mn等16种矿物元素组分进行定量分析及数据差异性分析。结果表明，Zn、Cr、Pb元素含量是3省份中华绒螯蟹样本溯源的重要变量，基于矿物元素指纹图谱结合化学计量学分析，能够对东北稻蟹共作模式下中华绒螯蟹原产地进行有效判别。中国水产科学研究院白淑艳团队采用电感耦合等离子体质谱仪对湖北省、湖南省和安徽省共160份中华绒螯蟹样本中的Cu、Zn、Ga等24种矿物元素进行了定量检测与分析，结合化学计量学方法，筛选出10种有效判别小龙虾产地的矿物元素，结合线性判别分析，建立小龙虾产地溯源模型，并验证了利用矿物元素指纹图谱技术对中国3个不同地区小龙虾产地溯源的可行性。[1]

（3）植物产品

广东省科学院测试分析研究所（中国广州分析测试中心）吴惠勤团队采用电感耦合等离子体质谱仪测定了广东新会、广西、湖南3地42批陈皮样品中51种矿物元素的含量，运用方差分析和偏最小二乘法，分析研究了不同产地陈皮中矿物元素的差别，以筛选得到的9种矿物元素为溯源指标，将不同数量级矿物元素含量进行分类和系数缩放后，构建了陈皮中矿物元素的指纹图谱，并基于各产地矿物元素含量的平均值构建了广东新会、广西、湖南产地陈皮中矿物元素的标准指纹图谱。[2] 采用24批样品对所建立的判别模型进行准确性验证，正确率为91.6%。南阳理工学院张超云团队对我国5个主产区75份桔梗样品中K、Ca、Na、Mg、Al等37种矿物元素的含量进行测定，不同产地桔梗中矿物元素构成各具特征，各种元素的含量在产地间均差异显著，基于矿物元素指纹图谱技术可以实现桔梗的产地溯源。[3]

4.5.3　近红外光谱技术

4.5.3.1　技术简介

近红外光谱是一种电磁波，介于可见光和中红外光之间，波长为780～2526 nm，属于分子振动光谱，是分子振动基频的合频与倍频。近红外光谱包含了丰富的含氢基团信息（C–H、O–H、N–H和S–H），不同的官能团在近红外光谱区呈现不同的特征峰，通过对近红外光谱中特征峰位置、形状、强度进行分析，可预测物质的成分和含量，因此近红外光谱可用于定性和定量分析。

---

❶ BAI S Y, QIN D L, CHEN Z X, et al. Geographic origin discrimination of red swamp crayfish Procambarus clarkii from different Chinese regions using mineral element analysis assisted by machine learning techniques [J]. Food Control, 2022 (138): 109047.

❷ 赖晓娜，罗辉泰，张春华，等. 基于矿物元素指纹图谱鉴定陈皮产地的方法研究 [J]. 分析测试学报，2024，43（2）：301–308.

❸ 南阳理工学院. 一种基于矿物元素指纹技术的桔梗产地鉴别方法：202310575919.2 [P]. 2023–12–05.

近红外光谱技术（Near Infrared Spectroscopy，NIRS）综合了计算机技术、光谱技术和化学计量学等多个学科的成果，具有强大的分析能力。当前，近红外光谱检测技术凭借其无损、快速、准确和操作简单等优越性在食品领域得到广泛的应用。❶

4.5.3.2 技术特点

（1）工艺简单，节能环保

采用近红外光谱技术进行检测，无须根据需求对食品进行预处理，大大减少了食品检测的工作量。近红外光谱使得人们可以直接观察被检测的食品，不但避免了许多繁杂的步骤，节约了资源，还不会对外部环境造成任何影响，环保特点也十分凸显，符合当前我国绿色发展的理念。

（2）检测范围大

目前用来测试的样本体积宽、形式广、应用范围强、环境要求较低。在应用近红外光谱分析仪检测样品质量时，其对于样品的各种物理结构没有一个固定的标准要求，因此，对于液态、固态、胶状、半固态等样品，都可以使用该分析仪进行直接的检测。这种方法有效地简化了检测的步骤，对改善食品的制造工艺、提高生产效率也会有很好的促进作用。

（3）光谱复杂

近红外光谱技术的缺点主要有两点：一是在进行检测时很有可能产生较为复杂的光谱图，辨认困难较大；二是灵敏性不高。❷

4.5.3.3 技术应用

（1）禽畜产品

目前，近红外光谱技术在肉品品种和产地溯源方面已经有了一定的研究进展，如王彩霞等利用可见/近红外光谱成像技术建立 CARS 模型，对荷斯坦奶牛、秦川牛、西门塔尔牛 3 个品种牛肉的鉴别准确率分别达到 100%、98% 和 82%。刘海峰等采用 3 个特征光谱 1600 ~ 1989nm、2248 ~ 2428nm、1282 ~ 1442nm 建立模型，准确鉴别出山西平遥牛肉、四川黑牛肉和安徽颍州牛肉。DUMALISILE 等采用 908 ~ 1700nm 近红外光谱结合线性判别（Linear Discriminant Analysis，LDA）分析，不用任何预处理，对黑斑羚、白斑羚、跳羚、大羚羊、黑角马和斑马的分类精度可达到 68% ~ 100%。王靖等通过提取特征波长，CARSPLS – DA 建模，实现了对宁夏银川、固原、盐池 3 个不同产地绵羊肉的鉴别。史岩等通过对 5 个产地鸡肉样本的近红外光谱的主成分分析和聚类分析，建立了鸡肉产地溯源的定性判别模型。该模型对样本的预测识别率为 100%。沈啸采用 SIMCA

---

❶ 于伶伶，谭亚军，赵甲慧，等. 近红外光谱技术在食品领域的研究进展 [J]. 食品安全导刊，2022 (29)：177 – 180.

❷ 莫嘉琪. 近红外光谱技术在食品微生物检测中的应用 [J]. 现代食品，2021 (13)：140 – 142.

结合 PCA 建立的模型对 6 个肉鸡品种进行定性鉴别，预测正确率为 78.87% ~ 87.32%。❶

（2）水产品

杨梦琼等发表了采用近红外光谱技术准确快速区分 4 种产地来源的大黄鱼（福建养殖大黄鱼、温州养殖大黄鱼、舟山养殖大黄鱼和舟山野生大黄鱼）方法，应用傅里叶变换红外光谱仪对 4 种大黄鱼样本在 4000 ~ 650cm^{-1} 的红外吸收指纹图谱进行测定，基于特征波段下的光谱吸收差异并结合主成分分析（Principal Component Analysis，PCA）、聚类分析（Cluster Analysis，CA）和线性判别分析、支持向量机（Support Vector Machine，SVM）模型对大黄鱼样品进行产地区分。结果显示，采用测定波段 4000 ~ 650cm^{-1} 的全光谱采集信息经过 Savitzky – Golay 算法平滑预处理后建立的 SVM 模型效果最优，对 4 种大黄鱼样本的预测集准确率为 83.3%。进一步对福建养殖大黄鱼和舟山野生大黄鱼的产地区分方法进行优化，选取特征波段 3690 ~ 2800cm^{-1} + 1800 ~ 650cm^{-1} 的光谱信息，经过化学计量学处理的方式进行预处理后建立 LDA 判别模型，光谱训练集与预测集的准确率均达到 100%。该研究为大黄鱼产地溯源鉴别提供了技术支撑。❷

（3）植物产品

在植物产品的产地溯源方面，李跑等发现便携式近红外光谱技术结合有监督模式识别方法可实现青皮产地溯源的无损分析。利用便携式近红外光谱仪采集不同产地青皮外壁和内囊近红外光谱数据，采用合适的预处理方法消除光谱中的背景、噪声、基线漂移等多种干扰因素，并结合有监督模式识别法建立青皮产地溯源模型，发现经光谱预处理优化后的有监督 SIMCA（簇类独立软模式分类法）和 FLDA（Fisher 线性判别分析）模型对青皮产地溯源的总鉴别率均可达 100%。❸ 近年来，近红外光谱技术逐步应用于茶叶品质鉴定，并凭借其独特的优势获得了良好的市场反馈，孙晓荣等在前人研究的基础上优化了近红外光谱的无损检测方法，首先采用傅里叶变换红外光谱仪采集茶叶样品的漫反射光谱数据，然后使用卷积（Savitzky – Golay，S – G）平滑算法对光谱数据进行预处理，最后基于粒子群优化算法（Particle Swarm Optimization，PSO）建立优化向量机模型，从而实现新旧茶叶的分类及产地溯源，且分类时间短，在新旧鉴别和产地溯源实验中的预测精度均达到了 100%。❹

---

❶ 吕雪峰，许艳丽，王乐. 近红外光谱技术在畜产品检测中的应用研究［J］. 农产品质量与安全，2022（6）：27 – 34.

❷ 杨梦琼，杨盈悦，梅光明，等. 基于近中红外光谱技术鉴别 4 种大黄鱼产地［J］. 食品安全质量检测学报，2024，15（5）：121 – 128.

❸ 李跑，谭惠珍，谢叔娥，等. 基于近红外光谱技术有监督模式识别的青皮产地溯源分析［J］. 轻工学报，2024，39（2）：54 – 59.

❹ 孙晓荣. 基于近红外光谱技术的茶叶新旧鉴别及产地溯源研究［J］. 食品安全质量检测学报，2023，14（5）：53 – 59.